高等职业教育精品教材·市场营销类

消费者行为分析实务

张 蕾 编著

北京理工大学出版社
BEIJING INSTITUTE OF TECHNOLOGY PRESS

版权专有　侵权必究

图书在版编目（CIP）数据

消费者行为分析实务 / 张蕾编著 . —北京：北京理工大学出版社，2021.1（2022.8 重印）

ISBN 978 – 7 – 5682 – 9431 – 7

Ⅰ . ①消… Ⅱ . ①张… Ⅲ . ①消费者行为论 – 高等学校 – 教材 Ⅳ . ①F713.55

中国版本图书馆 CIP 数据核字（2021）第 001723 号

出版发行 / 北京理工大学出版社有限责任公司	
社　　址 / 北京市海淀区中关村南大街 5 号	
邮　　编 / 100081	
电　　话 /（010）68914775（总编室）	
（010）82562903（教材售后服务热线）	
（010）68948351（其他图书服务热线）	
网　　址 / http：//www.bitpress.com.cn	
经　　销 / 全国各地新华书店	
印　　刷 / 唐山富达印务有限公司	
开　　本 / 787 毫米 × 1092 毫米　1/16	
印　　张 / 13	责任编辑 / 李慧智
字　　数 / 292 千字	文案编辑 / 李慧智
版　　次 / 2021 年 1 月第 1 版　2022 年 8 月第 3 次印刷	责任校对 / 周瑞红
定　　价 / 39.80 元	责任印制 / 施胜娟

图书出现印装质量问题，请拨打售后服务热线，本社负责调换

前言

改革开放以来，伴随着我国经济的飞速发展，人们的生活发生了翻天覆地的变化，国家统计局公布的数据显示，2019年，全国居民人均可支配收入为30 733元，扣除价格因素实际增长5.8%，全年全国居民人均消费支出21 559元，比上年增长8.6%，扣除价格因素，实际增长5.5%。经济的发展让人们的生活变得富足和丰富多彩，这主要体现在日常消费的衣、食、住、行等方面。英国经济学家马歇尔说："一切需要的最终调节者是消费者的需要。"无论是消费市场的增长，还是消费规模的扩大以及消费结构的改善，都是每一个活跃在经济生活中的普通消费者共同发挥作用的结果。

消费者行为分析是一门建立在经济学、管理学、心理学等基础上的应用型学科，它以市场活动中消费者心理现象的产生、发展及其规律作为学科的研究对象。在商品短缺的卖方市场情况下，人们的消费意识贫乏、单调，消费心理不成熟，但随着商品日益丰富，市场转为买方市场之后，人们的消费意识趋于成熟，体现出消费需求的个性化、多样化和复杂化。在琳琅满目、品牌林立的商品面前，消费者有了更大的选择权和主动权。基于此，企业在开拓市场的过程中，开始（不得不）关心消费者的喜怒哀乐和心理变化。唯有如此，商品才能有市场，企业才有机会发展。当前，我国正处于消费结构升级的发展时期，新的消费热点不断出现，同时，互联网的快速发展也给消费领域带来了深刻变化。研究消费心理和行为，对于消费者而言，可提高消费效益；对于经营者而言，可提高经营效益；对于政府而言，可提高政策效益。消费心理学已成为人们研究和学习的热门学科，受到了社会各方面的广泛重视。

本教材共分为九个教学项目，具体内容包括认识消费者行为，分析消费者心理过程，把握消费者个性心理，理解消费者需要、动机和态度，掌握消费者购买决策过程，摸准消费者信息沟通与消费流行，研究消费文化对消费行为的影响，探知营销组合与消费行为的关系，探索新消费理念指引消费行为的发展。

本书的特点主要有：(1) 内容全面、实用性强。根据消费心理学理论发展和实践应用的需要，把握理论前沿，关注社会文化背景下的消费心理表现及理论知识的运用。(2) 体例新颖、形式多样，趣味性强。每个项目都设计了道德目标，并在项目之后设置了道德观察的教学环节，为专业课程思政提供资料。每个任务中都设计了案例导入，增加了学习的趣味性等。(3) 选取新材料、新资讯。针对消费领域的新变化,在案例及资料选取方面,紧贴实际生活中的消费热点。(4) 语言表述自然、简练,写作风格轻松活泼,可读性强。

本教材配有电子课件,可以通过出版社索取,也可通过QQ(794208267)与编者联系。本书由张蕾独撰和审定。

在写作过程中,作者参阅了相关著作和论文,吸收了多方面的研究成果,在此谨对所涉及的专家、学者表示诚挚的感谢。由于作者水平所限,写作时间仓促,书中疏漏及不足之处在所难免,敬请读者不吝赐教。

教学进度表

项目	理论课时	实践课时	总课时
项目一 认知消费者行为	4	2	6
项目二 分析消费者心理过程	6	4	10
项目三 把握消费者个性心理	6	2	8
项目四 理解消费者需要、动机和态度	6	4	10
项目五 掌握消费者购买决策过程	4	2	6
项目六 摸准消费者信息沟通与消费流行	2	2	4
项目七 研究消费文化对消费行为的影响	4	2	6
项目八 探知营销组合与消费行为的关系	6	4	10
项目九 探索新消费理念指引消费行为的发展	2	2	4
总课时	40	24	64

项目一　认知消费者行为 ·· 1

　　模块一　消费者行为的几个基本概念 ································ 1
　　模块二　消费者行为学的产生与发展 ································ 7
　　模块三　消费者行为学的研究对象、内容与方法 ················ 10

项目二　分析消费者心理过程 ··· 21

　　模块一　消费者的感觉 ·· 21
　　模块二　消费者的知觉 ·· 26
　　模块三　消费者的记忆与注意 ······································· 30

项目三　把握消费者个性心理 ··· 42

　　模块一　消费者的个性 ·· 42
　　模块二　消费者的自我概念 ·· 49
　　模块三　消费者的生活方式 ·· 53

项目四　理解消费者需要、动机和态度 ···························· 61

　　模块一　消费者的需要 ·· 61
　　模块二　消费者的购买动机 ·· 68
　　模块三　消费者的态度 ·· 73

项目五　掌握消费者购买决策过程 ·································· 85

　　模块一　购买决策概念 ·· 85
　　模块二　购买决策类型和过程 ······································· 90
　　模块三　知觉风险与购买决策 ······································· 96

| 项目六　摸准消费者信息沟通与消费流行 | 104 |

　　模块一　口头传播 …………………………………………………… 104
　　模块二　意见领袖 …………………………………………………… 109
　　模块三　消费流行 …………………………………………………… 113

| 项目七　研究消费文化对消费行为的影响 | 121 |

　　模块一　社会文化与消费行为 ……………………………………… 121
　　模块二　年龄群体与消费行为 ……………………………………… 127
　　模块三　全球消费文化与消费行为 ………………………………… 136

| 项目八　探知营销组合与消费行为的关系 | 144 |

　　模块一　商品名称、商标、包装与消费行为 ……………………… 144
　　模块二　商品价格与消费行为 ……………………………………… 152
　　模块三　商品广告与消费行为 ……………………………………… 158

| 项目九　探索新消费理念指引消费行为的发展 | 175 |

　　模块一　互联网与消费行为 ………………………………………… 175
　　模块二　绿色消费与消费行为 ……………………………………… 182

参考文献 ……………………………………………………………… 200

项目一 认知消费者行为

知识目标

- 了解消费、消费者、消费品、消费心理与消费行为的基本含义。
- 了解消费者行为学产生和发展的过程。
- 掌握消费者行为学研究的对象、内容和具体方法。

能力目标

- 能够简单地分析消费者行为。
- 能制订合理、可行的消费者行为调查计划。
- 培养学生学习消费者行为知识的主动性和自觉性。

道德目标

- 通过学习消费者行为学的理论知识，帮助学生树立正确的消费观念。
- 培养学生自理能力，根据自己的实际情况合理规划好自己的消费支出。

模块一 消费者行为的几个基本概念

案例导入

华为：以消费者为中心，小中见大真正将服务落地并不容易

数据显示，华为手机出货量7年时间实现了51倍增长。2018年，P20系列仅上市两个半月全球发货就突破600万部，大中华区实现63%增长，海外更是增长150%。

以消费者为中心是华为消费者业务的重中之重，而华为通过在全渠道落地服务、紧抓服务，让我们看到这样一个技术基因的企业，实际上在消费者市场却不以事小而不为。华为手机这种从宏观消费者为中心到微观服务细节落地的理念，带给行业积极启迪，只有俯下身来做好服务，才有资格谈技术、谈创新、谈逆势飞扬。

最新数据显示，华为手机中国服务满意度连续三年第一，中国消费者满意度指数排名第一。而根据中国移动在热门手机综合测评上的数据则显示，华为的P20、P20 Pro在3 000元价档位以上，位居冠亚军；在2 000元到3 000元档位，荣耀10则拿了冠军，而1 000元到2 000元档位，则是nova3e拿了第一名，畅享8Plus拿了第二名。"所以整体来看，华为持续在消费者对产品的满意度上排在前列。"

以消费者为中心不是说说而已。华为为手机行业的服务深耕做出了一个范例。华为是一个愿意在技术和服务上发力的企业，将技术的升级创新视为服务的延续和基底的夯实，这样做品牌，其实正是以小见大，体现了华为一贯的以消费者为中心的价值观。

而放眼未来，智能手机行业的竞争还会加剧，尤其是在同质化日趋严重的市场态势下，只有将技术、服务做扎实，做别人不想做的事情、做不了的事情，才能成为市场的引领者而非跟随者。技术是一把刷子，服务是另一把刷子。二者能做好其中一项即不容易，像服务的落地，离不开细枝末节的耕作，越是在服务上较真，随之衍生出的服务上的问题就会越多，需要投入的精力和人力财力更大。因此，厂商们在服务上往往是保守的，而华为让我们看到的则是激进。这种反差，其实正是未来格局洗牌的砝码。

［资料来源：东方财富信息股份有限公司．华为以消费者为中心给手机行业带来怎样启迪（2018－07－07）［2019－08－05］．https://baijiahao.baidu.com/s？id=1605260025921922645．（引文有删减和修改）］

📖 案例解析

华为的案例告诉我们，品牌经济时代，市场决定了企业的发展道路，企业所有的关注焦点都指向了消费者。企业是否能够把握消费者购买心理非常重要。消费者是市场中真正的上帝，而"上帝"的心理并不是那么容易揣测的。消费者的行为特点和心理特点常常隐含在消费者的内心深处，需要我们运用消费者行为分析的方法挖掘出来。

✈ 一、消费

消费是人们在日常生活中经常涉及的一种活动过程，它在人们的生活中占有重要的位置。市场学中的消费是指人类通过消费品满足自身欲望的一种经济行为。具体来说，消费包括消费需求产生的原因、消费者满足消费需求的方式和影响消费者决策的有关因素。广义的消费包括生产消费和个人消费。生产消费是指物质资料生产过程中的生产资料和劳动力的使用、消耗。个人消费是指人们把生产出来的物质资料和精神产品用于满足个人生活的行为和过程。个人消费是恢复人们劳动力和劳动力再生产不可缺少的条件。本教材所研究的消费是指个人消费。

✈ 二、消费者

所谓消费者，狭义上是指购买、使用各种消费用品（包括服务）的个人、居民户，同时也包括企业、学校、政府机关和其他社会组织;广义上是指在不同时间和空间范围内所有参与消费活动的个人或集团,泛指消费活动中的所有人。在现实生活中,同一消费品的倡导者、决策者、购买者和使用者可能是同一个人,也可能是不同的人。例如,在中国保健品市场上,长期以来就存在一种"买的不喝,喝的不买"的现象,但无论是买的人还是喝的人,他们都是广义上的消费者。

思考与讨论

小谢是一名动漫设计专业的学生。好朋友小刘建议他配一台笔记本电脑,以方便自己的学习。小谢又征求了父母和同学的意见,大家都表示赞同。最后,小谢的父亲给他购买了一台知名品牌的笔记本电脑让他使用。请大家利用所学消费心理学知识分析一下这些人的不同角色:谁是倡导者?谁是决策者?谁是影响者?谁是使用者?谁是购买者?这些人中到底谁是"消费者"呢?

[资料来源:张云峰,张学琴. 消费心理学 [M]. 北京:北京理工大学出版社,2010. (引文有修改和删减)]

1. 消费者角色的概念

消费者角色是指消费者在消费活动过程中的各种角色。角色是指与某一特殊位置有关联的行为模式,代表着一套有关行为的社会标准。一个人的角色反映了他的社会地位,以及相应的权利和义务、权力和责任。

2. 消费者角色的种类

消费者角色可以分为五种,分别是消费的倡导者、决策者、影响者、购买者和使用者。

(1) 倡导者

即有消费需要或消费意愿的人;或者认为其他人有消费必要或其他人进行了某种消费之后可以达到其所希望的消费效果,因此,倡导其他人进行这种形式消费的人。

(2) 决策者

即有权单独决策或在消费活动中与其他成员共同做出决策的人。

(3) 影响者

即以各种形式影响消费过程的人,他们可能是消费者的家庭成员、邻居与同事,也可能是购物场所的营销人员、广告中的模特、消费者所崇拜的名人、明星等,甚至素昧平生、萍水相逢的过路人等。

(4) 购买者

即直接购买商品的人。

(5) 使用者

即最终使用、消费该商品,并得到商品使用价值的人。有时称其为最终消费者、终端消费者或者消费体验者。

> **思考与讨论**
>
> 临近"三八"妇女节,王先生准备给妻子买一份节日礼物。于是他和儿子商量,王先生提议买一套化妆品,儿子建议买一条漂亮的项链。最后他们商量决定,由王先生买一套化妆品送给妻子。请分析这个案例中王先生与他的妻子、儿子三个人在购买活动过程中各自扮演怎样的角色。
>
> [资料来源:高博. 消费者行为分析与实务 [M]. 北京:北京邮电大学出版社,2015. (引文有修改和删减)]

消费者角色的确定对于制定营销决策具有重要的意义。无论是商品设计者、生产者,还是销售人员,都必须具体地、有针对性地为不同角色消费者制定产品与服务方案,混淆消费者角色的做法已经不能适应现代营销活动。例如,购买一台空调,提出这一消费要求的可能是孩子;是否购买由夫妻两人共同决定,往往在决策过程中丈夫对空调的品牌做出决定,所以,空调公司可以对丈夫做更多有关品牌方面的宣传,以引起丈夫对本企业所生产空调的注意和兴趣;妻子一般在空调的造型、色彩方面有较大的决定权,公司在设计的造型、色彩等方面要考虑妻子的审美要求,使产品获得妻子喜爱,等等。只有了解了购买决策过程中的参与者的各自作用及特点,企业才能够制定出有效的生产计划和营销策略。

3. 消费者角色与营销的关系

(1) 商品和服务的设计必须符合倡导者或使用者的需要

因为,如果商品或服务不符合消费者需要,再好的商品、再多的广告和促销都无法激发起消费者购买的兴趣。我们可以看到在实际消费活动中,儿童商品的包装往往设计得新奇而鲜艳,这就是利用儿童心理使商品吸引儿童的注意,先抓住儿童的眼球。

(2) 购买者的地位也应受到重视

如果价格或服务等不能使购买者获得满意,那么购买者就不会购买也不会使用了。因此,在营销活动中特别是在销售终端,一定要考虑购买者的感受,使购买者对价格和服务满意,才能够促使购买行为的产生。比如,儿童商品的价格需要考虑家长的承受能力,不可定得过高,否则即使商品设计上赢得了儿童的喜爱,作为购买者的家长也不会买单。

(3) 决策者和影响者会影响消费者对商品品牌、数量的选择

在商品购买过程中,如何打动决策者至关重要。同时,由于消费者对不熟悉的商品通常会征求影响者的意见,因此,应给影响者提供更多的信息并建立良好的关系。如小米手机利用网络社区,建立自己的粉丝群,通过粉丝在社交媒体中分享其使用小米的体验,来影响更多的消费者。

三、消费品

消费品是用来满足人们物质、文化和精神生活需要的社会产品,也可以称作消费资料、生活资料或者消费对象。根据消费者的购买行为和购买习惯,消费品可以分为便利

品、选购品、特殊品和非渴求品四类。

1. 便利品

便利品是消费者需要经常消费，不需要费力在身边就能买到的商品，往往商品的价格比较便宜。对于这样的商品，消费者往往不愿意花大气力去搜寻和购买，如软饮料、清洁剂、调料等。消费者虽然购买便利品并且没有详细的计划，但他们仍然清楚一些受欢迎的便利品的品牌名称，如可口可乐、白猫（洗洁精）、海天（酱油）等。便利品往往需要进行广泛的分销以便有足够的销售量可以实现预期的利润目标。

2. 选购品

选购品一般要比便利品的价格高很多而且一般很耐用，消费者不是经常购买。消费者在购买选购品时一般要对几种品牌或商店进行款式、适用性、价格与其自身生活方式的协调性等多方面的比较，他们也愿意花费一些精力以获取自己期望的利益。

选购品一般分为两种：同质品和异质品。消费者通常认为同质选购品的质量基本相似，但价格却明显不同，所以有选购的必要，如冰箱、电视等。与之相反，消费者认为异质品质量是不同的，如家具、住宅等。消费者在选购异质品时比较麻烦，因为商品的价格、质量、特征等的差异很大。对异质品进行比较的好处是，能够为自己挑选到适宜的商品或服务，因而做出的决定通常个性化极强。

3. 特殊品

当消费者广泛地寻求某一特殊商品而又不愿意接受替代品时，这种商品即为特殊品，如奔驰汽车、劳力士手表等。

特殊品的经销商们经常通过突出地位感的精选广告保持其商品的特有形象。特殊品的分销也经常被限定在某一地区的一个或很少的几个销售商店里。所以，保持品牌名称和服务质量非常重要。特殊品不涉及购买者对商品的比较，消费者只需花时间找到该商品的经销商即可。

4. 非渴求品

一些商品和服务不为其潜在的消费者所了解或他们虽然了解也并不积极问津，那么这样的商品就叫作非渴求品。新产品在通过广告和分销增加了其知名度以前都可以算非渴求品。

一些商品永远都是非渴求品，特别是消费者不愿意想起或不喜欢为它们花钱的商品。例如，保险、丧葬用品、百科全书等商品都是传统的非渴求品，都需要鼓动性强的人员销售和有说服力的广告。销售人员总是尽力地接近潜在的消费者，因为，消费者大多不会主动地去寻找这类商品和服务。

四、消费心理与消费行为

1. 消费心理的概念

消费心理是指消费者进行消费活动时所表现出的心理特征与心理活动的过程。消费者的心理特征主要包括消费者兴趣、消费习惯、价值观、性格、气质等方面的特征。这种心理活动和心理特征经常受消费环境、消费引导、购物场所等多方面因素的影响。

2. 消费行为的概念和特征

（1）消费行为的概念

所谓消费行为，就是指人们为满足需要和欲望而寻找、选择、购买、使用、评价及处置商品和服务时介入的活动和过程。消费行为分析就是研究消费者的消费活动和过程及影响这些消费活动和过程的各种因素。

在现代市场经济条件下，企业研究消费行为的目的是与消费者建立和发展长期的交换关系。为此，企业不仅要了解消费者是如何获得产品和服务的，还要了解消费者是如何使用和处置商品的。消费者的消费体验效果既会影响自己以后的购买决策，也会影响周围更多的潜在消费者的购买决策。因此，现在的消费行为研究通常将消费者行为看作一个整体、一个过程，既要调查、了解消费者在获取商品之前的活动，也应重视获取商品之后的使用和处置活动。

（2）消费行为的特征

①多样性。

不同的消费者在需要、偏爱、动机等方面都有各自的侧重和要求，因此表现出消费者行为的多样性。同时，即使是同一消费者，在不同的时期及不同的情境下，会在相同的消费需要和动机下表现出不同的消费行为。企业营销的目的就是要依据消费者的不同需求找到细分市场进行产品定位。

②复杂性。

消费者行为受到很多内在和外在因素的影响，并且其中许多因素很难识别，也比较难把握。消费者行为受到动机的驱使，但具体每个行为背后的动机往往是隐蔽而复杂的。同一动机可以产生多种行为，比如，消费者为了满足饥饿的需要，可以选择吃中餐，也可以选择吃西餐，还可以选择吃快餐等多种消费行为。同一行为也可以是多种动机共同作用的结果，比如，让孩子参加舞蹈班的这一消费行为，有的家长动机是提升孩子的修养和素质，有的家长动机是为了让孩子锻炼身体，多多吃饭，快点儿长高，有的家长动机是为了孩子减肥，等等。不仅如此，消费者行为往往会受到来自文化、社会和个体等多种因素的影响。

③可诱导性。

由于潜在需要和隐性动机的存在，消费者有时会对自己的真正需要及如何满足需要并不十分清楚。因此，企业可以通过宣传、引导及设计新的产品来使消费者了解自己的需要，改变传统的消费习惯，接受新的消费观念。比如，江中健胃消食片，通过广告宣传让消费者认知到健胃消食片的主要成分既是药材也是食材，主要的功效是促进消化，肠胃不舒服时可以放心使用。

消费者行为虽然复杂多样，但是有规律可循的。因为，任何人的消费行为都受消费需要的支配，而人的需要是可以从生理、心理、社会等方面找到源头的，所以，我们对消费者行为规律的研究和探索是可行的。

3. 消费心理与消费行为的关系

任何一种消费活动，都是既包含了消费者的心理活动又包含了消费者的消费行为，准确把握消费者的心理活动,是准确理解消费行为的前提。一般来说,消费行为是消费心理的外在表现,消费行为比消费心理更具有现实性。思行合一,人类的一切正常行为都是由心理活动支配的,消费者在消费活动中的各种行为也无一不是受到心理活动的支配。因此,消费心理是消费行为的基础。但是消费心理看不见,摸不着,需要通过观察消费行为来分析和揣测消费者的心理活动和真正意图。

模块二 消费者行为学的产生与发展

案例导入

"环保、绿色、智能"将成为 2019 年家电消费热词

日前,国家发展改革委、工业和信息化部、商务部相关司局就《进一步优化供给推动消费平稳增长促进形成强大国内市场的实施方案(2019年)》具体情况召开会议,《实施方案》中提出了促进家电消费的相关政策,引发市场高度关注。

近年来,家电消费市场需求呈上升态势,2018 年家电消费占限额以上社会消费品零售总额的比重位列第五。同时,我国已经是世界上最大的家电生产和销售的大国。但纵观消费结构现状,高能效、绿色、智能等电子产品的市场占比还有巨大上升空间。

沪上知名连锁家电零售永乐生活电器总经理陶奋表示:近年来,永乐在销售产品结构方面已经顺应市场做出全面调整,例如,加大高能效产品和智能产品的进货和销售占比。2018 年一至二级能效家电型号普及已达 95% 以上。但由于高能效家电的市场价格等因素,的确还存在巨大的上升空间。以空调为例,一台一级能效的 1.5 匹空调比三级能效 1.5 匹空调,价格大概要高出千元以上。

陶总进一步分析表示:在当前全面深化环保节能概念的社会消费转型的趋势下,如能够顺利推出节能环保智能家电补贴,无疑将对高能效的环保智能家电的进一步市场普及起到巨大推动。永乐凭借多年来的专业家电零售连锁规模,历来都是"家电以旧换新""节能产品惠民工程"等惠民补贴实施的终端门店,对比政策实施阶段,门店销售均出现 1~2 倍的明显增长。如采用财政补贴等方式推广高效节能智能产品,对市民购买一级能效的变频空调、冰箱、滚筒洗衣机、平板电视等产品的消费者给予适当补贴,一定会对整个家电销售零售起到巨大推动、并直接促进高能效产品普及,最终形成消费升级,使得广大消费者真正获益。

[资料来源:"环保、绿色、智能"将成为 2019 年家电消费热词 [EB/OL].(2019-01-29)[2020-07-15]. http://dh.yesky.com/269/325685269.shtml.(引文有删减和修改)]

案例解析

案例体现了消费者行为的变化趋势:环保、绿色、智能。随着经济的发展,消费者的消费行为更加理性,环保消费、自主消费、自我维权意识也在不断加强。

案例以家电消费为例,分析了消费者行为的变化趋势,对国家消费政策、企业产品研发、生产、营销、服务等都提出了更高的要求。

一、消费者行为学的发展历程

19世纪末到20世纪初，资本主义经济进入繁荣发展阶段，随着机器大工业生产体系的确立和生产社会化程度的提高，生产力水平快速提高，劳动生产率迅速上升，产品数量大幅增加。与此同时，市场的有限性使得企业生产经营的关键取决于其商品在市场的销售情况。为此，许多企业主开始把注意力转向寻求开拓市场的途径。真正了解消费者需求、引起消费者对商品的兴趣和购买欲望、促成其购买行为的产生已成为企业关注的重点内容，这就促使对消费者心理与行为进行专门研究成为必然趋势。

从发达国家的情况看，消费者行为学从理论体系和框架的形成到逐步完善并形成一门独立的学科，大体上经历了以下三个阶段：

1. 萌芽阶段

1901年12月20日，美国心理学家W. D. 斯科特在西北大学做报告，提出了广告应作为一门科学进行研究，心理学在广告中可以而且应该发挥重要作用。这被人们认为是第一次提出了消费者行为分析的问题。1903年，斯科特汇编了十几篇广告心理学问题的论文，出版了名为《广告论》一书。通常认为，这本书的出版标志着消费者行为分析这门学科的诞生。

1912年，德国心理学家闵斯特伯格出版了《工业心理学》，书中阐述了在商品销售过程中，广告和橱窗陈列对消费者心理的影响。同时，还有一些学者在市场学、管理学等著作中研究消费者心理与行为的关系。比较有影响的是"行为主义"心理学之父约翰·华生的"刺激－反应"理论，即"S－R"理论。该理论揭示了消费者接受广告刺激物与其行为反应的关系，被广泛运用于消费者行为的研究之中。

由于此时消费心理与行为的研究刚刚开始，研究的重点是企业如何促进商品销售，而不是如何满足消费者需要，加上这种研究基本上局限于理论阐述，并没有具体应用到市场营销活动中来，所以尚未引起社会的广泛重视。

2. 显著发展阶段

从20世纪30年代到60年代，消费者行为研究被广泛应用于市场营销活动中，并迅速得到发展。

20世纪30年代的经济大萧条时期，许多发达国家出现了生产过剩、商品积压问题，这使得促进消费成了渡过危机的重要措施。了解消费者需求、提高消费者对商品的认识、促使消费者对商品产生兴趣、诱发消费者的购买动机等，成为当时政府制定经济政策和企业生产经营活动的重要课题。当时，无论是政府的货币政策还是企业的经营措施，都是从消费者的心理与行为入手，来促进消费和引导消费行为，从而大大促进了对消费者心理与行为研究的发展和深入。

1951年，美国心理学家马斯洛提出需要层次理论。1953年，美国心理学家布朗开始研究消费者对商标的倾向性。1957年，社会心理学家鲍恩开始研究参照群体对消费者购买行为的影响。1960年，美国正式成立"消费者心理学会"。1969年，成立"顾客协会"。与此同时，消费者行为的学科体系也基本形成。消费者行为分析从此进入发展和应用时期，它在市场营销活动中的参与度越来越高，影响日益明显。

3. 成熟阶段

20世纪70年代以来，关于消费者心理与行为的研究进入全面发展和成熟阶段。前人的研究成果经过归纳、总结，逐步趋于系统化，一个独立的消费者行为分析学科体系开始形成，有关的研究机构和学术刊物不断增多。除了大学和学术团体外，美国等西方发达国家的一些大企业纷纷附设专门的研究机构，从事消费者行为研究。有关消费者心理与行为的理论和知识的传播范围日益广泛，并且越来越受到社会各界的高度重视。

二、消费者行为学在我国的发展历程

消费者行为学是20世纪80年代中期从西方引入我国的，在此之前，我国对消费者行为的概念只停留在经验阶段，专门从事消费者行为分析的还很少。很少有学者从心理学角度研究消费和消费者，甚至在较长一段时间内，把消费者心理与消费者行为的研究混淆。这与我国的政治经济环境是分不开的，我国发展市场经济时间不长、消费观念陈旧、消费模式单一等都是造成消费者行为研究滞后的原因。

改革开放以来，随着我国消费品市场的迅速发展，消费者自身主体意识的不断增强和成熟度的大幅提高，理论界和企业对消费问题的关注越来越多，并且消费者行为学的研究也经历了近30年的发展，目前，企业已经普遍认同消费者行为研究的重要性，并加以运用以指导营销策略的制定。

实践证明，在我国发展社会主义市场经济的过程中，深入开展消费者心理与消费者行为的研究具有极其重要的现实意义。首先，研究消费者行为有助于加强与提高宏观经济决策水平，改善宏观调控效果，促进国民经济协调发展。其次，研究消费者行为有助于企业根据消费者需求变化组织生产经营活动，提高市场营销活动效果，增强市场竞争力。再次，研究消费者行为有助于消费者提高自身素质，科学地进行个人消费决策，改善消费行为，实现文明消费。最后，研究消费者行为有助于推动我国尽快融入国际经济体系，不断开拓国际市场，增强企业和产品的竞争力。

三、消费者行为学的发展趋势

未来社会将是一个消费更加多元化、透明化的市场，分析消费者行为将成为企业增强市场竞争力、拓展市场最不可缺少的手段。这也使有关消费者心理与消费者行为的理论和知识传播的范围日益扩大，并越来越受到社会各界的高度重视。目前看来，针对消费者行为的分析表现出下面几种发展趋势：

1. 研究角度趋向多元化

由传统的、单一的从商品生产者和经营者的角度研究消费心理，转变为将消费心理和消费行为与更广泛的社会问题联系起来，从宏观经济、自然资源、环境保护、消费者利益和生活方式等多个角度系统地进行研究。

2. 研究参数趋向多元化

最初人们主要利用社会学、经济学的有关概念作为参数变量，根据人们的收入、年龄、性别、职业、家庭等来分析消费者心理和消费行为的差别。随着研究的深入，与心理因素和社会因素有关的其他变量，如需要、动机、个性、参考群体、社会态度、人际沟通等参数被大量引入；随着社会环境的急剧变化，研究者又逐步将文化、历史、地域、民族、道德传统、价值观念、信息化程度等新变量引入研究，使消费者心理和消费行为的研究更加精细化。

3. 研究方法趋向定量化

传统的方法是对某一消费现象进行事实性记述和定性分析，随着新变量的引入和各参数变量之间相互作用的研究，一些专家越来越多地使用定量分析方法，如统计分析技术、信息处理技术以及运筹学、动态分析等现代科学方法和技术手段，揭示变量之间的内在联系。定量分析的结果，使消费者行为模式的研究更加精确。

模块三　消费者行为学的研究对象、内容与方法

案例导入

智能手机发展趋势：必将具备的十大功能

智能手机现在已经变得无所不能，通过各种各样的功能和App取代了我们日常生活中的许多工具。智能手机已经取代了导航、数码相机、iPod甚至是手电筒。尽管如此，它们依然在不停地进步。

1. 钥匙

也许短时间内智能手机不会取代你口袋里的金属钥匙，但是至少可以代替其他类型的钥匙。希尔顿连锁酒店已经推出了智能门锁，可以让宾客直接通过智能手机打开酒店的房门，而现代汽车也已经开始通过NFC功能来取代无钥匙一键启动系统。

2. 车载娱乐系统

你的智能手机在汽车上能做的不仅仅是打开车门起动发动机，苹果的CarPlay、Broadcom的MirrorLink和谷歌的开放汽车联盟都可以将你的智能手机变成车载娱乐系统的核心，从交通信息预警、GPS定位、欣赏流媒体音乐到阅读短信，无所不能。

3. 开关

贝尔金的WeMo和飞利浦的Hue等智能家居产品都预示了未来的趋势，前者是通过智能手机App来进行开关控制，后者则是用App来控制照明。随着传感器和无线电气设备的成本不断下降，未来许多人在改造智能家居上也不必再花许多钱。

4. 家庭医生

苹果的HealthKit和谷歌的Fit以及三星的SAMI都想要让你更好地了解自己的身体，可以通过专门的传感器来用智能手机搜集健康及健身数据，甚至要比医生还要更了解你。

5. 电视

根据一项最新的调查报告显示，到2022年大约有53%的美国消费者将会用智能手机和平板电脑来彻底取代电视。虽然这份报告有些过于乐观，但是的确在移动设备上观看视

频的趋势已经越来越明显。有数据显示，近一年的时间里，用户通过传统广播转换到网络流媒体观看视频内容的比例增长了246%。

6. 银行卡

谷歌钱包也许并没有一鸣惊人，但是Visa和万事达都已经开始投资NFC系统，可以直接通过手机付款来取代信用卡。像PayPal等应用都已经支持在网上使用智能手机付款，甚至许多厂商自己的商店同样支持该项服务，如星巴克就是一个很好的例子。另外还有苹果，同样致力于手机支付系统，而iTunes数以百万计的用户就提供了广泛的用户基础。

7. 遥控器

万能遥控器的寿命已经进入了倒计时阶段，不久的将来这种产品就会慢慢在我们的生活中消失，而这一切都将被智能手机取代。

8. 固定电话

智能手机已经逐渐将固定电话逼入了绝境，人们已经开始逐渐适应了没有固定电话的生活。而从2012年开始，用户们似乎更喜欢发送语音消息，这也进一步让固定电话"濒临灭绝"。未来随着诸如Wi-Fi通话和LTE网络通话服务的普及，固定电话的日子将会越来越不好过。

9. 平板电脑

为什么平板电脑的销量已经进入了一个瓶颈而大屏平板手机却卖得越来越好。如果必须在只能连接Wi-Fi和可以使用4G网络的平板手机之间选择，那么相信许多人都更青睐后者。

10. PC

现在智能手机已经比PC或Mac更加属于私人化的计算设备，无论我们去哪里，都已经习惯直接使用智能手机来处理问题而并非像以前一样必须要用电脑。

[资料来源：http://www.kejixun.com/article/201408/66253.html.（引文有删减和修改）]

案例解析

对于大多数普通人来说，日常工作、信息交流、消费支付等都可以通过智能手机的App来完成。随着智能手机越来越强大，如果能够解决电池续航的问题，App和配件变得越来越实用和方便，人们就越来越不愿意使用笨重的电脑来处理事情。对于生产和营销企业，需要运用心理学和行为学的方法及时捕捉到消费者需求的变化趋势，为自己新产品的研发、新市场的开发提供参考和依据，及时调整企业的目标和方向。

一、消费者行为学的研究对象

1. 研究消费者消费行为中的心理过程和心理状态

消费心理学是以市场活动中消费者心理现象的产生、发展及其规律作为学科的研究对象。消费者是市场购买活动的主体，在消费行为中的心理过程和心理状态是一个发生、发展、完成的过程。如在商场里，有的顾客快速决策购买；有的顾客则犹豫不决；还有的顾客徜徉浏览，并无买意。这些行为都与消费者的心理状态和心理过程密切相关。对心理过程和心理状态的研究，主要表现在消费者购买活动的售前、售中、售后方面，具体包括以下三个方面的内容：

（1）消费者对商品认识的心理过程

即认识过程、情绪过程和意志过程，以及这三个过程的交融与统一。在实际的购买过程中，消费者往往按照自己的意图、偏好购买所需要的商品或服务。

（2）消费者心理活动的共同性

如消费者普遍存在追求物美价廉、求实从众、求名争胜、求新趋时、求奇立异等心理倾向，以及这些心理倾向的表现范围、时空、程度和心理机制等。

（3）消费者的需求动态及消费心理变化趋势

消费者心理发展、变化的一般趋势是消费心理学研究的重要对象，如消费者的需求发展模式是直线上升还是波浪式发展，消费者对商品的功能、款式、颜色、质量、商标等的要求和期望发生了哪些变化。

2. 研究消费者个性心理特征对购买行为的影响和制约作用

消费者在消费行为中表现出的消费心理是消费者个体的心理现象，受到消费者个人的个性心理左右，而个性心理特征又反过来影响和制约消费者的个人消费行为表现。如有的消费者能对所购的商品价值做出比较全面的评估，而有的消费者则只有一些直观的、表面的认识；有的消费者面对琳琅满目的商品能够果断地做出买还是不买的决策，而有的消费者则表现得优柔寡断。这些都说明消费者心理现象个体之间存在着明显的差异性。研究消费者个性心理特征对消费行为的影响和制约作用，具体包括以下三个方面的内容：

（1）消费者气质、性格上的差异

消费者作为个体，无论每次具体消费行为是怎样形成的，都会以独特的、稳定的、本质的心理品质，表现出个体气质、性格、能力等方面的差异。具有类似行为表现的个体形成了具有不同购买心理特征的群体。如胆汁质、多血质、黏液质、抑郁质等气质特征的消费者，往往在消费活动中表现出不同的消费心理活动特点等。

（2）消费者对商品的评估能力

如消费者对某种商品信息了解的多与寡，男性和女性对商品评估的不同视角，以及不同年龄段的消费者对商品评估的价值取向等都有所不同。

（3）影响消费心理的各种因素

如时尚流行对消费观念的影响，文化教育对商品消费的影响，消费者的收入水平对消费结构的影响，职业特点对购买方式、购买地点的影响，社会风俗习惯等对消费行为的影响等。

3. 研究消费行为与市场营销的双向关系

在研究消费者购买行为和消费心理的基础上，企业可以通过有效地提高相应的商品和服务质量，来满足消费者的需求，也使企业自身能够在维护消费者权益的前提下争取最好的营销效果。不同的消费品市场有不同的目标顾客群体，不同的目标顾客群体对消费品有不同的心理需求，消费心理和市场营销存在着双向关系，对消费者心理和市场营销双方关系的研究，具体包括以下三个方面的内容：

（1）企业的产品质量、销售方式、营销环境等对消费者心理的影响

如企业如何通过提高商品质量来满足消费者的多种需求，如何通过商品的促销策略使人们竞相购买等。

（2）商品设计要适应消费者的心理需求

如服装的设计是否符合消费者的年龄特征，做到特色鲜明；商品的包装设计是否适应不同消费群体的感官，增强商品的吸引力等。

（3）从心理学的角度开展企业营销中的公关活动

如企业可以通过规范经营行为，提高产品质量，得到消费者与社会的认可和信赖；企业可以提供良好的服务来提高消费者在售前、售中、售后等方面的满意度；企业可以通过信息沟通，塑造良好的企业形象等。

二、消费者行为学的研究内容

1. 影响消费者心理和行为的内在因素

（1）消费者的心理活动

任何心理活动都包括认识、情感、意志三个过程，同样，消费者从进入商店到把商品买回家也经历了这样一个过程。消费者行为分析通过研究每一过程的发生、发展和表现形式以及三个过程之间的联系，来发现消费者购买行为体现的心理现象的共性。

（2）消费者的个性心理特征

个性心理特征是指个人带有倾向的、本质的、相对稳定的心态特征。人在兴趣、能力、气质、性格等方面反映出来的个人特点和差异，是形成不同购买动机、购买方式、购买习惯的心理基础。个性心理特征体现了个体的独特风格和心理活动，由于不同的人有不同的个性心理特征，使得消费者的购买行为复杂多样。通过研究消费者的个性心理特征，能够了解不同消费行为产生的内部原因，掌握消费者的购买行为和心理活动规律，进而了解社会消费现象。

（3）消费者的需要和动机

人的行为是由动机决定的，而动机是由需要引起的。消费者购买某种产品可能是出于多种需要和动机，产品、服务和需要之间并不存在一一对应的关系。消费行为的根本原因是需要，需要和动机是消费者进行各种消费活动的源泉和推动力，也是进行消费行为研究的出发点。如两个人同时感到口渴，一个买了冷饮，而另一个回家喝水，表现不尽相同。因此，企业的生产、经营首先需要了解消费者的需要，把满足消费者的需要和动机作为生产、经营的目标与出发点。

（4）消费者的生理因素

生理因素是指消费者的生理需要、生理特征、身体健康状况，以及生理机能的健全程度等。消费者由于年龄、性别、体型等方面的特点和差异，会形成各种消费行为类型，如少年儿童的消费主要是儿童玩具、儿童食品、文具、书籍等，老年人的消费主要是医疗、服务、娱乐、保健食品等，这是企业在生产和经营中需要关注的问题。

2. 影响消费者心理和行为的外部因素

消费者的心理和行为不仅受到内在因素的影响，而且还受到社会历史条件的制约和社

会因素等外在因素的影响。影响消费者心理和行为的外部条件包括社会环境对消费心理的影响、群体对消费心理的影响、消费态度对消费心理的影响、商品因素对消费心理的影响、购物环境对消费心理的影响、营销沟通对消费心理的影响。外部因素对消费者心理和行为的影响是多方面的，具体包括以下四个方面的内容：

（1）社会因素

社会的构成因素是众多而复杂的，包括文化、民族、种族、社会阶层、集体、家庭、宗教、受教育程度、职业特征等。

（2）市场因素

市场因素是指市场状况对消费心理和行为所产生的影响，包括商场布局、广告宣传、销售服务、营销人员、促销方式、企业形象等。

（3）商品因素

影响消费者心理的商品因素包括商品设计、商品质量、商品价格、包装装潢、商标命名、原料工艺等。

（4）自然因素

自然泛指自然界，影响消费者心理的自然因素包括气候变迁、地理环境、地理变化等。

影响消费者心理和行为的外部因素各不相同，消费者反映出的消费心理和行为就会各有不同。如男士和女士、年轻人和老年人对商品都存在不同的需求。

三、消费者行为学的研究方法

方法是人们研究问题、解决问题并实现预期目标所采取的途径和方法。研究消费者行为，如果方法正确，就能收到事半功倍的效果。消费者行为学是一门研究人的心理活动的科学，它是与社会科学、哲学和自然科学密切联系的科学。因此，研究消费者行为学离不开社会实践、哲学方法和自然科学原理。目前，国内外行为学专家和市场学专家常用来研究消费者活动规律的基本方法有观察法、访谈法、问卷法、综合调查法、试验法和投射测验法等。

（1）观察法

观察法是指观察者在自然条件下有目的、有计划地观察消费者的语言、行为、表情等，分析其产生的原因，进而发现消费者行为规律的研究方法。随着互联网的发展，观察法可借助视听器、摄像机、录音机、照相机等工具来增强观察效果。观察法可分为自然观察法和实验观察法两种形式：自然观察法是指在完全自然的、被观察者并不知情的条件下进行的观察；实验观察法是指在人为控制条件下进行的观察，被观察者可能知情，也可能不知情。

观察法大多数是在消费者并不知晓的情况下进行观察，由于消费者没有心理负担，所以其行为是一种自然的流露。通过观察所获得的资料比较直观、真实、可靠。此外，观察法比较容易操作，费用也比较少，所以，无论是大型企业或是小型店铺都可以采用。观察法的缺点在于其具有一定的被动性、片面性和局限性。首先，调查者在进行观察时只能被动地等待所预料的事情发生。其次，调查者只能从观察对象外部动作去考察和了解，难以了解观察对象的内心活动。再次，由于要求观察对象数量较大、涉及面较广，因而为取得大量的资料所投入的人力和时间必然较多。观察所获得的材料本身还不能区分哪些是偶然现象，哪些是规律性的反映。例如，漫步商场观察消费者的步态和目光时，发现大致有三种表现：第一，脚步紧凑，目光集中，直奔某个柜台。第二，步履缓慢，犹豫不决，看着商品若有所思。第三，步态自然，神色自若，随意浏览。上述三种表现说明进店顾客大致有三类：买者、可能买者、逛客。仅从这些观察对象的行为表现还不能推算出进店顾客真正购物的概率，因为在消费者的行为举止中，还有很多偶然因素。

观察法可用于观察别人，也可用于观察自己，进行自我观察。自我观察法是把自己摆在消费者的位置上，根据自身的消费体验，去揣摩、感受消费者的心理。通过运用自我观察法研究消费行为有独到之处，对价格心理、偏好转变和情感变换等较复杂的心理现象的研究，通常会收到比较满意的效果。

观察法在研究商品价格、销售方式、商标、广告、包装、商品陈列、柜台设置、品牌及新产品的被接纳程度等方面，均会取得较好的效果。

（2）访谈法

访谈法是通过经过训练的访问者与受访者交谈，以口头信息传递和沟通的方式来了解消费者的个性、动机、态度和价值观念等内容的一种研究方法。访谈可以在被访问者家中或者在一个集中的访问地点进行，还可以利用电话等通信手段与被访者进行沟通。例如，在林荫绿地等优雅环境中，可以对被访问者进行较长时间的深入面谈，目的是针对不受限制的评论或意见进行提问获得受访者的真实想法，以便帮助研究人员更好地理解消费者产生这些想法的不同方面及其原因。深度访谈在理解个人是如何做出决策的、产品是如何被使用的以及消费者生活中的情绪和个人倾向时，尤其有用。新的概念、设计、广告和促销信息往往通过访谈法进行调研。

按交谈过程结构模式的差异划分，访谈法可以分为结构式访谈和无结构式访谈两种形式。结构式访谈又叫控制式访谈，访谈者根据预定目标事先拟定好谈话提纲，访谈时按已拟定的提纲向受访者提出问题，受访者逐一予以回答。结构式访谈的方法类似于问卷法，只是不让被试者笔答，只用口答而已。运用这种方法的优点是，访谈者能控制访谈的中心，条理清晰，比较节省时间。运用这种方法的缺点是容易使访谈者感到拘束，产生顾虑；也容易使受访者处于被动的地位，使访谈者只能得到"是"与"否"的回答，而不能了解到受访者内心的真实情况。因而访谈的结果往往不够全面，深度也不够。无结构式访谈又叫深度访谈，它没有提纲，不限时间，尊重受访者谈话的兴趣，使访谈者与受访者以自由交谈的方式进行。无结构访谈的优点是受访者不存在戒心，不受拘束，便于交流；受访者能在不知不觉中吐露真实情感。无结构访谈的缺点是采用这种访谈方法要求调查者有较高的访谈技巧和丰富的访谈经验，否则就难以控制谈话过程，不仅耗费时间较长，而且可能会影响访谈目标的实现。

按访谈者与访谈对象的接触方式不同可以分为个人访谈和小组座谈两种形式。个人访谈又称为一对一的访谈，由调查者对单个受访者进行访问，可以采取结构式访谈，即询问一些计划好的问题，也可以采取无结构式自由访谈的形式。在一对一的访谈中，访问者不可以有意识地影响被访问者的回答。也就是说，不能给受访者任何压力或暗示，要使被访问者轻松自由地回答问题。一对一访谈适用于以下四种情境：其一，要求对个体行为、态度或需要进行深入研究；其二，讨论的主题具有高度隐私或保密性（如个人投资）；其三，讨论的主题带有情感性或具有某种使人尴尬的性质；其四，讨论的主题具有某种强烈的社会规范，采用群体讨论会对个体反应产生重要影响。小组座谈也叫集体访谈，是指调查访谈人员以召开座谈会的方式向一组消费者进行访谈。标准的集体访谈有 8~12 名受访者。一般来说，小组成员构成应反映特定细分市场的特性。受访者要根据访谈目标在相关的样本中挑选出来，并在有录音、录像等设备的场所接受访问。小组访谈可以适用于以下七种情境：

①激发产品创意的顾客基本需要的研究。
②对新产品想法或概念的探究。
③产品定位的研究。
④广告和媒体传播的研究。
⑤消费者参照群体的背景研究。
⑥在问卷设计的初始阶段需要了解消费者所使用的语言与词汇。
⑦态度和行为的决策等。

（3）问卷法

问卷法是根据研究者事先设计的调查问卷，向被调查者提出问题，并要求被调查者书面回答问题的方式，或者也可以变通为根据预先编制的调查表请消费者口头回答，由调查者记录的方式，运用这样的方法来了解被调查者心理。问卷法是研究消费者行为常用的方法。根据操作方式不同，问卷法可以分为邮寄问卷法、网络问卷法、入户问卷法、拦截问卷法和集体问卷法等。按内容不同可以分为封闭式和开放式调查问卷两种。封闭式调查问卷就是让被调查者从所列出的答案中进行选择，类似选择题和是非题等；开放式调查问卷是指被调查者根据调查者所列问题任意填写答案，答案不受限制，类似填空题和简答题。

一个正式的调查问卷主要包括三个部分：指导语、正文和附录。

①指导语。这部分主要说明调查的主题、目的和意义，以及向被调查者致谢等。这里最好要强调一下调查与被调查者的利害关系，以取得被调查者的信任和支持。

②正文。正文是问卷的主体部分。依照调查的主题，设计若干问题，要求被调查者回答。这部分是问卷的核心部分，一般要在有经验的专家指导下设计完成。

③附录。主要是有关被调查者的个人情况，如年龄、性别、婚姻、职业、学历和收入等，也可以对某些问题附带进行说明，还可以再次向被调查者致谢。附录可随调查主题不同而增加内容。但要注意，结构上要合理，正文应占整个问卷内容的 3/4 或 4/5，指导语和附录只占很少部分。

问卷法的优点是同一问卷可以同时调查很多人，主动性强、信息量大、简便易行、经济省时、结果易于统计分析。问卷法的缺点是回收率低（一般为 50%~60%），问卷的回答还受被调查者的文化水平等条件的限制，而且不容易对这些材料重复验证。

（4）综合调查法

综合调查法是指在市场营销活动中采取多种手段取得有关材料，间接地了解消费者的心理状态、活动特点和一般规律的调查方法。根据不同的目标和条件可以邀请各种类型的消费者进行座谈、举办新产品展销会、产品商标广告的设计征集、设置征询意见箱、销售时消费者信息征询卡、特邀消费者对产品进行点评、优秀销售人员经验总结等手段和方法。

（5）试验法

试验法是指在严格控制下有目的地对应试者给予一定的刺激，从而引发应试者的某种反应，进而加以研究，找出有关心理活动规律的调查方法。试验法包括以下两种方法：

①实验室试验法。实验室试验法是指在专门的实验室内进行，可借助各种仪器设备以取得精确的数据。如研究人员可以给消费者提供两种味道稍微不同的食品，让他们品尝并进行挑选。这里，商品的不同味道是自变量，可以由研究者控制，而挑选结果则是因变量，至于其他能够影响挑选的因素如价格、包装和烹调的难易程度等，可以假设成完全相同。这样，经过实验后得出的消费者的挑选结果就仅仅取决于味道的差别，而与其他因素无关。在消费者行为的实验研究中，应该注意使实验环境尽可能与相关的现实环境接近，也就是说要尽量排除不寻常或偶发条件下才出现的外部因素对实验结果的影响。

②现场试验法。现场试验法是在实际消费活动中进行。如测定广告宣传的促销效果，可以采用选择两个条件相近的商店或商场，一个做广告，一个不做广告。记录各自的销售情况，然后进行比较和统计，以确定广告宣传效果的大小。由于现场试验法的营销活动现场的具体条件比较复杂，许多变量难以控制，因而会影响研究结果的准确性。

（6）投射测验法

投射测验法又称深层法，是一种通过无结构性的测验，引出被测试者的反应，从中考察被测试者所投射的人格特征的心理测验方法。具体说，就是给被测试者意义不清、模糊而不准确的刺激，让被测试者进行想象、加以解释，使被测试者的动机、情绪、焦虑、冲突、价值观和愿望在不知不觉中投射出来，然后从被测试者的解释中推断其人格特征。

最著名的投射测验是美国关于速溶咖啡的购买动机研究。一开始，速溶咖啡上市时并没有被消费者接受，大家对这种省时、省事的商品并不感兴趣。美国心理学家海尔曾用问卷法直接调查，结论是消费者不喜欢这种咖啡味道。但是这个结论是没有依据的，因为速溶咖啡与新鲜咖啡的味道是一样的。后来，海尔通过投射测验，编制了两种购物单，如图1-1所示。其中只有一项是不同内容，一张上写的是速溶咖啡，另一张上写的是鲜咖啡豆。把这两种购物清单分别发给两组妇女，请她们描述采用不同购物清单的家庭主妇的特征。测验发现，两组妇女对家庭主妇的评价截然不同。她们认为购买速溶咖啡的主妇贪图方便、省事，是一个懒惰的人，生活无计划，乱花钱，不是个好妻子；而购买鲜咖啡豆的主妇则被她们评价为勤快的、有经验的、会持家的好主妇。从而，不喜欢速溶咖啡的真正原因找到了，不在于它的味道，而是一种传统消费观念的问题。在当时的社会背景下，美国妇女认为担负繁重的家务是一种天职，而逃避劳动则是偷懒的行为。大家不接受速溶咖啡正是基于这种深层的消费观念和购买动机。因此，企业要改进的不是商品的味道，而是如何进行广告宣传。后来公司改变原来的宣传策略，打消顾客省力的心理压力，商品随即成为畅销货。今天速溶咖啡不仅是西方国家的通用饮料，也逐渐成为我国人民的常见饮品。

投射测验一般都具有转移被测试者注意力和解除其心理防卫的优点,因而在消费者行为分析中常被用作探寻消费者深层动机的有效手段。

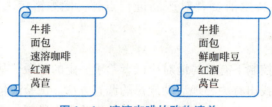

图1-1 速溶咖啡的购物清单

思考题

1. 什么是消费？什么是消费品？什么是消费者？
2. 简述消费心理与消费行为的关系。
3. 简述消费者行为学的研究对象和研究内容。

案例分析

玉石消费为何难以融入国际市场

随着人们生活水平的提高,玉石成为中国人消费的热点商品。但是玉石消费却还只是限于国人之中,并未真正走入国际市场,融入世界性的消费中。

根据新疆维吾尔自治区旅游局统计,2010年7月,进疆的海外游客高达5.2万人次,比上年同期增长了65.51%；创汇1 635.64万美元,比上年同期增加了62.62%。但是,在这1 000多万美元的外汇中,新疆闻名已久的和田玉却贡献不大。曾有人借中国古代帝王的名号向外推销古玉,如利用康熙、乾隆对岫岩玉、和田玉的喜爱炒作清代宫廷古玉器。在2008年北京奥运会后也有人利用金牌"金镶玉"制作的特点,宣传和田玉、昆仑玉饰品等,但是仅仅进一步炒热了玉石内地和华人圈市场,而境外市场却不见反响。

玉石消费无法融入国际市场的一个关键原因就是东西方文化的差异。中国的传统文化中,有很多关于玉的诗词歌赋,在这些诗词歌赋中,玉石被描绘得既高贵又有气节,其古朴、内敛的品质也是中国人追求的品格。但这种含蓄的文化并不被西方人所接受,相比较而言,西方人更喜欢像宝石、钻石和黄金那样闪亮度高的物品,而玉石在他们看来黯淡无光。

[资料来源：高博. 消费者行为分析与实务 [M]. 北京：北京邮电大学出版社, 2015.（引文有修改和删减）]

问题：
1. 结合本项目所学知识,分析说明中国玉石产品很难进入国际市场的原因。
2. 如果中国的玉石产品要进入国际市场,你认为应该制定什么样的营销策略？

实训设计

问卷法的应用

1. 实训目的

熟悉问卷法的概念、种类和应用。

2. 实训内容

①以小组为单位进行问卷法的应用训练，学会制作问卷。

②讨论问卷法不同种类的应用。

3. 实训要求

①复习。让学生复习问卷法的概念和内容，了解操作的具体程序。

②分组。全班5~6人为一组，分为若干小组，并选出组长。

③设计。根据实训背景资料设计问卷内容。

④制作计划。根据问卷调查内容编制详细的计划，包括对象、目的、时间、地点、方法，并做好问卷法应用准备工作。

⑤实施计划。

⑥总结。各小组将调查的情况进行分析、总结，完成实习报告。

背景资料

大学生恋爱消费调查
——校园恋爱高消费

谈恋爱，被当代大学生看成是一门必修课。为此，大学生们不仅需要付出时间、精力，还需要承担高额的"课程"费用。

西北大学的小王向记者透露了他的恋爱消费清单：每周末去麦当劳或肯德基花费近百元、看电影或是去咖啡馆等休闲娱乐场所花费近百元，去超市为女朋友购物花费近百元、再加上逢女朋友生日、过节送的礼物，他的月消费近两千元。

西安建筑科技大学计算机系的小张，与女朋友相处不到半年就分手了。他说："原来恋爱是用钱来经营的，我现在没有富足的金钱供恋爱消费。"还记得，有一次女朋友过生日，他又是蛋糕又是生日礼物再加上请客吃饭，共花掉了500多元钱，而女朋友依然不满意。恋爱时间不长，为缓解经济压力，他去做了兼职。但是，即使这样，仍然没能使他的爱情天长地久。最终，小张不堪消费压力，提出分手。

据了解，目前高校中，大学生因为恋爱而需要的花费少则每月几百元，有些甚至高达数千元。恋爱支出主要在吃饭、零食、逛街、泡吧等娱乐方面。礼品消费也是恋爱消费的"大头"，逢年过节或是俩人的生日以及特殊的纪念日，恋人之间互送礼物的花费从几十元到几千元不等。这些都给没有固定收入的大学生造成了不同程度的经济压力。

[资料来源：张之峰，张学琴．消费心理学［M］．北京：北京理工大学出版社，2010．（引文有修改和删减）]

道德观察

超前消费逾期，年轻人为什么偏爱超前消费呢？

用花呗、打白条、刷信用卡……对当下许多年轻人来说，"花明天的钱，圆今天的梦"已经是一种生活方式。伴随着消费观念转变及支付手段革新，超前消费大行其道，形形色色的互联网消费贷款产品更是令人眼花缭乱。

最近，从央行公布的一则数据中发现，现在的年轻人越来越难了。根据央行发布的报告显示，2019年我国信用卡逾期半年未偿金额已经达到了800亿元。而在2011年这一数字仅为110亿元，相当于信用卡逾期金额每年都翻了一倍多，这样的增长趋势无疑是非常惊人的，对此银行也终于开始表示担心起来。那么，为什么信用卡逾期的人数越来越多了？今天卡神小组就来和朋友们聊一聊超前消费逾期。年轻人为什么偏爱超前消费呢？朋友们一起来看看详细内容吧。

有一个不争的事实，信用卡业务是银行实现盈利的重要板块。自然而然，各大银行的信用卡推销员几乎是无孔不入，甚至办卡还会附送小礼品等各种福利。截至2018年第三季度，全国累计发放信用卡数量达6.59亿张，人均持卡数量接近0.5张。工农中建四大行信用卡累计发行量都超过1亿张。还有其他的银行都有相当大的发行量。银行为了不断增加信用卡发行量，放松了信用卡的准入门槛，让信用卡用户得到了更大的负债能力，自然就增加了信用卡逾期的风险。

超前消费让负债成为流行，这样真的好吗？其实这样并不好。根据央行的数据统计，信用卡用户主要集中在"80后""90后"，"90后"居多，而且人均持卡数量超过3张，而且都在使用。畸形的消费观念让年轻人开始透支自己的生活。大量办理信用卡的原因也非常简单，就是为了获得更多的信用卡额度，以满足自身的消费需求。为了满足自己的消费欲望，信用卡透支无疑是一个非常不错的选择。10年前，年轻人接触的只是房贷、车贷这些业务，如今呢？一个人从自己上学、工作租房、学习提升、穿衣打扮、美容美发、吃喝旅行，到恋爱结婚、装修家电都被各种贷款渗透，时刻萦绕在我们身边。很多自控能力差的人，就会开始无节制地刷卡，远远超出了自己的偿还能力，导致出现信用卡逾期。卡神小组根据数据显示，信用卡逾期的总金额仍然在持续地增长。有些人信用卡透支到没有能力偿还，就去借网贷、甚至现金贷来还信用卡，而网贷本身利率比较高，期限短，一旦网贷还不上，那就只能不断去借新的网贷来还旧的网贷，结果陷入恶性循环，甚至出现了自杀现象。大二女生借校园贷，欠57万债务宾馆自杀；名下14张信用卡，欠款总额达87.8万元，而月薪仅3 000来元的律师助理自杀身亡。

[资料来源：https：//www.sohu.com/a/345055510_100031559.（引文有修改和删减）]

问题：

1. 分析年轻人超前消费的优点和缺点。
2. 本案例对年轻消费者的启发有哪些？
3. 年轻人应如何树立正确的消费观念？

项目二

分析消费者心理过程

知识目标

- 了解消费者感觉、知觉、记忆、注意的基本含义。
- 了解消费者心理活动的过程。
- 掌握消费者感觉、知觉、记忆和注意的特征及与消费者行为的关系。

能力目标

- 能够分析与消费者感觉、知觉、记忆和注意相关的营销案例。
- 能够利用消费者感觉、知觉、记忆和注意的特点制定简单的营销方案。

道德目标

- 认识到对于企业来说诚信经营的重要意义。
- 培养学生维护消费者权益的意识,自觉成为消费者权益的维护者。

模块一 消费者的感觉

案例导入

色彩的作用

色彩影响人的情绪。

过去英国伦敦的菲里埃大桥的桥身是黑色的,常常有人从桥上跳水自尽。由于每年从桥上跳水自尽的人数太惊人,伦敦市议会敦促皇家科学院的科研人员追查原因。开始,皇家科学院的医学专家普里森博士提出这与桥身是黑色有关时,不少人还将他的提议当作笑料来议论。

在连续三年都没找出好办法的无奈情况下,英国政府试着将黑色的桥身换掉,这下奇迹竟发生了：桥身自从改为蓝色后，跳桥自尽的人数当年减少了56.4%，普里森为此而声誉大增。

近期，有英国、芬兰的科学家研究认为：色彩对人的情绪的确影响很大，色彩作用于人的感官，刺激人的神经，进而在情绪心理上产生影响。现在的生活中，人们越来越多地受到色彩的影响，家居设计非常讲究色彩与色调的搭配。有人提出：孩子性格的形成也受居住环境色彩的影响，有的色彩会刺激人的食欲。

心理学家认为，人的第一感觉就是视觉，而对视觉影响最大的则是色彩。人的行为之所以受到色彩的影响，是因人的行为很多时候容易受情绪的支配。颜色之所以能影响人的精神状态和心绪，在于颜色源于大自然先天的色彩，蓝色的天空、鲜红的血液、金色的太阳……看到这些与大自然先天的色彩一样的颜色，自然就会联想到与这些自然物相关的感觉体验，这是最原始的影响。这也可能是不同地域、不同国度和民族、不同性格的人对一些颜色具有共同感觉体验的原因。

比如，红色通常给人带来这些感觉：刺激、热情、积极、奔放和力量，还有庄严、肃穆、喜气和幸福，等等。而绿色是自然界中草原和森林的颜色，有生命永久、理想、年轻、安全、新鲜、和平之意，给人以清凉之感。蓝色则让人感到悠远、宁静、空虚，等等。

随着社会的发展，影响人们对颜色感觉联想的物质越来越多，人们对于颜色的感觉也越来越复杂。

［资料来源：https：//wenda.so.com/q/1382781243067657.（引文有修改和删减）］

 案例解析

人们认识客观事物的一般过程是从感觉器官开始的，感觉是消费者购买行为形成的前提。其中视觉是人类和其他动物最为复杂、高度发展和最重要的感觉。据研究，在人所获取的所有信息中，85%的信息通过视觉获得。从上面案例可以看出，颜色具有重要的感觉内涵，颜色可以直接影响消费者的情绪感受。企业和营销人员应意识到消费者的感觉、知觉对于消费者购买行为具有重要的影响。应针对自己企业商品和服务的特点和消费者的需求，进行店铺的设计和商品的包装，从而吸引消费者的注意，给消费者留下美好的记忆，确保自己的商品和服务在众多的竞争对手中脱颖而出。

一、消费者感觉

感觉通常是指由一种感觉器官的刺激作用引起的主观经验，或者可以说是人脑对当前直接作用于感觉器官的客观事物的个别属性的反映，是一种最简单的心理反应过程。消费者的感觉主要是消费者在购买商品和使用商品的过程中对商品个别属性的反映。人们对客观世界的认识过程是从感觉开始的。消费者对商品世界的认识过程也是从感觉开始的。消费者的感觉是商品外部的个别属性作用于消费者不同的感觉器官而产生的主观印象，这些主观印象使消费者获得有关商品的各种信息及其属性的资料，是消费者接触商品的最简单的心理活动过程。比如，消费者借助于视觉、听觉、触觉、嗅觉、味觉等感觉器官来接受商品的有关信息,并通过神经系统,再将收集的信息从感觉器官传送到大脑,产生对商品个别的、孤立的和表面的心理反应。再比如,消费者选购商品时,用眼睛观看商品的外表,用手触摸商品的质地,用鼻子嗅闻商品的气味,用嘴品尝商品的味道等。通过这些心理活动,消费者初步获得了对商品的感性认识,了解商品的形状、颜色、气味等个别属性,从而产生漂亮、美观、新奇、香甜、丝滑等种种感觉,以及引起积极的心理活动。尽管感觉是对商品个别属性的反映,但却是一切复杂心理活动的开端。没有这些感觉,消费者不可能进一步认识它是什么商品,更无法了解其功能。

感觉只反映客观事物的个别属性。不同的感觉器官接受不同的刺激,产生不同的感觉。如视觉只看到形状、颜色,听觉只听到声音,嗅觉只闻到气味,触觉摸到质地,而味觉只尝到滋味等。这些不同的感觉,使人们在认识事物时,能够从各个方面了解事物的属性和特征。

感觉不仅反映外界事物的属性,还反映有机体本身的活动状况。例如,人们能感觉到自身的姿势和运动,能够感觉到内部器官的工作状况,如饥渴、舒适、疼痛等。不论是对外界具体事物的反映,还是对有机体本身活动状况的反映,感觉都是对事物个别属性的反映,而不是对客观对象整体的反映。

二、感觉的基本特征

感觉的基本特征主要体现在以下四个方面:

1. 感受性

对客观事物刺激强度及其变化的感觉能力叫感受性,感受性说明引起感觉需要有一定的刺激强度。衡量感受性的强弱用"阈限"这个概念来表述。所谓"阈限",就是门槛的意思。在日常生活中,并不是所有来自外界的适宜刺激都能引起人的感觉,如落在皮肤上的灰尘、遥远处微弱的星光、来自手腕上手表的嘀嗒声等,这些都是感觉器官的适宜刺激,但人们通常情况下无法感觉到,原因在于刺激量太小,没有达到人的感觉阈限。要产生感觉,刺激物必须达到一定的强度并且要持续一定的时间。那种刚刚能引起感觉的最小刺激量,称为绝对感觉阈限。例如,人的眼睛在可见光谱(400~760纳米)的范围内,有7~8个光量子,且持续时间在3秒以上,就可以产生对光的感觉;声音的感受频率在16~200 000赫兹。这说明,在一定的适宜刺激强度和范围内,才能使人们产生感觉;达不到一定的强度,或者超过感觉器官所能承受的强度,都不能使人们产生感觉。

能识别刺激之间的最小差别量,称为差别感觉阈限。差别感觉阈限是人辨别两种强度不同的刺激所需要的最小差异值,也称作最小可觉差,其数值是一个常数。如在原来声音响度的基础上,响度要增加1/10以上,人们才能听到声音的变化;感受到亮度的变化需要增加1/100以上;而感受到音高的变化则只需提高1/330以上。

感觉阈限的研究对市场营销工作有一定的意义。我们可以根据绝对感觉阈限原理,对商店的软硬件进行设计,首先要考虑到如何对消费者构成刺激,使消费者能感觉到。如果消费者感觉不到,则无异于"穿新衣,走夜路""黑暗中送媚眼",徒劳无功。差别感觉阈限原理给我们带来了更多的启示。如在降价过程中,如果价格变动的绝对量相对于初始价格太小，那么消费者往往可能就没有觉察，从而对销量产生的影响就很小。又如，一些企业在消费者没有觉察的前提下对商品加以改变，如减少饮品的容量、体积的大小等，实际上也是运用了差别感觉阈限。

2. 适应性

刺激物对感觉器官持续作用，使感觉器官的敏感性发生变化的现象，称作感觉的适应性。我们都有过视觉适应的经历——明适应和暗适应。从暗处来到明亮的地方称作明适应。比如，我们从一个黑屋子里来到外边阳光下的时候，起初感觉光线很刺眼，什么也看不见，过几分钟就好了。从明亮的地方来到暗处称作暗适应。比如，我们从外边的阳光下来到一个暗室里，起初也是什么都看不见，差不多像盲人一样，经过一段时间后，才能渐渐恢复正常。此外，嗅觉、听觉等也存在适应性。正所谓"入鲍鱼之肆，久而不闻其臭；入芝兰之室，久而不闻其香"。所以，长期工作在迪斯科舞厅的人，并不觉得迪斯科音乐的刺激性非常强烈，而对于刚刚走进舞厅的人则会感到音乐的强烈刺激，声音大得震耳欲聋；厨师对菜的各种气味和油烟味早已习以为常，但有少许气味飘进客房或大厅，却会引起顾客的强烈反应。这些都说明了感觉具有适应性。

3. 对比性

同一感觉器官在接受不同刺激时会产生感觉的对比现象。例如，白色事物在黑色背景中要比在白色背景中容易分辨出来，红色事物置于绿色背景中则显得更红。所以，在广告设计或商品陈列中，利用感觉的对比性，亮中取暗、淡中有浓、静中有动等手法有助于吸引消费者的注意力。

4. 关联性

人们的各种感觉并不是彼此孤立的，而是相互联系、相互制约的。人们对一种刺激的感受性，不仅取决于感觉器官的机能状态，而且也受其他感觉的影响，这就使得各种感觉的感受性在一定条件下会出现此消彼长的现象，即减弱了对某一器官的刺激，就会提高其他器官的感受性。例如，在黑暗中，人们的听觉会得到加强；在音乐声中，人们的疲劳感会降低。

另外，人们感觉的相互作用还表现在联觉一类的现象上。所谓联觉是指由一种感觉引起另一种感觉的心理现象。人对颜色最容易产生联觉，比如，红色、橙色使人产生类似火焰、热血、太阳温暖的感觉，淡蓝色、绿色则使人产生凉爽、舒适的感觉，青色、紫色、蓝色会使人产生寒冷和深远的感觉，红色、黄色、橙色使人有接近的感觉，白色、浅绿、淡黄使人产生轻盈的感觉，深蓝、黑褐使人产生沉重的感觉。这些并非是颜色本身有温度，而是人的一种主观感觉。此外，颜色还有象征意义，比如，红色象征热烈、喜庆，绿色象征和平、安全、生机，黄色象征富贵、豪华，蓝色象征晴朗、深远、豁达，白色象征纯洁、真挚、轻快，黑色象征神秘、沉重、悲哀等。

因此，感觉的相互作用对于商品的包装、商店的装潢都有重要意义。它不仅能够强烈地吸引人的注意力，而且很容易引起人的联想和诱发人的情感，从而对人的消费行为产生重要的影响。

思考与讨论

雀巢咖啡公司曾经做过一个有趣的试验，把同样的咖啡分别装在绿色、红色和白色的杯子中，让消费者进行品尝，结果得到的结果是：大多数消费者都认为红色杯中的味道最棒，而绿色杯中的咖啡感觉偏酸，白色杯中的咖啡则感觉偏淡。于是雀巢公司选择了红色作为包装设计的主要色彩，结果一经推出就在市场上大受欢迎。

再比如，苹果公司经典的白色 IPod 播放器，它既是设计的胜利，也是色彩的胜利。白色意味着极度简约，而 IPod 就胜在简约。

[资料来源：高博. 消费者行为分析与实务 [M]. 北京：北京邮电大学出版社，2015.（引文有修改和删减）]

想一想在你的生活中是否有关于消费者感觉的例子，跟大家分享一下吧。

三、感觉在市场营销中的应用

1. 感觉使消费者产生第一印象

第一印象在消费者购物活动中具有重要的先导作用，它是消费者认识商品的起点。第一印象是良好还是较差，是深刻还是浅薄，将直接影响消费者的购物态度和行为，通常决定着消费者是否购买某种商品。对于商品的认识和评价，消费者往往首先相信的是自己的感觉，正所谓"耳听为虚，眼见为实"。正因为如此，商品的生产和销售企业，要具有"先入为主"的意识和行为，在大小、形状、颜色、质地、价格、包装等多个方面精心设计自己的新产品，首次推出时就要牢牢抓住消费者的眼光和感受。有经验的企业在设计、宣传自己的产品时，总是千方百计地突出其与众不同的地方，增强商品的吸引力，刺激消费者的感觉，加深消费者对商品的第一印象，使消费者产生"先入为主""一见钟情"的感觉。

2. 信号的刺激强度要使消费者能产生舒适感

消费者认识商品的心理活动是从感觉开始的，不同的消费者对刺激物的感受性是有差异的，也就是说人的感觉阈限有差异。有的人感觉器官灵敏，感受性高，有的人则承受能力强。企业做广告、调整价格以及介绍商品时，向消费者发出的刺激信号的强度应适应他们的感觉阈限。刺激强度过弱无法引起消费者的感觉，达不到诱发其购买欲望的目的；如果刺激强度过强则会使消费者受不了而离开。只有适宜的刺激，才会达到预期的效果。

人们的感觉都存在舒适性的问题，过强的灯光、过大的声响、杂乱无章的布置等都不会给人以舒适感。在商场内，如果高音喇叭声音不停地播放，顾客在这种购物环境种购物，就会感到非常不舒适。此外，商品的陈列也应考虑各类消费者的感觉阈限。比如，化妆品的陈列和摆放就应使女性消费者感受到赏心悦目，达到刺激她们消费的目的。

3. 感觉可以引起消费者情绪的变化

消费者的情绪和情感通常是行为的重要影响因素，而感觉又常常引发顾客的情绪与情感。客观环境给消费者施加的各种刺激，会引起他们不同的情绪感受。比如，轻松优雅的音乐、协调的色调、适当的灯光、商品陈列的造型、营销人员亲切的微笑，等等，都能给消费者以良好的感觉，从而引起他们愉悦的情绪和情感。还有商品的包装、广告的设计等也能使消费者产生良好的感觉，引导顾客进入良好的情绪状态，这样会更多地激发起消费者的购买欲望。

思考与讨论

美国学者斯鲁尔曾在实验室里通过将被试者置于过去的某些经历中，激起了三种情绪状态，即积极的情绪、消极的情绪和中性的情绪。然后在产生特有的情绪后，向被试者呈现一则关于"马自达"跑车的印刷广告，看完后要求被试者对这种跑车做出评价。结果发现，阅读广告时处于积极情绪状态的被试者对该跑车的评价最高，其次是处于中性情绪状态的被试者，而处于消极情绪状态的被试者对该跑车的评价最低。由此可以说明，消费者的情绪对于消费者的购物行为具有直接的影响。积极的情绪对营销活动是有帮助的，因此，我们应借助消费者的感觉引发消费者积极的情绪和情感，从而达到促进消费的作用。

[资料来源：高博. 消费者分析与实务 [M]. 北京：北京邮电大学出版社，2015. (引文有修改和删减)]

问题：上述现象给我们带来什么样的启发？

模块二 消费者的知觉

案例导入

践行张晓光营销主张　TCL国潮广告成功刷屏

近日，一支TCL打造的国潮广告，自北京CBD国贸地铁站开始，迅速以霸屏之势占据多个城市黄金地段。广告中，TCL以2019年FIBA篮球世界杯官方合作伙伴和中国男篮长期合作伙伴的双重身份为中国男篮助威，以国潮与体育、科技双跨界的创意承载TCL最新"4T"场景化产品矩阵，成功刷屏众多网友的朋友圈，成为亿万人群关注的焦点。

值得一提的是，这支创意国潮广告全民刷屏的背后，其实是TCL长达10年的篮球营销的深耕，和TCL极具前瞻性的品牌营销战略。复盘TCL近期的营销活动，也不难发现，这当中的很多"操作"，都是在践行TCL集团助理总裁、品牌管理中心总经理张晓光的营销主张。

张晓光曾多次表示：顶级品牌一定要获得全球顶级赛事+IP的准确"卡位"，唯有如此，才能形成主流通道的强势品牌曝光及推广效应。

2019年FIBA篮球世界杯是国际篮联历史上规模最大的一届顶级赛事，更是中国目前承办的除北京奥运会外最具影响力和商业价值的国际赛事，比赛成绩将会直接决定2020东京奥运会的参赛席位，因此深受国内外广泛关注，这样的顶级IP，TCL自然不会错过。

TCL在体育营销领域积累的经验和资源，无疑为TCL近来借力篮球世界杯这一风口进行营销活动提供了强力的支撑，因此，TCL才能这般驾轻就熟、如鱼得水。

［资料来源：http：//www.yyrtv.com/newsDetail-489369.html.（引文有修改和删减）］

 案例解析

随着经济的发展、收入的增加及生活环境和工作环境的变化，现代人对生活质量的追求逐渐倾向于简约简单，更看重商品的品质与自身的生活质量。随着古老国度篮球热情的点燃，世界球迷的目光也都聚焦于此，这里将上演的不只有运动员的精彩竞技，还有众多品牌的营销博弈。而极具前瞻性的品牌营销战略，似乎已让TCL占尽先机。TCL不仅把产品卖到消费者的手中，更把产品卖到消费者的心里，让消费者将产品与体育赛项，与爱国精神融为一体，给消费者一种全新的整体的认知。

一、消费者知觉

消费者受到来自外界环境的各种刺激，如商标、包装、服务、广告或广告节目等。这些刺激以光、声等形式作用于消费者的眼、耳等感官。眼、耳等有关感官便将这些个别属性的信息传送到人的大脑中，于是便产生了视、听等感觉。但是，这些原始的个别感觉属性并不是我们实际上形成的那种有意义的和连贯的现实映象。只有大脑将这些来自各感受器官的信息进行加工整理之后，才能够形成人的知觉。

知觉是人脑对直接作用于感觉器官的客观事物的各个部分和属性的整体反映，是消费者在感觉基础上对商品整体特征的反映。感觉只是对个别属性的反映，而知觉是在感觉的基础上形成的对事物整体形象的反映。比如，一个苹果就是由一定的形状、颜色和味道等属性组成的，我们感觉到苹果的这些个别属性，看到它的颜色、形状和大小，品尝一下它的味道，在综合这些方面印象的基础上，形成对苹果的整体印象，从而形成了对苹果这一事物的知觉。

二、知觉的特征

知觉的特征主要有以下几方面：

1. 知觉的选择性

作用于人的客观事物是丰富多彩、千变万化的，但人通常不可能对客观事物全部清楚地感知到，也不可能对所有的事物都做出反应，总是有选择地从中选取少数几个事物作为知觉的对象，对它们的知觉格外清晰，而对其他的事物则比较模糊，这些模糊的事物就成了背景。这种现象被称为知觉的选择性。知觉的这种特征有两个价值：一是自我保护，由于人的心理承载力是有限的，人如果将感觉器官所接收到的所有信息都加以处理，那将大大超出其承受能力，出于自我保护，人会对接收到的外界信息进行选择。二是生存价值，这种选择带有倾向性，有利于个体在环境中生存。

2. 知觉的理解性

人的知觉并不是像照相机那样完整、精确地反映出刺激物的全部细节，知觉并不是一个被动的过程。人的知觉是一个非常主动的过程,它会根据主体的知识经验,对感知到的刺激物进行加工处理,并用概念的形式把它们分别标示出来。知觉的这种特性被称为知觉的理解性。

理解在知觉中起着重要的作用。首先,理解使知觉更为深刻。人在知觉一个事物的时候,如果与这个事物有关的知识经验非常丰富,那么对该事物的知觉就越富有内容,对事物的认识也就越深刻。例如,对于某名胜古迹,一个有经验的考古专家要比一般人认识得深刻。其次,理解使知觉更为精确。例如,不懂外语的人听初学者说外语,只能听到一些音节,根本听不出他讲得正确与否,而对外语比较熟悉的人不仅能听出他讲得是否正确,甚至发音的细微差异、修辞是否适当都能辨别出来。最后理解能提高知觉的速度。例如,人们看报纸或杂志时,如果内容简单而又熟悉,人们常能够"一目十行"。

消费者对营销信息的误解

一项关于电视商业广告的研究发现:很大一部分观众对商业广告的传播内容存在一定的误解,其中有高达30%的内容都误解了。一家食品超市将鲜鱼处理后用塑料袋装起来,销量不太理想。调查后发现,消费者认为装在塑料袋里的鱼存放得太久,不新鲜,很多人还认为鱼被冷冻过。最后,该商店将出售的鱼直接放在碎冰上,销量比原来增加了一倍多。

问题:上述现象带给我们什么启发?

3. 知觉的整体性

知觉的对象都是由许多部分综合组成的,虽然各组成部分都具有各自的特征,但是人们往往不会把知觉的对象感知为许多个别的、孤立的部分,而是把它们联系在一起,作为一个整体来感知,形成的是一个整体的形象,并非是个别的、片面的,这就是知觉的整体性。如图2-1所示,虽然看到的是零散的短线条图形,但是知觉的整体性会使人们判定它们是两个长方体。

图2-1 知觉的整体性

4. 知觉的恒常性

当事物的基本属性和结构关系不变,只有外部条件发生一些变化时,知觉的印象仍能保持相对不变,这就是知觉的恒常性。知觉的恒常性是经验在知觉中起作用的结果。人们总是凭借记忆中的印象,根据自身的知识和经验去感知事物。知觉的恒常性保证了人们在不同的情况下按事物的实际面貌去反映事物,来适应多变的环境。例如,一个苹果放了一段时间腐烂了，但是人们仍把它认作是苹果；羽绒服的标签上都拴有一个透明的小袋子装羽绒的样品，人们不能看到羽绒服内的羽绒，但是却能根据这个透明的小袋子，认定衣服是羽绒的，企业就是利用了消费者知觉恒常性的特征。

三、知觉在市场营销中的应用

知觉是人脑对外界事物的主观反映过程，具有多种特征，并与消费者心理活动的各方面密切联系，对商业企业经营活动产生直接影响。

1. 知觉的主观性与商品的宣传

消费者在知觉事物和商品的过程中，经常把知觉到的客观事物与他们本人的自我想象、猜测及其具有的信念、态度和偏好等混淆在一起，往往使知觉的结果带有很多不真实的成分，这就是知觉的主观性。

企业在进行广告宣传时，应注意避免使消费者形成主观偏见，使商品的优点和特点被消费者所理解和接受。

2. 知觉的选择性帮助消费者确定购买目标

人们在知觉过程中，往往在众多对象中优先把某些对象区分出来进行反映，或者在一个对象的众多特性中，优先把某些特性区分出来予以反映。由于人的知觉能力是有限的，再加上人知觉的主观性和感受性导致了人类知觉的选择性。当外来刺激超出个体在正常情况下所能承受的能力时，一部分刺激就会受到心理上的排斥。一般来说，人平均每一次所能考虑的项目不超过七个。一个消费者在对某种商品做出购买决策时，尽管在商场有很多可供选择的商品品牌，但一般也只能考虑五个甚至更少的商品品牌作为考虑的对象。

3. 知觉的理解性与整体性在广告中的应用

人们在感知客观事物时，能够根据以前已获得的知识和经验去解释它们，即知觉的理解性。知觉的理解性在消费者的购买活动中表现在消费者能够把知觉对象归入某类事物，并把它辨认出来，和自己过去经历的事物联系在一起。消费者能否把商品分辨出来，是由很多因素决定的。一般来说，如果商品的外观刺激很清楚，而且消费者以前感知过，消费者就很容易识别出来；但是如果商品的刺激模糊不清，消费者就会把它归入"像"的那一类商品中去，并对其进行解释，但这种解释带有很大的主观色彩。消费者在对商品知觉的过程中，总是把商品的名称、颜色、包装、价格、质量等综合在一起，形成对商品整体的知觉。如果被知觉的商品完全符合消费者的需要，引起了消费者的兴趣，消费者就会做出购买决策，产生购买行为。根据这一点，企业在做广告时，要针对目标群体的情况，在向消费者提供信息时，其内容、数量、方式、方法必须与其文化水准和理解力相吻合，使信息被迅速、准确地理解与接受。

4. 知觉的连贯性与系列产品的销售

消费者容易根据原有的信息来理解新的信息，凭借以往经验评价当前的事物，把相似特征的事物判断成相同的。表现在消费者的购买行为上，就是消费者往往根据自己以前购买商品后的使用经验来辨别眼前的商品，决定买还是不买。这种把以前的经验推而广之的特性就是知觉的连贯性。知觉的连贯性对于市场营销活动有利也有弊。比如，产品创出名牌后，使用同一商标的系列产品或其他产品也会得到消费者的青睐。比如，金利来公司以领带创出名牌之后，又推出男士皮具、饰品、服装等，同样受到消费者的喜爱。但知觉的连贯性有时又会阻碍消费者接受新产品，不利于新产品的宣传和推销。

5. 知觉的误差性与推销商品的艺术

知觉的误差即错觉，是指人们对外界事物不正确的感觉和知觉。错觉是在外界刺激下产生的，是对知觉的主观歪曲。错觉是一种误差，是一种主观扭曲，对于市场营销来说是不是就是坏事呢？答案是否定的。在某些情况下，人对客观事物的知觉会产生各种错觉现象，比如，大小错觉、图形错觉、时间错觉、空间错觉和视听错觉等。其中最常见的就是视觉错觉现象。人的知觉中的错觉有两种表现形式：一种是相反的错觉，如图2-2所示。如小的物体与大的物体比较，看到的结果会比实际的物体更小；另一种是群体或同化作用的错觉，如小的物体看上去大于与它相似的物体。

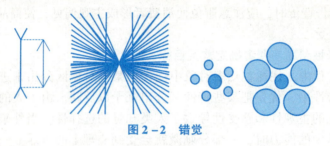

图2-2 错觉

这种误差性并非都是坏事。企业的经营者若能合理巧妙地利用人们的错觉，有时能收到意想不到的效益。例如，商店狭长拥挤，在一面墙上装上镜子，可使整个营业厅显得宽敞明亮。再如，可口可乐饮料的瓶子外观别致，设计呈曲线，不仅线条优美，而且使里面所盛的液体看起来比实际的分量多。

模块三　消费者的记忆与注意

怀旧营销

如果观察一下当前社交网络内容，会发现"怀旧"主题的内容有着稳定的回应和人群，激进的民粹主义在缅怀着以前的世风；成为中坚力量的"80后"在回忆着儿时的房价；甚至年轻的"90后"也在呼喊着"幸好童年不是'喜羊羊'"对怀旧内容做着积极的回应……99%的消费者都会认为自己的生活不是完美的，在自我认知平衡的作用下，我们都会通过"美化回忆"的方式来平衡自己对生活的体验。因此，在消费者的回忆中去洞察，用怀旧手段达成品牌和消费者的互动，已经成为不少品牌的选择。

可口可乐重返中国大陆——唤醒"80后"的记忆

中国大陆消费者对可口可乐有着一致的回忆。可口可乐中国在"可口可乐重返中国大

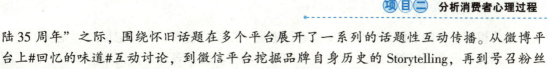

陆35周年"之际,围绕怀旧话题在多个平台展开了一系列的话题性互动传播。从微博平台上#回忆的味道#互动讨论,到微信平台挖掘品牌自身历史的Storytelling,再到号召粉丝回忆,可口可乐中国成功地在社交网络中形成了品牌与消费者间的情感回路。

[资料来源:高博. 消费者行为分析与实务 [M]. 北京:北京邮电大学出版社. 2015. (引文有修改和删减)]

案例解析

怀旧营销大行其道主要有以下两个原因:

(1) 随着互联网技术的发展,网络虚拟生活与消费者现实的生活重合度越来越高,而这种重合造成了消费者群体逐渐"基于兴趣"进一步进行了细分。比如电视剧、美剧、英剧、日剧、韩剧、TVB、台湾剧、大陆剧,每个细分的人群都有各自不同的追求与品位。当营销从业者试图寻找一个基于"大多数"目标群体的共同特征时,便会发现其困难程度正在成倍增长。而如果在几十年前,将会简单得多。

(2) "70后""80后"这两代人现在已经开始步入了生命的高压期,他们上有老下有小,还房贷,供车子,工作,升职,相互比较……在怀旧中,他们可以暂时抛开眼前的郁闷,体会到些许放松和愉悦,也许他们有一种希望回到青春年代的愿望。当怀旧成为一种群体情绪,甚至当人们的怀旧情绪演变成现实的购买行为时,商机也就应运而生了。对于营销而言,怀旧营销就有了生存的土壤。对于这样的消费群体而言,那些能体现和印证自己青春岁月的商品,他们都有可能为此埋单。

企业要做好怀旧营销,要注意两点:首先,在营销活动中应给予消费者一定的怀旧元素刺激,激发消费者的怀旧情绪,勾起他们记忆深处的共同记忆符号,从而引发购买倾向。其次,把传统经典文化元素与当前的个性主张结合起来,进行商品的创新。

一、消费者记忆

所谓记忆,是指人脑对过去经历过的事物及其经验的反映。它是人的一切心理活动的基本条件。

从营销学的角度来研究,记忆是顾客对过去思维过、感知过、经历过、体验过的事物的反映。消费者在每一次购买活动中,不仅需要新知识、新信息,同时还需要参考过去的情感体验对商品进行评价和判断,以帮助消费者做出正确的购物决策。例如,顾客曾在某一商店被一位热情的销售人员接待过,并留下了深刻的印象,顾客进而会对这个商店产生好印象,以后还乐意到该商店进行购物。对过去使用过的并感觉较好的某种商品,一旦再购买这种商品时,过去的印象便会再次重现,用这种印象去指导自己重新购买,作为选择商品和品牌的依据。

记忆是一个比较复杂的心理过程,人脑对过去经验的反映要经历识记、保持、回忆和认知等几个基本环节。

1. 识记

记忆是一种有意识的反复感知,目的是使客观事物的印记在头脑中保留下来。识记是人们为获得客观事物的深刻印象而反复进行感觉、知觉的过程。人的记忆过程是从识记开始的，因此识记是记忆的前提。消费者在购物活动中，通常表现出反复查看商品，多了解商品的信息以加强对商品印象的行为。

2. 保持

保持是指在识记的基础上，把感知过的事物进一步巩固的过程。保持使记忆的材料能较长时间地保持在头脑中。保持这种巩固过程并不是对过去经验的机械重复，而是对经验材料进一步加工、整理和储存的过程，这种储存起来的信息资料也并不是一成不变的。

3. 回忆

回忆又称重现和再现，它是对过去经历过的事物在头脑中重新显现出来的过程。比如，消费者在购买商品时，通常会把商品的各种特点与在其他商店看到过的或自己使用过的同类商品在头脑中进行比较，然后做出决策，这就需要回忆。

4. 认知

认知即再认，是当过去感知过的事物重新出现时能够识别出来，比如，消费者能够很快认出购买过的商品或者光顾过的商店以及观看过的广告等。

识记、保持、回忆、认知这四个环节是彼此联系，又互相制约的，它们共同构成了消费者完整统一的记忆过程。没有识记作为开始，就谈不上对感知对象内容的保持，也就没有识记和保持，就更没有对接触过的感知对象的回忆和认知。

> **思考与讨论**
>
> **消费者满意不如消费者记忆**
>
> 去饭店吃饭，当你结完账正准备离开的时候，服务员或许会问："先生（女士），你对本饭店的服务还满意吗？"你十有八九会发自内心地回答道："满意，下次请客我还会选择这里。"由于这里的饭菜很合自己的胃口，这里的上菜及时，服务员的服务也热情到位，一切均让你非常满意。
>
> 然而，时过境迁，等过一段时间你需要请客时，你很可能会"一不小心"就选择了另一家更具特色的饭店。为什么呢？因为，这家令你"很满意"的饭店并没有占据你的"大脑抽屉"，当你再次甄选请客的饭店时，这家饭店没有从你"大脑抽屉"中跃然而出，尽管你一度对它非常满意，但是却无法把它记起和提取出来。
>
> [资料来源：高博. 消费者行为分析与实务 [M]. 北京：北京邮电大学出版社，2015.（引文有修改和删减）]
>
> 问题：上述现象给我们什么启发？

二、消费者记忆的分类

消费者的记忆有多种不同类型。

1. 根据记忆内容或映象的性质分类，可以分为形象记忆、逻辑记忆、情绪记忆和运动记忆

（1）形象记忆

形象记忆是指以感知过的消费对象的形象为内容的记忆，如对商品颜色、形状、大小的记忆。心理学研究表明，人脑对事物形象的记忆能力往往强于对事物内在逻辑联系的记忆，二者的比例约为1 000∶1。因此，形象记忆是消费者大量采用的一种主要记忆形式，在众多的形象记忆中视觉形象记忆和听觉形象记忆起主导作用。

（2）逻辑记忆

逻辑记忆是指以概念、判断、推理等为内容的记忆。例如，关于商品质量、功能、质量标准、使用效果测定等的记忆。逻辑记忆是通过语言的作用和思维过程来实现的。逻辑记忆是人类所特有的，具有高度理解性、逻辑性的记忆，是记忆的较高级形式。但是这种记忆对消费者的逻辑思维能力要求较高，在传递商品信息时要谨慎使用。

（3）情感记忆

情感记忆是以体验过的某种情绪为内容的记忆。如对过去某次购物活动的喜悦心情或欢乐情景的记忆。情感记忆在消费者的记忆过程中经常被使用，它可以激发消费者重新产生曾经体验过的情感，成为再现某种心境的原因。情感记忆的印象有时比其他记忆的印象更为持久，甚至终生不忘。因此，在商品宣传时，要恰当调动消费者的情感体验，可以使消费者形成深刻的情感记忆。

（4）运动记忆

运动记忆指以做过的运动或动作为内容的记忆。比如，消费者对在超级市场购买商品的过程，由进场挑选到成交结算的动作过程的记忆。运动记忆对于消费者形成各种熟练选择和购买技巧是非常重要的。

人的记忆力十分惊人。据专家统计，人脑的记忆储存容量可达100 TB。记忆在消费者的心理活动中起着极其重要的作用，记忆在一定程度上决定着消费者的购买行为。因此，企业应当注意在市场营销活动中运用记忆对消费者购买行为产生影响。例如，商品的设计和包装要便于消费者的形象记忆，商品的排列和柜台的布置要便于消费者的逻辑记忆，销售人员的服务态度要诱发消费者的情感记忆。

思考与讨论

泰国的东方饭店，堪称亚洲饭店之最，几乎天天客满，不提前一个月预定，是很难有入住机会的，而且客人大都来自西方发达国家。泰国在亚洲，算不上特别发达，但为什么会有如此诱人的饭店呢？大家往往会以为，泰国是一个旅游国家，而且又有世界上独有的人妖表演，是不是他们在这方面下了功夫。错了，他们靠的是真功夫，是非同寻常的客户服务，也就是现在经常提到的客户关系管理。

他们的客户服务到底好到什么程度呢？我们不妨通过一个实例来看一下。一位朋友，因公务经常出差泰国，并下榻在东方饭店。第一次入住时，良好的饭店环境和服务，就给他留下了深刻的印象，当他第二次入住时，几个细节，更使他对饭店的好感迅速升级。

那天早上，在他走出房门，准备去餐厅的时候，楼层服务生，恭敬地问道："于先生是要用早餐吗?"于先生很奇怪,反问:"你怎么知道我姓于?"服务生说:"我们饭店规定,晚上要背熟所有客人的姓名。"这令于先生大吃一惊,因为他频繁往返于世界各地,入住过无数高级酒店,但这种情况还是第一次碰到。于先生高兴地乘电梯,下到餐厅所在的楼层,刚刚走出电梯门,餐厅的服务生就说:"于先生,里面请。"于先生更加疑惑,因为服务生并没有看到他的房卡,就问:"你知道我姓于?"服务生答:"上面的电话刚刚下来,说您已经下楼了。"如此高的效率,让于先生再次大吃一惊。于先生刚走进餐厅,服务小姐微笑着问:"于先生还要老位子吗?"于先生的惊讶再次升级,心想:"尽管我不是第一次在这里吃饭,但最近的一次,也有一年多了,难道这里的服务小姐记忆力那么好?"看到于先生惊讶的目光,服务小姐主动解释说:"我刚刚查过计算机记录,您在去年的6月8日,在靠近第二个窗口的位子上用过早餐。"于先生听后兴奋地说:"老位子!老位子!"小姐接着问:"老菜单?一个三明治,一杯咖啡,一个鸡蛋?"现在于先生已经不再惊讶了:"老菜单,就要老菜单!"于先生已经兴奋到了极点。

上餐时,餐厅赠送了于先生一碟小菜,由于这种小菜,于先生是第一次看到,就问:"这是什么?"服务生后退两步说"这是我们特有的某某小菜"。服务生为什么要先后退两步呢?他是怕自己说话时口水不小心落在客人的食品上,这种细致的服务,不要说在一般的酒店,就是在美国最好的饭店里,于先生都没有见过。这一次早餐,给于先生留下了终生难忘的印象。

后来,由于业务调整的原因,于先生有三年的时间,没有再到泰国去,在于先生生日的时候,突然收到了一封东方饭店发来的生日贺卡,里面还附了一封短信,内容是:亲爱的于先生,您已经有三年没有来过我们这里了,我们全体人员,都非常想念您,希望能再次见到您。今天是您的生日,祝您生日愉快。于先生当时激动得热泪盈眶,发誓如果再去泰国,绝对不会到任何其他的饭店,一定要住在东方饭店,而且要说服所有的朋友,也像他一样选择。于先生看了一下信封,上面贴着一枚六元的邮票。六元钱就这样买到了一颗心。

东方饭店,非常重视培养忠实的客户,并且建立了一套完善的客户关系管理体系,使客户入住后,可以得到无微不至的人性化服务。迄今为止,世界各国约20万人,曾经入住过那里,用他们的话说,只要每年有十分之一的老顾客光顾饭店,就会永远客满。这就是东方饭店成功的秘诀。

[资料来源:张之峰,张学琴. 消费心理学 [M]. 北京:北京理工大学出版社,2010.(引文有修改和删减)]

问题:
1. 东方大饭店利用的是消费者哪种记忆使消费者流连忘返?
2. 东方大饭店入住率居高不下的秘诀是什么?

2. 根据记忆保持时间或记忆阶段分类

根据记忆保持时间长短或记忆阶段,可以分为瞬时记忆、短时记忆和长时记忆。

(1)瞬时记忆,也叫感觉记忆

它是极为短暂的记忆。根据研究显示,视觉瞬时记忆在1秒以下,听觉瞬时记忆在4秒以下。瞬时记忆的特点是,信息保存的是外界刺激物的形象,保存的时间很短,保存的量很大。消费者在商场等购物场所同时接触到大量的消费信息,但多数呈瞬时记忆状态。瞬时记忆中的信息如果没有受到注意,就会很快消失;如果受到注意,则会转入短时记忆。

(2) 短时记忆的信息在头脑中贮存的时间长一些,但一般不超过1分钟

如消费者对广告上出现的某企业的电话号码边看边记,依靠的就是短时记忆。如果不及时重复,短时记忆的信息在1分钟内就会衰退或消失。还有,短时记忆的容量也不大。所以在将数字、符号等机械性信息传递给消费者时,不宜过长或过多。

(3) 长时记忆是指1分钟以上,直至数日、数周、数年,甚至保持终生的记忆

与短时记忆相比,长时记忆的容量是相当大的,并且是以有组织的状态贮存信息的。长时记忆对人的知识和经验的积累具有重要作用,在消费活动中,长时记忆会直接影响消费者的购买选择和决策。因此,企业应运用各种宣传促销手段达到最佳效果,就是使消费者对商品品牌或企业形象形成长时记忆。

在了解消费者记忆类型及其特点的基础上,企业在传递商品信息时,首先要考虑消费者接受信息的记忆极限问题,尽量把输出的信息限制在记忆的极限范围内,避免因超出相应范围而造成信息过量,使消费者无法接受。比如,在电视的"5秒标版广告"中,播出的信息应尽量安排在7~8个单位内,超出这一范围,就会大大降低广告的宣传效果。其次,从记忆类型的效果看,情感因素对记忆效果的影响最为明显。消费者在愉快、兴奋、激动的情绪状态中,对商品的有关信息极易形成良好、鲜明、深刻的记忆,并将保持较长时间,即使过了很长时间,在适当环境下,消费者也会迅速回忆和再认原有表象及情绪体验。比如,消费者在某商店受到售货员热情周到的服务,由此形成良好的心理感受,这一感受会长久地保存在他的记忆中。因此,企业在营销活动中应特别注重发挥情感记忆的作用,在广告和公共关系活动的创意设计中,就可以利用情感诉求手段来加强消费者对企业与商品的良好印象。

三、消费者的遗忘及其影响因素

遗忘是对识记过的内容不能再认和回忆,或者表现为错误的再认和回忆。从信息加工的角度看,遗忘就是储存过的信息提取不出来或提取出现错误。

最早对遗忘现象进行实验研究的是德国心理学家艾宾浩斯(H. Ebbinghaus)。艾宾浩斯以自己作为被试对象,以无意义音节作为记忆材料,用时间节省法计算识记效果。艾宾浩斯的遗忘曲线表明了遗忘变量与时间变量之间的关系:遗忘进程不是均衡的,在识记的最初一段时间遗忘得很快,以后逐渐放缓,过了一段时间后几乎不再遗忘,如图2-3所示。这说明,遗忘的发展经历了先快后慢,呈负加速型。

除了时间外,识记材料对学习者的意义、识记材料的数量、识记材料的性质、学习程度等都会对遗忘的进程产生影响。下面将对这些因素分别进行讨论。

1. 识记材料对消费者的意义与作用

如果识记材料不能引起消费者兴趣、不符合消费者需要、对消费者购买活动没有太多

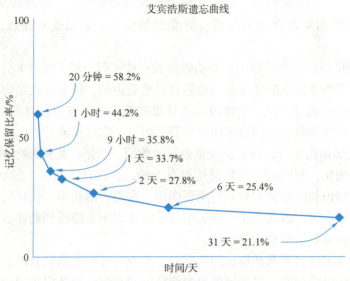

图 2-3 艾宾浩斯遗忘曲线

的价值,消费者往往遗忘得快;相反,则遗忘得较慢。比如,同是看有关计算机的宣传材料,对于正准备购置计算机的消费者与不需要购置计算机的消费者,两者对识记信息的保持时间会存在明显差别。

2. 识记材料的性质

一般来说,熟练的动作遗忘得最慢。贝尔(Bell)发现,一项技能在一年后只遗忘了29%,而且稍加练习立即恢复。还有,有意义的材料比无意义的材料遗忘得慢,主题突出和形象性强的材料比内容平淡、缺乏形象性的材料遗忘得慢。莱斯托夫效应也从一个侧面反映了学习材料的独特性对记忆和遗忘的影响。莱斯托夫效应指在一系列类似或具有同质性的学习项目中,最具有独特性的学习项目最易获得保持和记忆。对于企业来说,要使广告内容被消费者长期记住,广告的主题、图像、情境等应当具有独特性或显著性,否则广告内容可能很快被消费者遗忘。广告中经常运用对比、色彩变化、新异性、新奇性、特殊规模等表现手法,目的就是突出广告内容的显著性。

3. 识记材料的数量

识记材料的数量越多,识记后遗忘得就越多。试验表明,识记5个材料的保持率为100%,识记10个材料的保持率为70%,识记100个材料的保持率为25%。

4. 识记材料的系列位置

一般系列性材料的开始部分最容易被记住,其次是末尾部分,中间偏后的内容则最容易被遗忘。之所以如此,是因为前后学习材料相互干扰造成的,前面学习的材料受后面学习材料的干扰,后面学习的材料受前面学习材料的干扰,中间材料受前、后两部分学习材料的干扰,因此中间的更难记住,也更容易遗忘。

5. 学习的程度

一般学习强度越高,越少遗忘。过度学习达150%时,记忆效果最佳。低于或超过这个程度,记忆的效果都将下降。所谓过度学习,是指一种学习材料在达到恰好能背诵时仍然继续坚持学习的状况。

6. 学习时的情绪

心情愉快时学习的材料，保持的时间更长，而焦虑、紧张、沮丧时所学习的内容更容易遗忘。戈德伯格（M. Goldberg）和戈恩（G. Gorm）做了一项试验，让一些被试者看喜剧类电视片，另一些被试者则看悲剧类电视片，两部电视片中均插播同一内容的广告。实验结果发现，看喜剧片的被试者较看悲剧片的被试者能够更多地回忆起广告的内容。这一实验结果的一种解释是，积极的情绪状态会使消费者从记忆中提取出更为广泛和完整的各类知识。

四、消费者注意

1. 注意的概念

注意是消费者对外界事物的目标指向和精神集中的状态。注意是伴随着感觉、知觉、记忆等心理过程而产生的一种心理状态。注意的指向性表现为人的心理活动总是有所选择地、有所倾向地进行着。

例如，顾客选购商品时，总是将符合自己需要的商品当作感知的对象，而把其他不需要的商品和周围环境、声音等当作背景。注意的集中性，不仅指在同一时间各种有关的心理活动聚集在其所选择的对象上，而且也是指这些心理活动深入于该对象的程度。一般人们所说的"注视""倾听""凝神"是指人的视觉、听觉和思维活动集中于一定的对象。消费者的购买行为通常是以注意为开端，在心理过程开始后，注意并没有消失，它仍伴随着心理过程，维持心理过程的指向。没有注意的参加，无论哪一种心理过程都是不可能发生、发展和完成的。如果顾客没有注意到某一商品的存在，就不会思考此商品对自己是否有用，当然也就更不会购买了。

2. 注意的分类

根据产生和保持有无目的和意志努力的程度，注意可分为有意注意和无意注意。比如，消费者到商店想购买甲商品，浏览中无意看到乙商品，觉得不错，引起了对乙商品的注意，这就属于无意注意；而消费者在嘈杂的商店里精心挑选自己想要的商品，这就属于有意注意。两者的关系是相互联系，又相互转换。

有意注意是人们自觉的、有目的的，所以是需要消费者做出一定的意志努力的。有意注意受到人有意识的自觉调节与支配。比如，一位年轻的母亲，想给孩子买一个生日礼物，她就会特别注意儿童用品的广告及儿童用品柜台的商品。

无意注意是消费者没有明确的目的和目标，不需要做意志努力的注意。比如，某商场正在搞促销活动，播放着音乐还伴有高音喇叭传出的促销声音，那么，路过的顾客就会不约而同地把目光转向此商场，以了解发生了什么事情，这种注意就是无意注意。

五、消费者注意的功能

注意具有选择、保持、调节和监督的功能。

1. 选择的功能

人在同一时间内无法感知到一切对象，只能感知其中少数几个对象。选择功能担负着从众多对象中精密选择的任务，它帮助消费者从所有面临的刺激中，挑选那些对购买行为有意义、符合购买活动需要的部分，予以利用，避开和抑制那些与购买活动不一致、与注意对象竞争的部分。

2. 保持的功能

保持功能是指注意对象的映像或内容在主体意识中保持，直到达到购买活动或购买行为动作的目的时为止。

3. 调节和监督的功能

调节和监督功能是指在同一时间内，把注意分配到不同事物或同一事物的不同方面上，排除其他干扰，提高购买活动强度和效率以保证购买活动的实现。

六、注意在市场营销中的应用

正确地运用和发挥注意的心理功能，可以引发消费者的消费需求，引起消费者的注意。企业在策划一些公关手段或广告创意时，要利用好注意的原理吸引人们的注意，这是一项最基本的原则。

①商品包装的设计要突出品牌形象，引起消费者的注意。

②零售商业企业应利用多角度的经营，来调节消费者购物时的注意转换。

③商品广告成功与否在于能否引起消费者的注意。企业可以利用增大刺激的强度、加大刺激物的感染力、加大刺激物之间的对比度、力求刺激的新异性和集中、反复地出现某种事物等手段，提高消费者的注意力，加强广告效果。

思考与讨论

茅台酒的一举成名

我国茅台酒在 1915 年巴拿马世界博览会上获金奖，"注意"在这里立了头功。博览会刚开始时，各国评酒专家对其貌不扬的中国茅台酒不屑一顾，眼看着博览会一天天临近结束，这一天博览会展厅客商较多，这时中国酒商急中生智，故意将一瓶茅台酒摔碎在地上，顿时这个展厅香气四溢，举座皆惊，从此茅台酒名声大振，走向了全世界。

[资料来源：臧良运．消费心理学［M］．2 版．北京：北京大学出版社，2015．（引文有修改和删减）]

问题：上述茅台酒参加博览会的经历给我们什么启发？

思考题

1. 简述感觉的含义和特征。举例说明感觉在市场营销中的应用。
2. 简述知觉的含义和特征。举例说明知觉在市场营销中的应用。

3. 记忆的类型有哪些?
4. 简述注意有哪些功能,以及注意在市场营销中的应用。

 案例分析

麦当劳店面设计成功的分析

在北京最繁华的西单商业街中,有好几家快餐店,它们经营的产品几乎一样,而且店内面积和设计也差不多,但是,其生意的兴隆程度却差别很大,其中麦当劳的生意最好。

从麦当劳的店面设计来看,麦当劳的所有设计都是围绕随意、轻松、温馨的原则灵活进行的,因为,他们意识到快餐店更重要的是一种休闲与放松的场所。而其他的快餐店则没有意识到这些,设计上也没有摆脱传统餐饮店的设计框架。

[资料来源:高博. 消费者行为分析与实务 [M]. 北京:北京邮电大学出版社,2015.]

问题:

1. 麦当劳的店面设计给顾客营造了一种什么感觉?
2. 麦当劳的店面设计注重了哪些方面的细节?

 实训设计

感觉、知觉、记忆、注意在市场营销中的应用

1. 实训目的

应用消费者的感觉、知觉、记忆和注意,结合下文的背景资料,制定适宜的营销策略。

2. 实训内容

①以小组为单位讨论相应的对策。
②将讨论的结果汇总,制作一份营销文案。

3. 实训要求

①分组。每组 4~6 名同学。
②讨论。小组讨论分析消费者感觉刺激建议、消费者记忆强化建议、消费者学习引导建议、消费者注意引导建议。
③整理。将小组讨论结果进行汇总整理。
④展示。由每位小组选派 1 名成员,汇报小组讨论结果、方案设计的大体意见,如果有不足之处其他小组成员可以进一步补充说明。
⑤评价。教师点评。

 背景资料

如何让顾客记住我的"甜甜圈儿"

"甜麦圈"西饼屋最近刚刚开业。但是,这几天老板王欣欣的脸上一直挂着愁容。原因很简单,开业至今,店里的生意一直不太好,少有消费者光顾,可以称得上是"门庭冷落车马稀"。

这家西饼屋与其他普通西式糕点店经营的产品项目有着比较大的区别,别的西式糕点店主要经营的是蛋糕、面包之类的产品,而这家西饼屋主打的产品是它的甜甜圈儿。这里的甜甜圈儿种类十分丰富。第一类是圈,也就是中间有洞,它的品种造型最多,有十多种口味,口味一般比较清淡一些,多为巧克力、坚果、肉松、酱类。其中以巧克力圈为代表性的招牌产品,它的特点是甜度低于一般的黑巧克力,是老板王欣欣自己反复研发,独家秘制的,在高纯度巧克力的细腻中透着浓郁的芳香,富含丰富的碳水化合物、蛋白质以及矿物质,能够很好地缓解情绪。第二类是饼,也就是中间没有洞,整个表面是一个整体图案,共有八种口味。饼的口味一般会比较重一些,因为它的里边会有夹心,可以放馅。这家店的代表性品种就是卡布奇诺饼。第三类是削,也就是表面图案分为外边的圈和中间的岛两个部分,因为它的中间是一个陷下去的坑,所以,往往用来放置果酱、水果粒等,如芒果、蓝莓等,这一类甜甜圈有四种口味。这家店削的代表作品就是"蓝莓削",其中纯天然的蓝莓酱是和奶油一起打的,嫩滑香甜,具有丰富的维生素,又美肤,又清肠胃。无论哪一种甜甜圈,都是选料上乘,做工精细,口感充实,而且与其他类型的西式糕点相比,价格也不贵,5元/只。

王欣欣经过调查发现,这座城市的居民好像没听说过这种糕点,对这种商品不太了解;加之店面装潢可能显得有点高档化,很多人都只是透过落地橱窗和玻璃店门朝里面望一望,就离开了。因此,摆在他面前首要解决的问题就是让这座城市的居民认识和了解甜甜圈这种西式糕点,记住这里销售的"甜甜圈"。

如何才能做到这些呢?王欣欣想让他的员工给出一些建议。

假如你现在就是王欣欣店里的员工,请你根据所学知识对你的老板提出一些建议,并形成一份书面文案。

[资料来源:张之峰,张学琴. 消费心理学 [M]. 北京:北京理工大学出版社,2010.]

道德观察

三鹿奶粉事件看企业诚信文化

三鹿奶粉是三鹿乳业集团开发的主要产品。三鹿奶粉以鲜牛奶为原料,添加钙、铁、维生素A、维生素D等多种营养成分,采用先进工艺和设备精制而成,具有含钙量高、钙磷比例合理的特点,强化的维生素B可调节钙磷代谢、促进钙吸收。2008年因三聚氰胺事件,集团公司已经被关闭。

2008年9月8日甘肃岷县14名婴儿同时患有肾结石病症,引起外界关注。至2008年9月11日甘肃全省共发现59例肾结石患儿,部分患儿已发展为肾功能不全,同时已死亡一人,这些婴儿均食用了三鹿18元左右价位的奶粉。而且人们发现两个月来,中国多省已相继有类似事件发生。中国卫生部高度怀疑三鹿牌婴幼儿配方奶粉受到三聚氰胺污染。三聚氰胺是一种化工原料,可以提高蛋白质检测值,人如果长期摄入会导致人体泌尿系统膀胱、肾产生结石,并可诱发膀胱癌。截至2008年12月2日,全国累计报告因食用问题奶粉导致泌尿系统出现异常的患儿共29.40万人。

事件曝光后,中华人民共和国国家质量监督检验检疫总局对全国婴幼儿奶粉三聚氰胺含量进行检查,结果显示,有22家婴幼儿奶粉生产企业的69批次产品检出了含量不同的三聚氰胺，除了河北三鹿外，包括广东雅士利、内蒙古伊利、蒙牛集团、青岛圣元、上海熊猫、山西古城、江西光明乳业英雄牌、宝鸡惠民、多加多乳业、湖南南山等22个厂家69批次产品中都检出三聚氰胺，被要求立即下架。国产奶粉至此丧失民众信任。

"三鹿奶粉"这一行业丑闻，不仅仅是一个产品质量问题，而且是一个企业的诚信问题。诚是立身之本，信是兴业之本。诚信文化的核心是为社会尽责的精神和价值观。从实践看，一个企业推向社会、卖给顾客的，不仅仅是商品本身，更重要的是隐藏在商品中的文化。特别是推销过程中的品德，售后服务中的信誉，这些无不体现着企业为社会尽责的精神和价值观。

一般来说，企业诚信精神主要体现在三个层面：法律层面、道德层面和社会责任层面。就是说，企业不仅要提供优质的产品和服务，对顾客保持尊重，还要对员工珍惜和爱护，在行业内平等、正当竞争。特别是在信息不对称情况下，企业要对顾客负责，处理好企业利益和社会利益、经济利益与自然环境保护的关系。企业是社会的细胞，是社会诚信的"晴雨表"。企业需自觉履行其社会责任；同时政府监督部门也应加强监管，完善相关的法律法规；第三方媒体也要发挥舆论监督的作用；作为消费者的普通大众也要有维权的意识，防止类似的悲剧再次发生。

[资料来源：http：//ishare.iask.sina.com.cn/f/198EPNyKkGl.html.（引文有修改和删减）]

问题：

1. 分析曾经是国产奶粉龙头老大的三鹿乳业集团关门的原因。
2. 分析"三鹿奶粉"事件对于整个国产奶粉行业的影响。
3. 应如何避免类似事件的发生呢？

项目三

把握消费者个性心理

知识目标

- 掌握消费者个性、自我概念和生活方式的概念和构成。
- 理解消费者个性、自我概念和生活方式与消费者行为之间的关系。

能力目标

- 能够根据学习的消费者个性、气质的知识,判断消费者的类型。
- 能够根据消费者的自我概念和生活方式,制定合适的营销策略。

道德目标

- 分析行业规范和企业行为标准。
- 树立消费者自我保护意识。

模块一 消费者的个性

案例导入

这五种"90后"能帮你在中国市场站稳脚

"90后"正在成为中国消费的下一代引擎。

麦肯锡最新一项针对消费者的研究认为,这个目前占据中国人口16%的群体,到2030年,将引爆中国20%以上的消费总量,高于其他任何消费群体。他们的购买行为和态度,不仅和老一辈中国消费者完全不同,还与西方的"千禧一代"存在许多区别。

当麦肯锡向中国"90后"询问他们对某些生活领域——如成功、健康、家庭、品牌和产品以及未来的态度时,常常得到截然不同的答案。因此,麦肯锡依据中国"90后"的信仰,将其分为五个不同的细分市场。

1. 快乐追寻者

这是"90后"一代中最大的消费群体（39%），主要由"95后"的学生组成。尽管他们大多经济未独立，却对自己的经济前景充满信心，并以幸福而非物质财富来定义成功。因此，他们对于品牌关心不多，更重视质量，喜欢在购买商品之前进行充分研究——超过半数的人经常查看标签和成分、愿意为环保产品支出溢价。当然，这些消费习惯和偏好，有可能会在他们成熟时发生变化。

2. 成功追求者

第二大部分（27%）"90后"是"成功追求者"，大都受过良好的教育。与"幸福追求者"不同，他们将致富目标视为成功。作为日常压力的发泄，他们习惯通过购物奖励自己。

3. 知足者

知足者（16%）认为富有并不是成功的定义，他们随遇而安，对品牌或高科技产品几乎没有兴趣，相反，他们更专注于生活的舒适度。

4. 挥霍者

这一群体占据整个"90后"的10%，多成长在物质需求从小被父母满足的家庭里。即便当他们踏上自己的职业生涯并开始谋生，他们也无视他人的储蓄建议。这一细分群体，最乐于购买最新款式、顶级品牌、与娱乐相关的产品。

5. 宠二代

"90后"中最小的一部分（8%）人群，是指那些还没有飞出巢穴，仍然依靠父母的人。他们当中不少人想要主宰自己的生活，希望通过购买大件物品来证明自身的价值。然而，由于尚未实现财务独立，他们的收入潜力相对较低。

腾讯"王者荣耀"就通过瞄准"90后"中的两个群体——"快乐寻求者"和"成功追求者"获得了成功。对于"快乐寻求者"来说，"王者荣耀"满足了他们对幸福和生活质量的渴望，对于"成功追求者"来说，手机游戏是摆脱生存压力最便捷的出路。

新世相和航班管家合作的"4个小时逃离北上广"活动，则是因为抓住了他们当中部分人群希望发泄压力的痛点，并提供果断、任性挥霍的机会，才如愿以偿地发酵为全民话题。

HitPoint开发的"佛性"手机游戏"旅行青蛙"，之所以能通过简单的设置，迅速登顶App Store下载榜、一夜之间刷屏朋友圈，则是因为它满足了另一批"90后"玩家的需求——他们并不渴望成功、击败他人所带来的快感，只是希望在碎片化时间里找到享受自己的片刻闲暇。

此外，麦肯锡还建议，尽管一、二线城市仍然是消费型企业的发展重点，但公司也应密切关注下级城市和农村地区的年轻人群。在科技和电子商务的帮助下，他们未来的消费能力不容小觑。

［资料来源：界面（上海）网络科技有限公司. 这五种90后能帮你在中国市场站稳脚（2018－1－24）［2019－09－06］. https：//baijiahao. baidu. com/s？id＝15904774430610308 50&wfr＝spider&for＝pc.］

 **案例解析**

把中国的年青一代消费者都归入统一的术语"千禧一代",其实是一个误区,分析他们当中每一个细分市场的具体消费行为,将有利于企业调整营销手段,并开发出相应的商品和服务以引发他们的共鸣。

消费者心理包括三个方面:消费者的个性、自我意识和生活方式,三者之间存在着内在的联系。在许多情况下,生活方式是人的自我意识的外在表述。就是说,在一定的经济条件下,一个人所选择的生活方式,在很大程度上体现出他的自我意识。同时,生活方式又与人的个性密切相关。一方面,生活方式在很大程度上受个性的影响。例如,一个具有拘谨、保守性格的消费者,其生活方式不会选择诸如蹦极、跳伞之类的探险活动;另一方面,生活方式所关注的是人们如何生活、如何消费等外显行为,而个性则侧重于从内部来描述个体,更多地反映消费者的感知特征、情绪、情感等。可以说,二者是从不同的层面来刻画一个人。

本项目我们主要分析消费者个性、自我意识、生活方式对消费者购买行为的影响。

一、消费者个性的含义

在心理学中把个体身上经常地、稳定地表现出来的心理特点的总和,称为个性。

个性也称人格,指一个人的基本心理(或精神)面貌而言,是具有一定倾向性的各种心理特征的总和。个性是一个复杂的、多层次、多侧面和多水平的体系。个性主要由个性倾向性和个性心理特征两部分组成。个性倾向性包括需要、动机、兴趣、信念和世界观等。个性倾向性反映了在人与客观现实的相互作用的过程中,个体的基本认识态度、行为趋向和活动动力问题。个性心理特征包括能力、气质和性格。个性心理特征表明个体的典型的心理活动和行为,是个性结构中比较持久、相对稳定的成分。对消费者个性的了解和研究是为了更好地预测其消费动机和购买行为。个性作为消费者通过体验而形成的相对稳定的心理定式,其特征不仅可以解释他目前的购买行为,而且还可以预测他未来的消费趋向,有利于分析他对于商品的品牌或店铺的偏好等消费行为。

二、消费者个性的特征

一般认为,人的个性具有整体性、稳定性和可塑性、独特性和共同性、社会性和生理性。分析这些特性,将帮助我们更好地理解个性的概念。

1. 个性的整体性

个性是一个统一的整体结构,是一个人整体心理面貌。每个人的个性倾向性和个性心理特征不是孤立的,而是相互联系、相互制约的,它们构成了一个完整的个性。比如,一个处事谨慎的人,在工作中,会表现出严肃认真,办事稳重;购买商品时,也会认真仔细,决不草率从事。一个人的精神风貌,是通过他在工作和生活中的行为,完整地、鲜活地展示在世人面前的。

2. 个性的稳定性和可塑性

个性具有稳定性是指一个人比较稳定的心理倾向和心理特征的总和。一个人在行为中的偶然表现不能代表他的个性，只有在行为中比较稳定地、经常表现出来的心理倾向和心理特征才能代表他的个性。"江山易改，本性难移"这句老话形象地说明了个性的稳定性。但是个性的稳定性只是相对的，并不是一成不变的，个性还具有可塑性。个性在主客观条件相互作用下发展起来，同时又在这种条件下发生变化。然而，个性的稳定性并不排斥个性的可变性，实际上，随着社会生活条件的变化和一个人的成熟，他的个性特点也会发生变化，例如，有的人原本外向开朗，遭遇沉重的打击后变得沉默寡言、喜欢独处。但其变化一定遵循"跨时间的延续，跨情境的一致"的原则。比如，失败可以使人消沉，但通过自我调节人也可以使自己变得更加坚强。

3. 个性的独特性和共同性

人与人之间没有完全相同的心理面貌。许多心理学家都强调了个性的独特性。每一个人的个性都是由独特的个性倾向性和个性心理特征所组成的。即使是同卵双胞胎，他们的心理面貌也不是完全相同的，因为个性是在遗传、环境、成熟和学习多种因素影响下发展起来的，这些因素及这些因素所起的作用也不可能是完全相同的。但这也并不排斥人与人之间心理上的共性，生活在同一社会群体或同一社会环境、自然环境中的人，也会具有一些相同的个性特征。这种心理上的共性也具有一定的稳定性和一致性。个性包含共性，共性又通过个性表现出来。比如，公认的德意志民族的严谨、法兰西民族的浪漫、中华民族的勤劳等表现是各民族的共性；如同样是固执，在溺爱的环境里有骄横的意思，在艰难的环境里就有反抗的意义，即所谓个性的表现。

4. 个性的社会性和生理性

一个人的个性不仅受生理因素的制约，还受到社会因素的制约。在一个人个性形成和发展的过程中，既有生理因素的作用，也有社会因素的作用。不能将个性的形成和发展原因都归结为一种因素。如果只考虑人的自然属性而脱离了人类社会，就不可能形成人的个性，如印度"狼孩"的事例就充分说明了这一点。

三、消费者气质类型与行为

1. 气质的概念

"气质"一词源于拉丁语 Temperamentum，原意为比例、关系。从消费者行为分析的角度看，气质是人们的心理和行为的动力，是人们一些典型的、稳定的和持久的特质。比如，感知觉的广度、思维的敏捷程度、注意力的稳定程度、情绪体验的强度等。气质对于人的心理和行为的影响不体现在具体的内容，而是对价值观、态度、兴趣等心理特点都有一定的针对性。例如，有的人热情活泼、善于交际、表情丰富、富有同情心，而另一些人则行为比较冷漠、不善于言谈、行动也比较迟缓、自我体验也较深刻等。这些特征在任何场合下都会反映出来，是人固有特质的一种稳定表现。"气质"这个词虽然在我们的日常用语中经常被提到，但心理学中气质的含义与我们日常生活用语中气质的含义是不同的，生活中的气质主要指个人的修养特点,并且含有价值的判断的含义,与我们谈的心理学中的气质含义是不同的。

气质作为个体稳定的心理动力特征,一经形成,就会长期保持下去,并对人的心理和行为产生持久的影响。但随着生活环境的变化、职业的熏陶、所属群体的影响以及年龄的增长,人的气质也是会有所改变的。消费者的气质亦是如此。但是这一变化是相当缓慢的、渐进的过程。

此外,气质作为一种心理动力特征,还可以影响人进行活动的效率和效果。在消费活动中,不同气质的消费者所采取的行为表现方式是不同的,如有的态度热情主动,而有的消极冷漠,有的行动敏捷,而有的迟缓,往往在消费过程中产生不同的活动效率和消费效果。这一特性正是人们在消费行为研究中关注气质研究的意义所在。

2. 主要的气质学说

长期以来,心理学家对气质这一心理特征进行了许多方面的研究,从不同角度提出了各种气质学说,并对气质类型做出了相应的分类。

(1) 体液说

古希腊的著名医生希波克拉底最早提出气质的体液学说。他认为人的气质表现是由体液的类型和数量决定的。他根据临床实践提出,体液类型有四种:血液、黏液、黄胆汁、黑胆汁。根据每种体液在人体内所占比例不同,可以形成四种气质类型。血液占优势的属于多血质;黏液占优势的属于黏液质;黄胆汁占优势的属于胆汁质;黑胆汁占优势的属于抑郁质。希波克拉底还详细地描述了四种典型气质的行为表现。由于他的理论较易理解,所以,这一分类方法至今仍为人们所沿用。

(2) 血型说

日本学者古船竹二等人认为气质与人的血型有一定的联系。四种血型:O型、A型、B型、AB型,分别构成气质的四种类型。O型气质的人意志坚强,志向稳定,独立性强,有支配欲,积极进取;A型气质的人性情温和,老实顺从,孤独害羞,情绪波动,依赖他人;B型气质的人感觉灵敏,大胆好动,多言善语,爱管闲事;AB型气质的人则兼有A型和B型的特点。这种理论在日本较为流行。

(3) 体形说

德国的精神病学家克瑞奇米尔根据临床观察研究认为,人的气质与体形有关。体形属于细长体形的人具有分裂气质,表现为不善交际、孤僻、神经质、多思虑;体形属于肥胖体形的人具有狂躁气质,表现为善于交际、表情活泼、热情;体形属于筋骨体形的人具有黏着气质,表现为迷恋、一丝不苟,情绪有爆发性。

(4) 激素说

激素说认为人体内的各种激素在不同的人身上有着不同的分布水平。某种激素水平较高,人的气质就带有某种特点。比如,甲状腺激素水平高的人,容易精神亢奋,好动不安。

(5) 高级神经活动类型说

苏联心理学家巴甫洛夫通过对高等动物的解剖实验,发现大脑两半球皮层和皮层下部位的高级神经活动在心理的生理机制中占有重要地位。皮层的细胞活动有两个基本过程：兴奋和抑制。兴奋过程引起和增强皮层细胞及相应器官的活动；抑制过程则阻止皮层的兴奋和器官的活动。这两种神经过程有三大基本特性，即强度、平衡性和灵活度。

所谓强度是指大脑皮层细胞经受强烈刺激或持久工作的能力；平衡性是指兴奋过程的强度和抑制过程的强度之间是否相当；而灵活性是指对刺激的反应速度和兴奋过程与抑制过程相互替代、转换的速度。巴甫洛夫正是根据上述三种特性的相互结合提出了高级神经活动类型的概念，并据此划分出高级神经活动的四种基本类型：兴奋型、活泼型、安静型、抑制型。具体来说，兴奋型的人表现为兴奋过程时常占优势，且与抑制过程不平衡，情绪易激动，暴躁而有力，言谈举止有狂热表现。活泼型的人神经活动转换过快，对环境的适应性强。安静型的人其神经活动过程平衡，强度高但灵活性较低，反应较慢而深沉，不易受环境因素影响，行动迟缓而有惰性。抑制型的人其兴奋和抑制两种过程都很弱，且抑制过程更弱一些，难以接受较强刺激，是一种胆小而容易伤感的类型。由于巴甫洛夫的结论是在解剖实验基础上得出的，并得到后人的研究证实，因而具有较强的科学依据。同时由于各种神经活动类型的表现形式与传统的体液说有对应关系。因此，人们通常把二者结合起来，以体液说作为气质类型的基本形式，而以巴氏的高级神经活动类型说作为气质类型的生理学依据。

3. 基本气质类型

基于上述知识，我们可以把消费者的气质划分为以下四种基本类型：

（1）胆汁质

胆汁质气质的人，高级神经活动类型属于兴奋型。他们情绪兴奋性高，抑制能力差，反应速度快，但不灵活，直率热情，精力旺盛。脾气暴躁，容易冲动，心境变化剧烈。

（2）多血质

多血质气质的人，高级神经活动类型属于活泼型。其表现为情绪兴奋性高，外部表露明显，反应速度快而灵活，活泼好动，动作敏捷，喜欢交往，乐观开朗，兴趣广泛而不持久，注意力易转移，情感丰富但不够深刻稳定。

（3）黏液质

黏液质气质的人，高级神经活动类型属于安静型。一般情绪兴奋性低，外部表现少，反应速度慢，一般表现为沉静安详，少言寡语，动作迟缓，善于克制忍耐，情绪不外露，做事踏实，慎重细致，但不够灵活，易固执己见。

（4）抑郁质

抑郁质气质的人，高级神经活动类型属于抑制型。其特性为情绪兴奋性低，反应速度慢而不灵活，具有刻板性，敏感细腻，脆弱多疑，孤僻寡欢，对事物反应较强，情感体验深刻，但很少外露。

应当指出的是，上述四种类型是气质的典型类型。在现实生活当中，大多数消费者的气质介于四种类型的中间类型，或以一种气质为主，兼有另一种气质的特点，即属于混合的气质类型。

4. 气质对购买行为的影响

气质对购买行为的影响见表3-1。

表3-1 气质对购买行为的影响

高级神经活动类型			气质类型	购买行为表现	接待注意事项
强型	不平衡（兴奋型）		胆汁质	易冲动，忍耐性差，对销售人员要求高，容易发生矛盾	要注意态度和善，语言友好，千万不要刺激对方
	平衡	灵活性高（活泼型）	多血质	活泼热情，"见面熟"，话多，改变主意快，易受环境和他人影响	应主动接近，介绍（提示），交谈
		灵活性低（安静型）	黏液质	内向，购买态度认真，不易受暗示及他人影响，喜欢独立挑选，动作缓慢	要有耐心
弱型	抑制型		抑郁质	多疑，动作迟缓，反复挑选	要有耐心，多做介绍，要允许反复

四、消费者个性与行为

个性是人们在多种情境下表现出来的具有一致性的反应倾向。个性对于企业预测消费者的购买行为、塑造品牌个性和实施新产品的开发等都具有一定的影响作用。

1. 利用消费者个性预测购买行为

我们研究消费者的个性是为了预测消费者的行为。心理学和其他行为科学关于个性研究的丰富文献促使营销研究者认为了解消费者个性特征将有助于预测品牌或店铺偏好等购买活动。

2. 利用消费者个性塑造品牌个性

现在，越来越多的研究人员发现品牌具有激发消费者一致性反应的作用，即品牌个性可以成为人的个性特征某种表现的符号。品牌个性一旦形成就会与其他刺激因素共同作用于消费者信息处理的过程，使消费者得出这一品牌适合我或不适合我评价。符合消费者个性特征的品牌个性自然就会得到消费者更大程度的认同和青睐；反之，消费者会主动排斥对该品牌商品的购买。

3. 利用消费者个性特征实施新产品营销

有证据显示，内倾型消费者更倾向于运用自己内心的价值观或标准来评价新产品，他们更可能成为创新产品的采用者；相反，外倾型消费者倾向于依赖别人的指引做出判断，因此，成为创新采用者的可能性相对要小。上述两种类型的消费者同时在信息处理上存在着差别。一般来说，内倾型消费者似乎更喜欢强调产品特性和个人利益的广告，而外倾型消费者则更偏爱那些强调社会接受性的广告。由于外倾型消费者倾向于根据可能的社会接受性来理解促销内容，所以，这类消费者更容易受广告的影响。

模块二　消费者的自我概念

案例导入

自我概念与消费行为

消费者要的到底是什么？这个营销战略中最基本的问题，显然已经到了很有必要旧事重提的时候。因为，在迅猛发展的互联网力量的驱动下，消费者的需求特性已经发生了翻天覆地的变化，而很多企业依然沿袭旧有的策略，没有敏锐地应消费者需求的变化而做出调整。

"我是谁"，放到哲学中可能很难解释，但是放到广告文案范围讨论，可以用"步履不停"的一句海报文案来解释：你是谁，你穿什么？当然，也可以扩展成：你是谁，你就购买什么。基于这个核心，下面我们主要讨论这几个简单问题：

1. 为什么说"你是谁，你就购买什么"。
2. 消费者的自我形象，以及它们如何影响了购物选择。
3. 在文案营销中，"消费者形象"策略是怎样的？

消费者的购物选择，是与自身形象分不开的，这也就是上文所说"你是谁，你就购买什么"。比如，你的理想是成为一名职场精英，所以，你期望给人飒爽干练的职业感。那么在选择衣服时，大部分会选择偏职业的套装，而对"步履不停"这样的文艺服装，就不会太喜欢。或者你是一名渴望远方、鄙视苟且的文艺青年，你期望给人随性自由的文艺范儿，那么在选择服装时，也大多会选择舒适自由的服装风格，而拒绝笔挺西装、领带皮鞋。当然，这一点不只表现在服装上，而是可以体现于万千购物行为中，如饰品、用品、家居、食品甚至汽车，等等。就像一个自我形象是谦谦君子的人，不会去买一辆哈雷摩托车；一名以学者自居的读书人，也不大可能把家里装修得富丽堂皇。所以，在消费者的购买过程中，人们很多都是被"形象"所支配。

[资料来源：https://www.digitaling.com/articles/202593.html.（引文有修改和删减）]

案例解析

在之前有很长一段时间，消费者行为学陷入过"单一形象论"的错误，认为人的购物行为，是符合某个单一的自我形象。但是随着市场的多元化和消费者行为的深入研究，人们发现在消费者的身上，并不只存在单一的自我形象，而总结出了四个"自我形象"。消费者的自我形象，是如何影响了他们的购物行为的呢？消费者的购物选择，大部分是由自我形象决定的，而我们购买的商品，又巩固或者起到增强自我形象的作用。但在实际的消费情境下，消费者会按照不同的自我形象进行商品的选择。

一、自我概念的含义

自我概念是一个心理结构，是一个感知行为并解释行为的系统。自我概念依赖于人们过去学习与经验所形成的对生活行为的假设和期望，具有强烈的意识性，自我概念真实地反映了人的内部状态，反映了人的经验的认识组成，也反映了人的相应的情绪、情感；自我概念集中统合了人的过去经验、现时状况、未来期望，并以此为参照引导个体的思想和行为以应对环境；可以说自我概念是个体自身的写照或肖像。更广泛而言，自我概念反应在一个人对自己的衣食住行、言谈举止、待人接物、为人处世的全部规范之中，自我概念成为人们日常生活、工作行为的依据。

消费者如何评价自己，如何评价个人的各种特征，往往会直接影响到其消费行为。商品无论是价值较高的房产、汽车，还是价值较低的日用品如牙膏、香皂，在通常情况下消费者购买商品都是为了张扬自身的优点或者隐藏自身的不足。经研究发现，消费者在消费过程中更倾向于选购有助于强化自我概念的商品或服务，而尽量避免选择与其自我概念相抵触的商品或服务。因此，研究消费者的自我概念对企业营销活动的开展具有重要意义。

二、自我概念的类型

消费者不只具有一种自我概念，而是拥有多种类型的自我概念。
①实际的自我概念，是指消费者实际上如何看待自己。
②理想的自我概念，是指消费者希望如何看待自己。
③社会的自我概念，是指消费者感觉到别人如何看待自己。
④理想的社会自我概念，是指消费者希望别人如何看待自己。
⑤期待的自我，是指消费者期待在将来如何看待自己。期待的自我是介于实际的自我与理想的自我之间的一种形式。由于期待的自我能够折射出个体改变自我的现实机会，对营销者来说，期待的自我也许比理想的自我和现实的自我更有价值。

在现实生活中，消费者往往通过借助某种实物形成个人的自我概念。消费者在选购商品时，通常把商品品牌特征是否符合自我概念作为重要的衡量标准，即判断商品是否有助于"使我成为我理想中或期望的那样的人"，以及"我希望他人如何看待我"。如果能够从商品中找到与自我概念或评价一致或相似之处，消费者就会倾向于购买该商品。

在很多情况下，商品成为消费者可以依靠的"社会拐杖"。未完成个人定位的人往往倾向于借助相关象征物的购买和显示来完成自我身份的定位，这种理论叫作表象自我形成理论。消费者用于自我定位的商品可以划分成以下四个层次：
①个人层次，是指消费者的个人财产，如珠宝、服饰和汽车等。
②家庭层次，是指消费者的住宅和内部装饰物等。
③社团层次，是指消费者的邻居和社区关系。
④集团层次，是指消费者所属的社会阶层。

三、自我概念的功能

1. 保持个体内在一致性

保持个体内在一致性，是指保持个人的想法与情绪、行为一致。通过保持个体内在一致性，自我概念实际上起着引导个体行为的作用。积极的自我概念容易形成积极的自我形象，引导人们采取积极的行动。当人的不同信念和态度之间或态度和他的行为之间不一致时，就会出现不和谐的状态。

2. 决定个体对经验怎样解释

自我概念对经验的解释作用，即个体倾向于按照与自己的自我概念相一致的方式来解释自己的行为。不同的人对于完全经历了相同的事件后的解释可能是不同的，自我概念影响着人解释经验的方法。自我概念消极的人习惯于将每一种经验与消极的自我评定联系在一起。具有积极自我概念的人习惯于将每一种经验赋予积极的含义。这些积极或消极的经验都会对人的心理健康产生不同程度的影响。

3. 决定个体自我期望的水平

人对自己的期望是在自我概念的基础上发展起来的，并且期望与自我概念相一致，人后继的行为也由自我概念的性质所支配。因此，自我概念积极的人会表现出自尊、乐观、健康、成功，而自我概念消极的人则表现出自卑、无望、沮丧、孤独。可见，培养个体对于自己合理的认识和评价，并提出恰当的期望值，有助于个体朝着自己期望的方向前进。

4. 引导自我成败归因的作用

社会心理学家海德和温纳提出并建立了一套从个体自身的立场解释自己行为的归因理论。温纳的自我归因论认为动机并非个人性格，动机只是刺激事件与个人处理该事件所表现行为之间的中介而已。每当个人处理过一件刺激事件之后，个体将根据自己所体会到的成败经验，并参照自己所了解的一切，对自己日后的行为后果提出以下六方面的归因解释：

①能力。自己评价应付此项工作自己是否有足够的能力。
②努力。反省此次工作自己是否尽了最大努力。
③工作难度。凭个人经验对此次工作感到困难还是容易。
④运气。一个人自认为此次工作成败是否与运气好坏有关。
⑤身心状况。凭个人感觉在工作时的心情及身体健康状况。
⑥别人反应。在工作当时及以后别人对自己工作表现的态度。

这六项因素中，①、②、⑤三项属于内在因素，③、④、⑥三项属于外在因素。一个人对自己工作成败的归因取向，将影响个体以后再从事类似工作时动机的高低。一个具有积极的自我概念的人，相信自己的努力，他将成败归因于自己的努力程度，归因于自己的细心或疏忽，认为自己需承担责任，成功和失败都从主观上找原因，形成积极的信念。这样的归因可以提高人的自我实现能力。

案例解析

小刘是一所名牌大学的毕业生，在一家知名公司里工作不到一年就当上了总经理助理。她工资虽然不太高，但是却经常出入专卖店购买名牌服装，使用高档化妆品。她从来不到农贸市场或者地摊上购买商品，认为这样做有失自己的身份。

[资料来源：高博：消费者行为分析与实务［M］．北京：北京邮电大学出版社，2015．（引文有修改和删减）]

试着分析一下小刘是怎样进行自我认知的，产生这种购买行为的原因有哪些。

四、自我概念与消费行为的关系

1. 延伸自我与购买行为

消费者购买某些商品的目的，有时是为了表明自己的某些特别重要的方面。贝克尔发展了一种称为延伸自我的理论来解释这种现象。延伸自我说明消费者有时会通过自己的拥有物来界定自我。因为，这些拥有物不仅是自我意识的外在显示，同时也构成了自我意识的有机组成部分。从某种程度上说，我们就是我们所拥有的。如果丧失了某些关键性的拥有物，我们将可能成为另外的一个个体。所以，消费者所拥有的财产或者所购买的商品通常被消费者本人看作是消费者自我意识的延伸或扩展。例如，某消费者拥有一套豪华别墅，那他本人往往把自己看作是成功的和富足的。当然，关键性的拥有物可能是住宅或汽车这样的大件商品，也可能是网球球拍或一支钢笔等具有某种特殊意义的小件商品。

2. 自我意识与品牌选择

消费者行为的研究认为，人们可能从消费者所使用的品牌、自己对不同品牌的态度及品牌对自己的意义等方面来判断他们的自我（个性）。消费者对自己的认知越明确，在挑选品牌时就越会考虑这个品牌是否适合自己的"自我形象"，消费者只会选择购买有助于加强自己形象的品牌，这一点与人们往往选择性格比较接近的人做朋友是一样的。

根据自我形象来判断某人个性的方法基于心理学家罗杰斯的"自我论"。在该理论中，罗杰斯提出了"自我观念"，自我观念是指人们由于自己的特性而进行认知的一种方法。不同的人对自己有不同的评价，从而形成自己是属于哪类人的观点。越来越多的研究支持自我观念的理论，研究范围包括了不同的商品领域，如汽车、家用电器、家具、清洁用品、衣服及休闲娱乐活动等。例如，对一些购买与拥有汽车的消费者的研究表明，绝大多数汽车主的形象与汽车品牌的形象是和谐一致的。

现实自我观念与理想自我观念，哪一个更能影响消费者的购买行为呢？在这一问题上，目前的研究仍有分歧。但目前较为一致的观点是：现实自我观念与理想自我观念都与购买注意力有很大的相关性。一般来说，二者同样都是选择品牌的重要指标。

然而，每个消费者的行为因其所处的境况而异。自己在家里看电视时喝的饮料的品牌与周末晚上与朋友在酒吧喝的饮料的品牌可能是不同的。此时是有条件的自我形象，也就是人们希望他们在某个特定场合时的形象是品牌选择的重要因素。消费者往往根据所处的境况来选择品牌，努力地使自我形象与周围人群对他的期望相适应。比如，人们通常对将在某种场合见到的人先进行预测和评价，然后再根据他们的自我形象来选择适合这种场合的自我形象。

思考与讨论

所有的商品都具有象征意义吗？为什么？请举例说明。

理解要点：不是所有的商品都具有象征意义。有些商品，如食盐、肥皂等就没有什么象征意义，因为这些商品在社交中很少被人注意。一般来说，一项商品越引人注意，就越具有重大的象征意义，如汽车、服装和家具等。这些商品有助于向自己和他人证明他确实是这样或那样的一种人。

模块三　消费者的生活方式

案例导入

学北欧人一样生活：简约、自然、幸福

放眼望去，北欧国家没有高楼大厦，人们穿着朴素，开着旧车，吃着简单的食物，每天晚上七点以后街上就静悄悄的，没有灯红酒绿的夜生活，也没有超级奢华的消费刺激着人的神经。生活在这种地方的人们，幸福从哪里来？

北欧人经常挂在嘴边的一个词就是"生活品质"。瑞典有句老话：钱是可以储存的，而时间是不能储存的，你怎么花时间，决定了你一生的生活质量。

被房子、车子、票子充满的人生，和被孩子、妻子、园子充满的人生，北欧人选择后者，因为他们要的是品质，而不是物质。

快一点再快一点，你的灵魂是不是已经跟不上身体的速度？慢一点再慢一点，北欧人用他们的生活方式告诉你什么是真正的幸福。

简约——降低物质的欲望，回归宁静的心灵

北欧苛刻的天然环境，使节约的习惯成了必须：饭不能不吃，但不必太好；钱不能没有，但不必太多。北欧人的简约传统随处可见，穿衣打扮，不论贵贱，但求合适，符合自己的气质，凸显自我个性。七八十岁的老太太，米色风衣、呢裙、淑女皮鞋、英国女王式的头巾，气质优雅地走在街上，也是一道美丽的风景。此外，如果谁家新添了宝宝，朋友、邻居都会把合适的旧衣服洗得干干净净、熨得服服帖帖给送过来，在北欧人的生活里，互送旧衣是再平常不过的一件事。巷尾街头遇到朋友，咖啡馆是首选。一杯咖啡15克朗，就是一杯浓郁可口的卡布奇诺，也不过25克朗左右。这样，沐浴着太阳浴，大半天的时间就可以和朋友舒服惬意地打发掉了。北欧国家人少地多，但道路却明显比德国要窄。在城市里，直道很少，大多是小巷。当地人开的私家车也都以小为特征，很多人则干脆骑自行车上下班，环保对他们不仅是一种时尚，更是一种高尚。

高效——工作是为了更好地生活

一天懒到晚无所事事，或者朝九晚五像拧紧的发条成为上下班飞人，这两种生活状态都是北欧人无法忍受的。他们的工作相当轻松，空余的时间，足够再打一份工。但他们是绝不会这么做的，而是选择在咖啡店喝咖啡或看书消磨掉。但千万别以为北欧人每天就是喝喝咖啡、看看报纸的懒人生活，他们享受幸福的前提是高福利体制下高效和热情的工作态度。"不要考虑收入，先问自己喜不喜欢，喜欢的工作才有可能做好它"，这是北欧人的价值观，因此，工作对他们来讲绝不是一种"煎熬"。为了提高效率，北欧人想尽一切办法进行创造，为的是有更多的时间休闲和陪伴家人，看看那么多诺贝尔得主和世界著名企业你就会明白。这样轮到休假，大家才得以忙碌起来，变成了世界飞人，不亦乐乎地去心仪的国家和地区度假。

北欧人爱旅行是出了名的，夏季的时候，要么去度假小屋，要么满世界飞。

爱家庭——小王子公主的安乐窝

北欧人的生活里，只要一放假，他们就会迫不及待地和家人一起享受阳光、海滩、滑雪、骑行带来的快乐。北欧人的家庭观念很强，即便是男人也不会以"加班应酬"为由，牺牲与妻子、孩子在一起的时光。下班回家的第一件事，就是和家人一起度过不开电视机的"家庭时间"。他们一起做饭、做游戏、讲故事、聚会，很少有人在外留连。即使要加班，也以不影响家庭时间为准。例如，父亲宁可选择凌晨三点钟去加班，家里至少还有母亲可以陪小孩吃早餐，父亲也只损失早餐的一小时相聚。凌晨加班听起来匪夷所思，但的确为北欧爸爸们增加了三小时的晚餐家庭相聚时光。

一位叫 Fredrik 的爸爸言："我一天看不见我的孩子，不给他讲故事，不在他的小额头上亲一下，我就什么都做不了。如果错过了孩子叫第一声'爸爸'，我可能恨不得撞墙。"他们认为，最好的时光就是孩子们在睡觉之前爬上膝盖，向自己要一个拥抱。这种时候，他们觉得自己非常有成就感，非常幸福。对北欧的男人们来说，家庭、孩子不是男人在寻求成功过程中的一个背景，而是一个男人生活品质最重要的部分。

［资料来源：https://www.sohu.com/a/249706914_816304.（引文有修改和删减）］

 案例解析

由于所处的社会环境和经济发展的差异，北欧人的生活方式与中国人的生活方式完全不同。由于生活方式的不同，将直接对人的消费行为、消费习惯产生影响。企业应从生活方式细分中得到更多的、有吸引力的市场机会。对于生活方式不同的消费者群，不仅商品的设计应有所不同，而且商品价格、经销商店、广告宣传等也应有所不同。

一、生活方式的内涵

生活方式是在人的活动、兴趣和意见方面所表现出的生活模式。简单地说，生活方式就是人们如何生活。人的生活方式是由一个人过去的经历、已经形成的个性特征及当前的情境所共同决定的。

其实，生活方式可以简单地理解为人们如何生活、工作、休闲和进行其他活动。人们选择什么方式，用什么态度生活，就形成了一定的生活习惯，这种规律性的生活习惯的总和就是生活方式。比如，有些人选择高效的生活，他们在工作中生活、娱乐、休闲，而且追求效率，具体表现为行路匆匆、守时、工作认真而有效率、娱乐追求质量等。而有些人则选择安逸轻松的生活方式，他们在生活中工作、娱乐、休闲，且追求享受，具体表现为享用美餐、上网游戏、很少加班等。每个人都有自己的生活习惯和生活方式，不管喜欢还是不喜欢，这些都是客观存在的。而且每个人都有自己的生活梦想和追求，理想中的生活方式如果还没有实现，那就意味着还有潜在需求。人们追求的生活方式影响着人们的需求和欲望，同时影响着人们的购买和使用行为。生活方式决定了人们很多的消费决策，而这些决策反过来强化或改变着人们的生活方式。

二、生活方式的内容

人们的生活时间一般划分为四大类：工作时间、家务劳动时间、生理需要（睡觉、吃饭等）时间与休闲活动时间。相应地，生活方式包括以下几个方面：

1. 家庭生活方式

生活方式，即人们在一定的社会条件制约下和价值观念的引导下所形成的满足自身生活需要的全部活动形式与行为特征。家庭生活方式涵盖家庭生活的全部领域，如消费、休闲、交往、婚姻及各种细微的领域，如生活风格、时尚、隐私等。

2. 消费生活方式

消费生活方式，即人在日常生活中为满足物质、精神文化的需要，进行消费各种消费资料和劳务的活动方式的总和。它在人的生活方式的多元整体系统中是一个重要的分支系统，消费生活方式与劳动方式共同构成人整个生活方式的基础。

消费生活方式是消费者同消费资料相结合的方式，即消费方式。消费方式包括消费者以什么身份、采用什么形式、运用什么方法来消费消费资料以满足其需要的过程。

3. 闲暇生活方式

闲暇生活方式，即人们在一定的社会历史条件下，在其自由支配时间内的活动方式。闲暇生活方式是社会生产力发展到一定水平的产物。闲暇生活方式包括两个方面的内容：一方面是消遣性的娱乐活动，另一方面是提高性的学习创造活动。闲暇生活主要功能在于恢复人们在劳动中的体力和脑力消耗以及发展自己多方面的才能和潜力。

4. 社会交往方式

社会交往简称社交，即人们在一定的历史条件下，人与人之间相互往来，进行物质、精神交流的社会活动。交往是人的社会本性。社会交往是人类所特有的需要。社会交往方式是指人与人、人群与人群在交往时的媒介、程序、礼仪和禁忌的总称。社会交往方式会随着生产力的发展、工作方式的演变和人们生活习惯的改变而发生变化。从不同角度可把社会交往划分为直接交往与间接交往，个人交往与群体交往，竞争、合作、冲突、调适等几种类型。

三、生活方式与消费行为

生活方式是影响消费者购买行为的一个重要因素。在西方发达国家，有越来越多的企业按照消费者的生活方式来细分消费者市场，并且按照生活方式不同的消费者群来设计不同的商品和策划市场营销组合。比如，大众汽车公司把消费者划分为"循规蹈矩的公民"和"汽车爱好者"；而一家女性时装公司则根据生活方式的不同将年轻女性分为"纯朴女性""时髦女郎"和"男子气的女士"三大类。对于具有不同生活方式的消费者群体，不仅商品的设计有所不同，而且商品价格、经销商店、广告宣传等也应有所不同。一些企业从生活方式细分中得到了更多的、有吸引力的市场机会。

1. 全球消费者的网际生活方式正在快速地形成

英特尔公司总裁葛洛夫说："美国整整一代年轻人都是在计算机教育下成长起来的，这代年轻人已将计算机视为当然之物；对他们来说用鼠标点击屏幕就和他们的父母摁击电视机开关一样寻常，他们使用计算机格外的熟练，而计算机的死机对他们而言就和冬日清晨他们父母无法开动汽车时的感受一样：耸耸肩，咕噜几声而已。接着重新启动计算机就可以了。"这表明在计算机环境中成长起来的年轻人，对网络生活，利用互联网来工作、学习，以及通过互联网这一新方式来购物和订餐，已由开始的兴奋到现在的离不开了。随着微电子技术、软件技术和网络通信的发展，个人PC机、移动终端、支付保障和互联网的普及，为网络营销会提供一个"虚拟现实"的多媒体环境，以生动的动画、视频，配合文字和声音等多媒体信息，使消费者挑选商品时有一种身临其境的感觉。消费者生活方式和购物方式的新变化为商家的网络营销活动提供了巨大的商机。运用互联网消费，其最大特征是消费主动性掌握在消费者手中。所以，这从根本上改变了网络上零售商向顾客推销的方法，消费者成为消费的主导，实现了个性化消费。

2. 基于生活方式的市场营销思路

了解消费者的生活方式，对于市场营销人员的价值主要表现在以下几个方面：

首先，根据对消费者生活方式的了解，可以预测消费者的行为。比如，有一个"绿色"价值观的人喜欢亲近大自然的生活方式，经过分析，这个人将更喜欢去购买自行车而不是汽车，更可能成为一个素食者而不是吃大鱼大肉的人。因此，通过一个人的基本生活方式，就能够分析出他的购买行为、购买商品的类型以及如何对这个人做出最具有吸引力的宣传等。如两类消费者——"变革与震撼世界者"与"恋家者"，"变革与震撼世界者"总是积极地参与变革他们所生活的世界，积极地介入社会和政治事务、积极地参与体育活动、听音乐会、喜欢乘飞机到海外旅游等。而"恋家者"即使住在"变革与震撼世界者"的隔壁，他们的收入、文化水平和职业都差不多，"恋家者"也有着与"变革与震撼世界者"完全不同的生活方式。家对于"恋家者"来讲有着较重要的意义。他们愿意花许多钱购置家具，还花费很多时间修缮、油漆和粉刷房屋。"恋家者"对汽车很感兴趣，爱看电视，爱读报纸。因此，通过对这两类人的生活方式的比较，我们就可以清楚地看出他们的购买或消费倾向，例如，我们可以预测前者要比后者更愿意旅游，或者更愿意到国外去旅游。

其次，了解消费者的生活方式，有助于选择目标消费者，进行恰当的市场定位。

比如，瑞士帝豪手表是定位于高速运动中精确计时的手表。所以，这家手表商的全球广告口号是"压力之下，毫不屈服"，并赞助了中国澳门汽车大奖赛、香港赛马等。但是并非所有的亚洲国家或地区的消费者都有这种与精确、运动有关的生活方式。这家手表商发现中国人没有其他亚洲人那么爱好体育，并感觉到他们的广告对中国人来说可能太体育化,于是这家手表商为中国制作了专门的广告,其淡化了体育感,表达也更为直接。

最后,了解消费者的生活方式,有助于更为准确地把握和引导消费者的行为。生活方式可以使原先单靠人口统计指标、地理指标等难以划分的市场,如艺术、娱乐、旅游等,变得更能准确地被把握。了解消费者的生活方式甚至可以指导百货商店、购物中心、超级市场中的商品摆放。商品的传统摆放法已被有组织、有创意的摆放方法所取代,商品可以不再依据其类型摆放,而是按照生活方式进行摆放。例如,著名的法国拉法耶特百货商店就做到了这一点,其管理者认为这样的摆放对消费者更具视觉刺激,更能激发购买欲望,更能使消费者在店中保持一种持久的兴奋感和冲动感。

思考题

1. 简述个性的含义和特征。
2. 什么是气质?气质的基本类型有哪些?接待不同气质类型消费者的方法有哪些?
3. 简述个性对消费者行为的影响。
4. 简述自我概念的含义、类型和功能。
5. 简述生活方式的概念和内容。
6. 请举例说明生活方式对消费者行为的影响。

案例分析

珠宝的个性消费

珠宝消费历来有三种形态:打扮、保值和表现个人品位。一贯看重生活享受的中国台湾人特别钟情于珠宝,他们购买珠宝不仅在于其美丽动人,更主要的是在于其保值考虑。一般普通台湾百姓购买珠宝离不开理财心态,上层人士则热衷于以珠宝炫富。上流社会的俊男美女在重要场合绝不会佩戴曾使用过的珠宝。他们走进珠宝店,通常习惯于这样询问:"这里有没有最新、最大、最贵的珠宝?"这种以珠宝炫耀财富、地位与身份的风气,使中国台湾人在珠宝拥有量上可傲视全球。

而与中国台湾人完全不同的是欧美人士,他们更看重珠宝是为了表现个性,甚至把珠宝当成艺术品。在这种心理的作用下,欧美珠宝设计更倾向于生活化、个性化、多元化方向发展。以法国名牌珠宝科曼夫为例,就有休闲系列、青春系列、古典系列、豪华系列等。设计上或质朴、典雅,或新湖、时尚,或活泼、俏丽,或简单、大方,迎合了欧美消费者的需求。

[资料来源:高博. 消费者行为分析与实务 [M]. 北京:北京邮电大学出版社,2015.]

问题:中国台湾消费者和欧美消费者的珠宝消费观有何区别?

气质类型测试

有人说世界上你最了解的人就是你的敌人,所谓知己知彼,百战不殆。其实不然,人都是会变的,别人都会欺骗你,无论世界怎样改变,人们怎样改变,只有你自己爱自己,永远不会变。下面15道题可以帮助我们了解自己的气质类型。回答的方法很简单：很符合，记5分；比较符合，4分；符合，3分；不太符合，2分；完全不符合，1分。以此来相加计算来判断你的气质类型。

①从不做无把握的事，做事力求稳当。
②和人争吵时先发制人，喜欢挑衅。
③喜欢安静的地方。
④善于和别人交往。
⑤羡慕那种善于克制自己感情的人。
⑥生活有规律，很少违反作息制度。
⑦在多数情况下抱乐观态度。
⑧碰到陌生人显得拘束。
⑨情绪高昂时，觉得干什么都有趣；情绪低落时，又觉得什么都没意思。
⑩当注意力集中于一事务时，别的事很难使我分心。
⑪理解问题总别比别人慢。
⑫碰到危险情景，常有一种极度恐惧和紧张感。
⑬对学习、工作、事业怀有很高的热情。
⑭能够长时间做枯燥、单调的工作。
⑮符合兴趣的事情，干起来干劲十足，否则就不想干。

多数人的气质是一般性气质或两种气质的混合型，典型气质和三种气质混合型的人较少。请把每题得分按下表题号相加，再算出各栏的总分。

胆汁质：③⑥⑪⑭
多血质：①⑤⑧⑬
黏液质：④⑦⑩⑮
抑郁质：②⑨⑫

如果多血质一栏得分超过5，其他三栏得分相对较低，则为典型多血质。如这一栏在5分以下，2分以上，其他三栏得分较低，则为一般多血质。如果有两栏的得分显著超过另两栏得分，而且分数比较接近，则为混合型气质。如果一栏的得分很低，其他三栏都不高，但很接近，则为三种气质的混合型。

心理学界对这四种气质是这样解释的：

胆汁质相当于神经活动强而不均衡型。这种气质的人兴奋性很高，脾气暴躁，性情直率，精力旺盛，能以很高的热情埋头事业，兴奋时决心克服一切困难，精力耗尽时，情绪又一落千丈。

多血质相当于神经活动强而均衡的灵活型。这种气质的人热情、有能力，适应性强，喜欢交际，精神愉快，机智灵活，注意力易转移，情绪易改变，做事重兴趣，富于幻想，不愿做耐心细致的工作。

黏液质相当于神经活动强而均衡的安静型。这种气质的人平静，善于克制忍让，生活有规律，不为无关事情分心，埋头苦干，有耐久力，态度持重，不卑不亢，不爱空谈，严肃认真；但不够灵活，注意力不易转移，因循守旧，对事业缺乏热情。

抑郁质相当于神经活动弱型，兴奋和抑郁过程都弱。这种气质的人沉静，深沉，易相处，人缘好，办事稳妥可靠，做事坚定，能克服困难；但比较敏感，易受挫折，孤僻寡欢，疲劳不容易恢复，反应缓慢，不图进取。

[资料来源：https：//www.wenjuan.com/s/Qb2Uji/.（引文有删减和修改）]

道德观察

国内外差别对待 凯美瑞欠中国消费者一个解释

2018年上市不到半年的凯美瑞，可谓是风波不断，除了空有订单，难以全力交车以外，八代凯美瑞又在国内爆发了所谓的"泥浆门"事件，而且该事件还有愈演愈烈的趋势；祸不单行，近日八代凯美瑞又因发动机存在严重安全隐患在美国被召回，美国丰田正在执行一项安全行动，这将影响一批全新凯美瑞车主，而且问题看起来还不小。据悉，八代凯美瑞配备了直径规格超出标准的发动机活塞，这将导致发动机运行的平顺性和排气声浪受到影响。

此前，八代凯美瑞就已经召回过一次，而且是在不久前的2月15日，丰田宣布的原因是：存在自燃隐患，召回部分凯美瑞和雷克萨斯车型，此次召回共涉及21 700辆车。其中，召回的八代凯美瑞是因为部分批次的车型，可能在引擎舱中存在没有正确连接的燃油管路；这问题可不小，没有正确连接燃油管路会导致连接点发生泄漏，从而有引发车辆自燃的风险，而这批次的凯美瑞共涉及11 800辆。

新车更换发动机？而且是刚上市不久的车型？难道第一批新车上市最好不要买说得一点都没错？"开不坏的丰田"也要步东风本田的后尘了吗？八代丰田凯美瑞行驶中出现发动机故障灯亮起、发动机功率下降、加速无力等情况，如果长期使用，专家称不排除导致发动机报废的现象发生。近日，丰田汽车公司在经过调查之后，宣布在北美召回。此次召回，涉及2017年12月—2018年1月在美国工厂生产的八代凯美瑞，累计共约1 800台。

而丰田目前给出的解决方案是：由丰田技术人员检测引擎活塞的生产日期代码，如果发现活塞有问题，丰田将会为车主更换一台全新的发动机，并不对车主收取任何费用。而发生故障的引擎，正是丰田全新开发的Dynamic Force缸内直喷汽油引擎，率先装配八代凯美瑞，具备业界领先的40%热效率。

国内外待遇两重天，国内凯美瑞谁来买单？

对比起丰田在美国，连续两次爆出八代凯美瑞存在严重问题后的积极召回，国内八代凯美瑞可谓是进行了差别对待，作为基于TNGA平台的第一款车型，广汽丰田生产的第八代凯美瑞被爆出疑似"偷工减料"或是设计的问题，而且也曝出严重质量问题。在凯美瑞论坛上看到，几乎整个论坛都是在吐槽八代凯美瑞发动机舱存在设计缺陷。以某新车主的话来说，他们的车刚提不到半个月，总共行驶不到500公里，而且平时都只在市区或者高速路上行驶，根本就没有走过泥路，但打开发动机舱一看，里面有不少泥沙，非常脏。

而广汽丰田先期给予的回复则是："少量的泥水溅入发动机舱影响局部美观，但溅入的泥水并不会影响发动机与车辆性能。同时，发动机舱在设计时就已经考虑防水、防锈、防高温、防腐蚀应对，并经过了严苛的测试，因此，附着的泥水不会对车身产生腐蚀，更不会对行车安全有影响。"

美国丰田因八代凯美瑞发动机存在问题召回后,国内的广汽丰田向各大经销商发送内部邮件紧急"撇清关系",明确表示"广汽丰田生产的凯美瑞所搭载的活塞为日本制造,不存在相同问题,故不受本次召回影响"。之后,广汽丰田向经销商下达有关于"第八代凯美瑞发动机舱溅入泥水现象的改善方法",虽然官方没有公布此事,但不难看出,广汽丰田已间接承认问题的事实,而且给出的解决办法是,在减震器塔顶与挡泥板之间的缝隙进行封堵,填充发泡棉,并且封堵工艺孔——作为补偿。

[资料来源:https://www.maiche.com/news/detail/1361680.html。(引文有修改和删减)]

问题:
1. 丰田公司这种出尔反尔的做法是否可取?
2. 中国消费者应如何维护自身的权益?

背景资料

消费者自我保护意识

在市场经济的今天,商品极大丰富,新产品层出不穷。但是,缺斤少两假冒伪劣坑蒙拐骗也屡见不鲜,个体商贩尤甚。那么,消费者该如何维护自己的权益?

下面介绍消费者在购买商品时注意掌握的七个原则:

(1) 了解基本的消费性能,对食品应了解食品的成分、重量、容量、热量、有害物质含量、是否有禁用物质。

(2) 了解价格、购买条件,以及是否有质量合格证。

(3) 了解有效和安全使用的原则和条件。

(4) 了解商品有效期、质量标准以及有效期满后的注意事项。

(5) 了解制造商、经办人的相关信息及销售商的地址、维修厂家的地址。

(6) 对必须附有商品证明书的商品应了解证明书的内容。

(7) 购买商品一定要慎重,但万一上了当,也不要着急。如果发现所买商品是冒牌货,可以向商店索赔,要求退款。如果商店未能做出满意的答复,可以进一步投诉,要求退货和赔偿您在这段时间的物质损失。

购买商品时会遇到各种各样的事情,但无论如何,千万记住一点——别忘了索要发票,证明你购买行为的真实性。

开发票是商店对顾客负责的例行手续。国家明文规定,商家必须给顾客开发票。发票可为上诉监督机构提供依据。

消费者和经营者发生消费者权益争议的,可以通过下列五种途径解决:

(1) 与经营者协商和解。
(2) 请求消费者协会调解。
(3) 向有关行政部门申诉。
(4) 根据与经营者达成的仲裁协议提请仲裁机构仲裁。
(5) 向人民法院提起诉讼。

项目四

理解消费者需要、动机和态度

 知识目标

- 了解需要和动机的概念和类型。
- 掌握需要和动机的特征。
- 理解态度的概念和功能。
- 理解消费者态度的形成和改变。

能力目标

- 能够分析消费者的消费需要，并利用消费者需要的特征开展相应的营销活动。
- 能够利用购买动机的可诱导性诱导消费者产生符合企业需要的购买行为。
- 具有运用所学的有关态度的理论来影响消费者态度的营销能力。

道德目标

- 能够运用所学习的消费态度的理论知识，分析现实中的实际问题。
- 具有明辨是非的能力。
- 能够对国内外商品树立正确的消费观念。

模块一 消费者的需要

 案例导入

需要与消费者需要

华仔是个背包客，在一次外出旅行的途中不慎将钱包丢失。无奈之下，身无分文的他只好选择返回。他将自己的手机变卖之后刚好买了一张返程火车票，没剩下任何多余的钱。当他上车后，已经又渴又饿，几乎要昏倒。一位好心人见状，买了一瓶矿泉水和一个

面包送给了他，帮他暂时渡过了难关。

请问：华仔都产生了哪些需要？这其中的需要是不是都属于消费者需要呢？哪些是，哪些不是？

[资料来源：张之峰，张学琴．消费心理学［M］．北京：北京理工大学出版社，2010. (引文有修改和删减)]

案例解析

消费者需要包含在人类一般需要之中，两者的区别在于消费者需要的满足是通过对特定商品或服务的购买活动实现的，而人类一般需要的满足还可以通过其他方式实现，比如，被赠予、乞讨、捡拾、交换，甚至是欺骗、抢夺、偷盗等。所以，消费者需要区别于人类一般需要的一个根本性标志是它的满足要受到货币条件的限制，也就是说支付能力的限制。

一、消费者需要的含义

行为科学认为，人的行为都是由一定的动机引起的，而动机又产生于人类本身的内在需要，消费者的行为也不例外。产生消费者行为的最基本的内在原因就是消费者需要。

1. 消费者需要的概念

需要是指人们在个体生活和社会生活中感到某种欠缺而力求获得满足的一种心理状态。人的需要既有生理方面的，也有心理方面的。作为有机体，人体必须不断补充一定的能量才能生存，如食物、水、空气和睡眠等，都是人的生理性需要，因此，生理性需要是人类最基本的需要。作为社会成员，人还有求知、求美、交往、尊重、成就等社会性需要，这些社会性需要是人类所特有的需要。需要在人的心理活动中具有十分重要的作用，人的心理需要影响着人的情绪、思维、意志等活动，是人类行为的原动力。古人云："人生而有欲"，这里的"欲"，指的就是欲望、意愿或需要。

消费者需要，是指消费者在一定的社会经济条件下，为了自身的生存与发展对商品产生的需求和欲望。消费者需要包括在人类一般需要之中，常常以对商品的愿望、意向、兴趣、理想等形式表现出来。市场营销学中的消费需要指的是在一定时间内有支付能力的市场需求。从消费者个人的角度来讲，消费需要反映消费者某种生理或心理体验的缺乏状态，并直接表现为消费者对获取以商品或劳务形式存在的消费对象的需求和欲望。

2. 消费者需要的特征

（1）多样性

不同的消费者由于主客观条件存在的差异，会形成多种多样的消费需要。我们国家人多地广，消费习惯多种多样，以食物来说，处于牧区的蒙古族、藏族等习惯食用奶制品，如奶豆腐、奶干、酸奶、奶酪等，品种十分丰富；我国东北地区的居民习惯食用豆类和面类。就同一消费者而言，消费需要也是多元的，同一消费者对某一特定消费对象通常同时兼有多方面的需要。

（2）发展性

消费者的消费需要是一个由低级向高级、由简单向复杂不断发展的过程。随着商品经济的发展和社会文明程度的提高，心理需要会不断地产生新的需要，消费者对某项需要一旦满足以后，暂时不再受该项需要激励因素的影响，而是渴望并谋求其他更高一级的需要，并不断地向新的需要发展。

消费者需要的发展性体现在市场上，表现为商品数量的增多和商品质量的提高。人的一种需要满足后，又会产生新的需要。所以，人的需要不会有被完全满足和终结的时候。正是由于需要的无限发展性，所以，决定了人类活动的长久性和永恒性，而这个正是推动企业不断创新、市场不断发展的原动力。

（3）周期性

消费者在有一些需要获得满足后，通常在一定时间内不再产生此需要，但是随着时间的推移还会重新出现此需要，显示出周而复始的特点。但是这种重复出现的需要，在形式上总是不断翻新的，也只有这样，才能保证需要内容的丰富、发展。

（4）伸缩性

伸缩性又称弹性，是指消费者对某种商品的需要会因某些因素如支付能力、价格、储蓄利率等的影响而发生一定限度的变化。消费者需要的伸缩性可以解释人们用于解决需要冲突的适应性行为。企业在进行生产和经营时，应从我国消费者当前的实际消费水平、民族消费历史和消费习惯的特点出发，需注意将满足物质需要和精神需要两方面有机地结合起来。

（5）可诱导性

消费者需要的产生、发展和变化，同生活环境、消费环境等有着密切的联系。消费者的需要不是一成不变的，它会随着周围环境的变化而发生改变。消费需要可以改变，即消费需要可以通过人为地、有意识地给予外部刺激或改变外部环境诱使消费需要按照目标发生变化和转移。社会政治经济的变革、生活工作环境的变化、企业的广告宣传等因素都有可能诱发需要的变化或转移。因此，企业可以通过一些人为的手段来刺激消费者的需要，例如，通过倡导时尚、明星示范、促销、广告等方式诱导需要产生。

思考与讨论

中国人结婚"四大件"的变迁史

坐在开着空调的房间，看着窗外斑斓的街景，鼠标在手里乱点，搜索到20世纪80年代、90年代直至新千年的婚礼，很容易产生恍如隔世的感觉——由简陋到纷繁，像是一出保守的黑白样板戏，一点一点在时光的演进中抹上炫彩与奢华的调调，让人不由得感慨，每个时代的差距如此明显，恍如在不同的时空。

到了21世纪，所谓盛大与热闹，完全不能使你成为被人羡慕的焦点。现代的标准：炫、出位。你的婚礼一定要张扬、有个性，最好是世上独一无二的。

原来，中国式的婚礼是如此完成了从形式到个性的转变。

婚礼的形式

80年代：刚刚改革开放，只注重走过场的形式，清一色的都是宴请亲友，特别是单位的领导，饭后亲友闹洞房。少数新人开始旅行结婚。

90年代：传统中式婚礼为主，开始在中高档的宾馆、酒店举行婚礼，一些时髦青年开始去西式教堂举办婚礼。

新千年：各种超炫的婚礼出现，冒险的、奢华的、创意的，甚至还有要破世界纪录的。婚礼的形式层出不穷，讲求创意。

结婚成本

80年代：初期，一般几百元即可，到了后期，花费在3 000元以上的人开始增多。

90年代：结婚费用开始出现飞跃式增长，73%的新人结婚花费在1万元以上，30%以上的新人花费在3万元以上。

新千年：在北京、上海、南京、大连等近30个中心城市里，有373万对城镇新人的结婚花费平均在12.66万元，这部分包括婚纱摄影、珠宝首饰、婚纱礼服、婚礼策划、喜宴服务、新居装修、蜜月旅游、家用电器及家具等几个方面费用，尚未包括购房、购车的费用。若加上婚房，上海、北京、杭州娶老婆的开销，少则过百万元，沿海一带至少也在40万元以上。

嫁妆

80年代：三转一响——手表、自行车、缝纫机、收音机；请木匠到家里做家具，款式基本都是组合柜，或是几个方方正正的箱子；还有棉被、被面、布匹等生活用品。

90年代：家电四大件——彩电、空调、洗衣机、冰箱，并且讲究牌子。对家具的品牌与房子的装修开始重视。

新千年：双方父母一起负担新人的房子首付以及装修费用，而一对新人也顺理成章地成了房奴。

礼金

80年代初：礼金支出多为1~5元，主要是单位同事"凑份子"买镜子、床单、枕巾、被面、暖壶、脸盆之类的普通生活用品，或者随礼5元、10元。

90年代：90年代中期礼金大多都给50元，特别好的朋友也有给100元的。

新千年：礼金多为100~500元，特别是每逢"五一""十一"结婚高峰期前后，大多数年轻人当月的工资收入有一半左右用于送礼。

结婚照

80年代：由黑白的结婚照逐渐演变为彩色相片，拍摄地点多在小照相馆的简陋影棚。

90年代：一辑传统正经的婚纱照，清一色在摄影棚里拍摄，新娘白婚纱，新郎西装领带，浓妆艳抹，看不出人本来的面目。

新千年：各种各样的创意婚纱照开始出现，如裸体婚纱照、海魂衫怀旧照、恐怖婚纱照，还有的新人大玩角色反串、漂浮、cosplay。

[资料来源：佳慧. 中国人30年婚礼变迁 [J]. 家庭，2011（11月下）.]

思考：中国人结婚的消费需要是如何变迁的？有什么特点？

二、消费者需要的分类

在初步认识了消费者需要的基础上,我们了解了消费者需要的结构层次,并掌握了消费者需要的基本特征表现之后,接下来就要确定消费者需要的类型。由于消费者需要千差万别、复杂多样,所以,我们需要按照一定的标准对消费者需要的类别进行划分,不同的标准划分出的消费者需要呈现出不同的特征。

1. 按照消费者需要的实现程度划分

消费者需要按照实现程度可以分为现实需要和潜在需要。

现实需要,即当前已经明确形成的且具有足够货币支付能力满足的需要,现实需要可以随时转化为现时的消费行动。

潜在需要,即目前尚未显现或明确,但在未来可能形成的需要。此需要目前处于潜在状态的原因,可能是由于内部条件尚未达到临界程度,或缺乏外界环境的足够刺激。

2. 按照需要的对象划分

消费者需要按照需要对象的不同可以分为物质需要和精神需要。

物质需要,即消费者对于物质形态存在、有形商品的需要。具体又可以进一步将物质需要分为低级的物质需要和高级的物质需要。低级的物质需要,即维持生命所必需的基本物质对象;高级的物质需要,即人们对高级生活用品,如现代家用电器、高档服装、健身器材、美容美发用品等,以及对于从事劳动的物质对象如劳动工具的需要。

精神需要,即消费者对于观念对象或精神产品的需要。精神需要具体表现为对艺术、知识、认识、美、追求真理、满足兴趣爱好以及友情、亲情等方面的需要,也可以通过各类无形服务活动来满足需要。

3. 按照需要的起源划分

消费者需要按照起源可以分为生理性需要和心理性需要。

生理性需要,即消费者个体为维持和延续生命,对于衣、食、住、安全、睡眠等基本生存条件的需要。生理需要是人作为生物有机体与生俱来的,是由消费者的生理特性决定的。

心理性需要,即消费者在社会环境的影响下,所形成的带有人类社会性特征的需要,如社会交往的需要、表现自我的需要、对荣誉的需要等。这种需要是由消费者的心理特性决定的,是人作为社会成员在后天的社会生活中形成的。

三、消费者需要对消费行为的影响

人们的消费行为往往是由不同的需要引起的。消费需要对消费者购买行为的影响主要表现在以下三个方面:

1. 消费需要决定购买行为

消费者由于受内在或外在多种因素的影响,当产生某种需要时,人就会形成一种紧张的状态，成为人内在的驱动力，这就是购买动机，它引发人们的购买行为。当购买行为完成后，需要也得到满足时，动机自然就消失了，但新的需要又会随之产生，从而再形成新的购买动机，引发新的购买行为。因此，消费者的购买行为是在其需要的驱使下进行的。从这个角度来说，消费需要决定了购买行为。

2. 消费需要的强度决定购买行为实现的程度

在通常情况下，消费需要越迫切、越强烈，则消费者购买行为实现的可能性就越大；反之，消费需要不迫切、不强烈，消费者的购买行为就可能减弱，甚至不发生。比如，对一个没有鞋穿的人来说，第一双鞋对他的使用价值是最大的，即他对第一双鞋的需求感最强烈，也许走进一家商店，只要看到能穿的鞋就买下来了，而对鞋的式样、价格、颜色、质量等要求并不高。但是当他买了鞋以后，他对鞋的需要就不那么迫切了，鞋的使用价值对他来说就不那么重要了。可能他还会产生买鞋的需要，但需要的迫切性大大地降低，这时，他可能进一步会考虑价格、质量、式样等方面的因素，所以对购买行为的阻力就会变大，购买行为就不易实现了。

3. 消费需要的水平影响消费者的购买行为

经济发达国家，消费水平相对较高，消费者购买食品所花费的费用在整个购买费用中所占的比例较小，而经济发展水平较低的国家，情况恰恰相反，这就是著名的恩格尔定律。恩格尔定律的具体内容是：随着家庭收入的增加，人们在食品方面的支出在收入中所占的比例就变小，用于文化、卫生、娱乐、劳务等方面的费用支出所占比例就变大。

四、唤醒消费者需要的方法

需要虽然是人类活动的原动力，但需要并不总是处于被唤醒的状态。只有当消费者的匮乏感达到了某种迫切程度时，需要才会被激发，并促动消费者有所行动。唤醒消费者需要，不仅要把有关商品或服务的信息传递给潜在顾客，而且还要使信息传递过程变得更加生动新颖、更富有针对性，从而增强信息刺激的力度，将购买意图加速转化为购买行动。唤醒消费者的方法有很多，但是各种方法遵循的都是一个基本原则，即通过外部影响，增强消费者内心的匮乏感，造成消费者的心理失衡，从而寻求消费对象以实现心理平衡。常见的唤醒消费者需要的方法有以下几种：

1. 利用感官刺激法唤醒消费者需要

感官刺激法是指利用消费需要的对象性特征，在营销活动中将商品销售与消费者需要紧密联系起来，并通过商品外在的物质属性刺激消费者各种感觉器官，从而唤醒消费者的需要。比如，卤肉店总是在靠近营业窗口的地方摆放一台小风扇，不仅能够驱赶蚊虫，而且当刚卤好的美味端上柜台的时候，风扇扇出的风会让卤肉的香气飘散开来，使路人闻到后，引发食欲，尤其是在中午和晚上的下班时间，效果特别明显。

2. 利用对比强化法唤醒消费者需要

对比强化法是指通过将现实需要者的实际消费体验结果进行展示，利用商品消费前后效果的对比，强化商品对消费者需要满足的效果，从而寻求潜在消费者在认知理解和情感上的共鸣，唤醒消费者需要。我们通常在各种保健品和化妆品的广告中见到这种方法的应用。

3. 利用氛围造势法唤醒消费者需要

有相当一部分消费者需要未被唤醒的原因是消费者对商品本身缺少认知和体验。所以，营销工作者可以通过公关首先营造一种氛围，然后制造环境压力，从外围唤醒消费者需要。比如，房地产经销商常常会雇佣很多人站在售楼中心外不分昼夜排长队，或者在销售大厅让工作人员不停走动、大声说话，营造出楼市火爆销售、工作繁忙的景象，让消费者产生购房需要。再如，玫瑰花销售商为了扩大销售，会大讲西方情人节的消费文化，在店内张贴出玫瑰花语，甚至提出"七夕是中国情人节"的噱头，营造一种节日氛围，唤醒消费者需要。

4. 利用记忆唤醒法唤醒消费者需要

由于消费者需要具有周期性特征，所以，对于许多商品消费者不会只消费一次，而是隔一段时间就会再次消费。但是消费者往往会受到各种因素的影响，忘记或忽略何时再次消费。此时，商家就应该及时使用记忆唤醒法，通过各种促销沟通手段使消费者对过往的消费经验形成回忆和联想，从而唤醒消费的需要。

需要一经唤醒，就可以促使消费者为消除匮乏感和不平衡状态采取行动，但需要并不具有对行为的定向作用。在需要和行为之间还存在着动机、诱因、驱动力等中间变量。例如，人在饿的时候，就会为寻找食物而消费，但面对面包、饼干、馒头、面条等众多选择物时，到底以何种食品充饥，则并不完全由需要本身所决定。也就是说，需要只对应于大类备选商品，而并不会为人们购买某种特定商品、服务提供充分的解答。所以，作为一名合格的营销工作者，要掌握唤醒消费者需要的方法，还要根据实际情况合理选择和灵活应用这些方法。

思考与讨论

马斯洛需要层次理论

需要层次理论是由美国人本主义心理学家马斯洛提出的一种需要理论。这种理论认为人的需要或动机可以分为五个层次，即生理需要、安全需要、归属和爱的需要、自尊的需要和自我实现的需要。他认为人的需要和动机是一个由低而高逐级形成和实现的过程。

1. 生理需要

生理需要是指维持个体生存和人类繁衍而产生的需要，如对食物、氧气、水、睡眠等的需要。生理需要是推动人们行动最首要的动力。马斯洛认为，只有这些最基本的需要得到满足，达到维持生存所必需的程度后，其他的需要才能成为新的激励因素，而到了此时，这些已相对满足的需要也就不再成为激励因素了。

2. 安全需要

安全需要是指在生理及心理方面免受伤害，获得保护、照顾和安全感的需要，如要求人身的健康、安全、有序的环境，稳定的职业和有保障的生活等。这些是人们希望保护自己的机体和精神不受危害的欲求。

3. 归属和爱的需要

归属和爱的需要是指希望给予或接受他人的友谊、关怀和爱护，得到某些群体的承认、接纳和重视的需要，如乐于结识朋友，交流情感，表达和接受爱情，融入某些社会团体并参加他们的活动等。

4. 自尊的需要

自尊的需要是指希望获得荣誉，受到尊重，博得好评，得到一定的社会地位的需要。自尊的需要是与个人的荣辱感紧密联系在一起的，它涉及独立、自信、自由、地位、名誉、被人尊重等多方面内容。

5. 自我实现的需要

自我实现的需要是指希望充分发挥自己的潜能，实现自己的理想和抱负的需要。自我实现的需要是人类最高级的需要，它涉及创造、成就等内容。例如，音乐家必须演奏音乐、画家必须绘画等，只有这样，他们才会感到最大的快乐。自我实现需要的内容是因人而异的，如有人希望成为一位作家，有人希望在体育上或在发明创造上有所建树。

马斯洛需要层次理论认为，人的需要包括不同的层次，而这些需要都是逐渐往更高层次发展的，当一个层次的需要得到满足后，消费者会转向更高层次的需要。但需要的产生由低级向高级的发展是波浪式地推进的，在低一级需要没有完全满足时，高一级的需要就产生了；而当低一级需要的高峰过去了但没有完全消失时，高一级的需要就逐步增强，直到占绝对优势。越是低层次的需要，其强度越大，也越容易满足；越是高层次的需要，其越不容易满足。在同一时期，这些需要可以同时存在。

问题：如何在市场营销中应用马斯洛需要层次理论？

模块二 消费者的购买动机

 案例导入

炫耀和从众 揭示年轻人追捧奢侈大牌的心理动机

上网搜索浏览奢侈品大牌包的最新款式是杨洋工作之余的最大乐趣。从背包、手提包、钱包、甚至是钥匙包，几乎每一个品牌的最新款产品杨洋几乎都能说出它们的名字以及价格。虽然，她知道以自己现在每个月6 000元的工资不可能轻易消费得起这么贵的东西，但是她还是喜欢看。作为一名网络编辑，她认为了解奢侈品就像她所从事的职业一样，是一种高端大气上档次的表现。"和同事或者朋友聊天，一张嘴不说几句英文，不侃几句奢侈品，会让人觉得你没见过世面、特别土。当然，如果你能轻易说出它们的名字，外加有一两个奢侈品牌包包傍身，不论是朋友聚会或者出去谈事情，都会让人觉得你很有品位，也许这就是女生的虚荣心吧。"杨洋告诉记者。所以杨洋微薄的工资并没有阻挡她要为自己添置可以傍身的"奢侈品"。杨洋曾经攒了三个月的钱给自己买了一个价值四千

多元的手提包,"我第一次拿着那个包包走在街上的时候,瞬间觉得自己特别有自信,感觉周围的人高看我一眼",后来这种"自信"让杨洋的奢侈品购置欲望变得一发不可收拾,不久前,她又攒钱买了个价值两千多元的钱包,用她的话说"这样的钱包才和我的手提包相配"。每当这个时候,杨洋都可以忘记自己为了满足这份所谓的"自信心"而在之前所经历着的那些省吃俭用的日子。

位于北京三里屯商业街里的众奢侈品大牌店,年轻白领并不是主力消费人群。

虽然对奢侈品都有着一样的"狂烈热爱",但是小鹿的情况和杨洋不太一样,年薪20万的小鹿不用太过省吃俭用,每个季节也都可以给自己添置一件自己喜欢的大牌包包或者配饰。小鹿在国际四大会计师事务的一家工作,曾经有过海外留学经历的小鹿认为,使用奢侈品是一种有品位的象征。"这些奢侈品品牌的包包或者服饰在设计上真的很美观,用料的选择也很考究,可以说是看起来漂亮,用起来舒服,装饰在身上特别提升气质,所以,我认为这是一种对高端生活质量的追求,一旦用习惯了,你想让我再回去用几十块、几百块的东西,我是很难接受的。"小鹿如是说。

对于奢侈品的追求和狂爱,杨洋和小鹿都不是个例。据统计,中国奢侈品市场去年本土消费为280亿美元,增幅3%,境外消费则进一步加强,达到740亿美元,即中国人2013年奢侈品消费总额为1 020亿美元,合6 000多亿元人民币,这也表明中国人买走了全球47%的奢侈品,是全球奢侈品市场无可争议的最大客户。而青年人则在奢侈品消费中扮演着重要的角色。

[资料来源:http://fashion.efu.com.cn/newsview-1078194-1.html.(引文有修改和删除)]

 案例解析

年轻人购买奢侈品具有从众性、群体趋向一致性、追求自我实现和追求个性的特点。这两类特征并不矛盾,年轻人的消费选择并不完全是个人独立选择的结果,经常会受到周围人的影响。

当下年轻人在追捧奢侈品的时候,不仅看重物品的质量,而且也看重给自己撑了多少面子,同样也很在意其价格的实惠和自我的承受能力。最开始时很多人买奢侈品,需不需要无所谓,有没有面子、能不能跟上所在圈子的档次才是最重要的。但是现在,一部分成熟的奢侈品消费者开始让奢侈品回归高端、优质商品的本质,他们会更看重实用性、性价比,尤其是否符合自己个性化的需求。

 一、消费者购买动机的含义和特点

购买动机是在消费需要基础上产生的,它是引发消费者购买行为的直接原因和动力。相对于消费者需要而言,动机的作用更为明显,与消费行为的联系也更加密切。研究消费动机可以为把握消费者购买行为的内在规律提供更为具体、更有效的依据。

1. 购买动机的含义

动机这一概念是由美国心理学家伍德沃斯于1918年率先引入心理学的。他认为动机是决定行为的内在动力。他认为,动机是"引起个体活动,维持已引起的活动,并促使活动朝向某一目标进行的内在作用"。

所谓消费者购买动机,即消费者为了满足自己一定的需要而引起购买行为的愿望或意念,购买动机是能够引起消费者购买某一商品或劳务的内在动力。

2. 购买动机的特点

(1) 购买动机的原发性

个体缺乏某种东西时会产生对这种东西的需求,这种需求推动着个体去寻找满足需求的对象,动机就是在这种情况下产生的。也就是说,需求使个体产生动机,动机推动个体去采取行动。从个体动机产生的源头来看,动机具有原发性特点。对于消费者而言,其内在的消费需要,促使其产生各种消费动机。

(2) 购买动机的内隐性

个体的行为虽然是外显的,但是支配其行为的动机却是无法直接观察到的。消费者的消费动机只能通过其消费行为推断出来。比如,消费者入住了高档饭店,我们可以做出如下的推断:首先,他有休息的生理性动机。其次,他可能有追求社会身份、地位、求尊重的动机。消费者的动机不是我们观察得到的,而是我们根据他的行为和所掌握的知识经验推断出来的。因此,动机具有内隐性。

(3) 购买动机的实践性

动机是行为的内在原因,动机是为行为而存在的。通过个体的行为表现,我们得以窥见动机的踪影。通过动机与行为的这种关系,可以看出动机的实践性特征。动机的这种特征,是我们研究它的一个重要原因。了解消费者的购买动机,能够为预测和引导消费者的消费行为提供依据。

(4) 购买动机的变化性

个体的动机不是固定不变的。动机的形成受到内在需要和外部环境两大方面因素的影响,当这两种因素发生变化时,个体的动机会跟随之发生变化,因此说动机具有变化性。由于动机的这种特点,我们可以通过一些营销手段来影响消费者的消费动机,然后进而影响消费者的消费行为。

二、消费者动机产生和类型

1. 动机的产生

动机的产生是由两种因素促成的,一个是需要,一个是诱因。两者缺一不可。

(1) 需要是动机形成的基础

需要被认为是引起动机的内在条件,人的动机是在需要的基础上形成的。当人们感到生理或心理上存在着某种缺失或不足时,就会产生需要。一旦产生了需要后,人们就会设法去满足这个需要。只要当外界环境中存在着能满足个体需要的对象时,个体活动的动机才可能出现。换句话说就是,只有当愿望和需要激起人进行活动并维持这种活动时,需要才成为活动的动机。比如,一个腹中空空的行路人会产生吃食物的需要,如果此时发现了食品店,他想吃东西的需要就会转化为购买食品的动机。

如果人的需要是个体行为的源泉和实质,那么,人的各种行动就是这种源泉和实质的具体表现。动机和需要密切联系,离开需要的动机是不存在的。但是不是所有的需要都能转化为动机,需要转化为动机必须满足以下两个条件:

①需要必须有一定的强度。也就是说,某种需要必须成为个体的强烈愿望或者迫切要得到满足的目标。如果需要不迫切,则不足以使人去行动来满足这个需要。

②需要转化为动机还要有适当的客观条件,那就是诱因的刺激。诱因刺激既包括物质的刺激也包括社会性的刺激。有了客观的诱因才能促使人去追求它,得到它,来满足某种需要;相反,没有诱因就无法使需要转化为动机。比如,人处荒岛,很想与人交往,但荒岛缺乏交往的对象(诱因),所以,这种需要就无法转化为动机。

(2)诱因是动机形成的外部条件

诱因,即能满足个体需要的外部刺激物。想买衣服的人,看到商场陈列的服装,就有可能产生购买的动机。商场里的服装就是购买活动的诱因。例如,饥饿会导致有机体去寻找食物,但并不饥饿的人看见美味佳肴也会引起食欲,可能会出现再次进食。诱因使个体的需要指向具体的目标,从而引发个体的活动。所以,诱因是引起相应动机的外部条件。

诱因分为正诱因和负诱因。正诱因,即能使个体因趋近它而满足需要的刺激物。比如,儿童被同伴群体接纳,可以满足其归属与爱的需要。在这里,同伴群体的接纳作用就是一个正诱因。负诱因,即能使个体因回避它而满足需要的刺激物。比如,服务态度差对一个初次购买的消费者通常意味着自尊心的伤害,所以,他往往采取种种方式以防止类似情况的发生,以维护自己的自尊心。在这里,差的服务就成了负诱因。

思考与讨论

小琼是个爱美的女孩子,她的洗发水快用完了,所以,她来到超市准备买一瓶新的洗发水。正当她面对琳琅满目的洗发水耐心挑选的时候,突然一瓶外包装上印有美丽花纹的洗发水令她眼前一亮。她拿起这瓶洗发水仔细打量了一番,并禁不住赞道:"好漂亮啊!"然后她又看了看功效和价格,便不再挑选,拿着这瓶洗发水,走到收银台前付款,购买了这瓶洗发水。

[资料来源:张之峰,张学琴.消费心理学[M].北京:北京理工大学出版社,2010.]

问题:是什么原因最终导致了她做出如此的选择呢?

2. 动机的类型

(1)感情动机

购买需求是否能够得到满足,直接影响消费者对商品或营销者的态度,并伴随着消费者的情绪体验。这些不同的情绪体验在不同的消费者身上,会表现出不同的购买动机,情感动机具有稳定性。

感情动机可以分为求美动机（从美学角度选择商品）、嗜好动机（满足特殊爱好）、攀比动机（对地位的要求，争强好胜心理）等。

（2）理智动机

理智动机是消费者经过对各种需要、不同商品满足需要的效果和价格进行认真思考以后产生的动机，理智动机具有客观性、周密性、控制性。

理智动机可以分为求实动机（产品的实用价值）、求新动机（产品的新潮、奇异）、求名动机（看重产品的品牌）、求优动机（产品的质量、性能优良）、求廉动机（喜欢买廉价的商品）、求简动机（产品使用程序简单、产品购买过程简单）等。

（3）惠顾动机

惠顾动机是指消费者因感情和理智的经验对特定的商店（厂牌或商品）产生特殊的信任和偏好，新产生的重复地、习惯地进行购买的一种行为动机，惠顾动机具有经常性与习惯性。

三、消费者需要、动机和行为的关系

需要、动机、行为三者之间具有密切的联系。当人产生需要而未得到满足时，就会出现一种紧张不安的心理状态，在遇到能够满足需要的目标时，这种紧张的心理状态就会转化为动机，促动人们去从事某种活动，去实现目标。当目标得以实现，人的生理或心理获得满足后，紧张的心理状态就会随之消除。这时可能又会产生新的需要，引起新的动机，指向新的目标。这个过程是一个循环往复、连续不断的过程。可以说，需要是动机和行为的基础，人们产生某种需要后，当满足这种需要的某种特定目标出现时，需要就会引发动机，进而成为引起人们行为的直接原因。

理解动机与行为的关系需要注意以下几点：

1. 每个动机都可以引起行为

虽说消费者的每个动机都可以引起不同的消费行为，但是，在多种动机下，只有起主导作用的动机才会引起最终的消费行为。

2. 同一动机可以引起多种不同的行为

同一动机由于消费者个体的差异、外界环境的不同可能导致不同的消费行为。比如，同样是为了满足求美的心理动机，有的消费者会通过购买时髦的衣物、饰品来获得满足，而有的人通过整形美容来获得满足。

3. 同一行为可以出自不同的动机

表面上看，消费者的行为相同，但可能出自不同的购买动机。比如，在购房行为中，有的是为了满足自住的需要，出于基本的求实动机，而有的是为了投资升值或购买更高档次的房产来享受生活。

4. 一种行为可能因多种动机所推动

消费者的行为很复杂，在通常状况下，一种行为可能来自多种动机。例如，购买奢侈包的消费者在要求商品方便使用的同时，还要求商品美观，同时品牌要知名，甚至有的还要求商品价格足够高。

5. 合理的动机可能引起不合理的甚至错误的行为，错误的动机有时被外表积极的行为所掩盖

我们常说的"好心办错事"就是这个意思。有了正确的动机，不一定行为是正确的，反之亦然。在这个过程中受到消费者受教育程度、价值观、消费者个性、情境因素等影响。

四、消费者动机的功能

1. 激活的功能

动机能激发一个人产生某种行为，对行为起着始动作用，动机的激活作用能有效地引导消费者购买商品。比如，一个学生想要掌握计算机的操作技术，他就会在这个动机的驱动下，产生购买计算机的行为。

2. 指向的功能

动机不仅能唤起行为，而且能使行为具有稳固和完整的内容，使人趋向于一定的意向。动机可以理解为引导行为的指示器，它使个体行为具有明显的选择性。比如，一位消费者在购买家具时很注重环保，要保证家具更绿色健康，在选择家具时，他就更趋向于质量好、信誉高的品牌。

3. 维持和调整的功能

动机能使个体的行为维持在一定的时间，对行为起着续动作用。当活动指向于个体所追求的目标时，相应的动机便获得了强化，某种活动就会持续下去；相反，当活动背离个体所追求的目标时，它就会降低活动的积极性或使活动完全停止下来。在这里要强调的是，将活动的结果与个体原定的目标进行对照，是实现动机的维持和调整功能的重要条件。

模块三　消费者的态度

案例导入

为什么中国消费者开始抛弃三星，喜欢华为？

在 2016 年之前，三星在中国还是那个炙手可热的高端手机品牌，大屏、设计、拍照、品牌这四个方面在国内无人能敌，三星手机一度成为无数中国年轻人甚至是中年人的购机首选。但是在短短的两年时间内，三星手机在中国的地位日渐衰落，消费者眼中最高端的品牌只剩下苹果和华为。

为什么？因为三星做错了事，华为做对了事。

三星 Note 7 的电池安全事件只是一条引线，在三星手机过去几年没有太大创新和作为的时间里，国产手机的崛起速度远超洋品牌的想象，荣耀、一加、魅族、小米、OPPO、 vivo 这几个品牌都分割了属于自己的那块蛋糕,以不同的卖点和特色征服中国消费者,而三星的 S 系列和 Note 系列旗舰已经有足三年没有大变化了,更不用说中低端三星手机的性价比,简直连 OV 手机都打不过。

三星手机在中国市场捞了好几年的钱,也养成了一身傲气,对于国产品牌的反击有点措手不及,现在这个时候才学会着急找代言人搞线下促销玩性价比,已经晚了,消费者对三星品牌已经有了很大的印象转变。华为近年来的布局就非常精彩,广告营销和产品的气质深入人心,拍照强悍的 P 系列,还有保时捷设计的 Mate 系列定制版,同时满足了年轻人的新需求和中年精英阶层的面子需求。

再加上有自研处理器和通信技术方面的建树和积累,华为的这些成绩在中国消费者眼里加分不少,一个同时拥有国货口号和高端形象的手机品牌,自然会受到追捧,被打乱阵脚的三星暂时只能在小圈子里继续自嗨,发烧友可能会懂三星 Note 9 身上的种种不可取代的优势,但对于普通消费者来说这些都不重要了,现在很多人买手机真不一定都冲着配置和黑科技,而是会为了品牌和个人喜好埋单。

[资料来源:http://www.sohu.com/a/270558059_595663.(引文有删减和修改)]

案例解析

本案例中,中国消费者对三星手机品牌的态度,从喜爱到排斥转变的原因,归根到底是商品质量的问题。由于三星商品质量难以得到保障,所以,消费者失去了对三星手机的信心。现实的商业关系中,维系商品与市场黏合度的是利益。而利益的产生,首先靠的是技术与质量过硬的商品,其次才是营销的渠道与手段。当一个商品的质量不保,服务的诚意不足,由此产生的利益同样难保。

一、消费者态度的含义

1. 消费者态度的定义

消费者态度是指消费者评价消费对象优劣的心理倾向,导致消费者喜欢或讨厌、接近或远离特定的商品和服务。消费者对商品或品牌的态度会直接影响其购买决策,在使用商品或服务过程中所获得的经验又转过来直接影响消费者的态度,从而影响下一次的购买决策。

态度作为一种心理倾向,一般是以语言形式的意见或非语言形式的动作、行为表现出来的。所以,通过对意见、行动的了解和观察,可以推断人们对某一事物的态度。此外,通过消费者对某类商品或服务的意见、评价,以及积极、消极甚至拒绝的行为方式,也可以推断出其对该类商品或服务的态度。比如,当观察到消费者对某品牌液晶彩电出现踊跃购买的情况时,就可以推断出消费者对该品牌持有肯定或赞赏的态度。

消费者对商品的一些不正确、不全面或缺乏事实根据的态度,是态度中的一种特殊类型,即偏见。比如,广告对于商品的销售起着很大的促进作用,但是有的消费者却反对以广告的方式来推销商品,他们认为广告费用的支出会提高商品的价格,因此,对广告做得多的商品持不优先考虑的态度,这就是消费者的一种偏见。

2. 消费者态度的功能

（1）适应功能

适应功能又称实利或功利功能，它是指态度能使人更好地适应环境和趋利避害。人是社会性的动物，其他人和社会群体对人的生存、发展具有重要的作用。只有形成适当的态度，才能从某些重要的人物或群体那里获得赞同、认可、奖赏或与其打成一片。

（2）自我防御功能

自我防御功能指的是形成关于某些事物的态度，能够帮助个体回避或忘却那些严峻环境或难以正视的现实，从而保护个体的现有人格和保持心理健康。

（3）知识或认知功能

知识或认识功能指的是形成某种态度更有利于对事物的认识和理解。态度可以作为帮助人们理解世界的一种标准或参照物，有利于人们赋予变幻不定的外部世界以某些意义。

（4）价值表达功能

价值表达功能指的是态度能够向别人表达自己的核心价值观念。在20世纪70年代末80年代初，我国对外开放的大门刚刚打开的时候，一些年轻人以穿花格衬衣和喇叭裤为时尚，而很多中老年人对这种时装颇有微词，对于新鲜事物的态度反映了两代人在接受外来文化上的不同的价值观念。

思考与讨论

王先生的存款经历

王先生是某个银行的储户。一天，他看到该银行推出一款"多彩多息收益"的定期存款产品。该产品指出，客户如在该银行存入10万元以上（含10万元）开设定期存款户头，就可享受高达0.5%的额外利率优惠，此外还可参加抽奖，并获得珍贵礼品。当王先生准备把他在该银行里的钱取出换成这种定期存款产品时，却被工作人员告知这一产品的推出旨在吸纳"新"资金，而他的存款是"旧"资金，所以不能享受优惠，除非他另外存入10万元。

[资料来源：高博. 消费者行为分析与实务［M］. 北京：北京邮电大学出版社，2015.（引文有修改和删减）]

问题：

1. 试分析王先生对银行这一新举措的态度会是怎样的呢？
2. 你认为银行的这种做法是否妥当？为什么呢？

二、消费者态度的形成

1. 态度形成的影响因素

（1）需要的满足程度

在消费者态度的形成过程中，需要的满足程度直接影响其态度的形成，并直接关系到态度的情感和行为倾向的形成过程。也就是说，凡能满足需要或欲求的商品或服务，满足的程度越高，就越能引起消费者的积极的内心体验，进而产生喜好，形成肯定的态度；相反，阻碍消费者需要的满足或不能满足消费者的需要或欲望的商品和服务，会使消费者产生反感，形成否定、消极的态度。

（2）知识、经验的积累

认知因素是构成态度的基础，而消费者对商品或服务的知识、经验的积累是认知因素层面的重要内容，尤其是对商品或服务知识的了解和相关信息的知晓程度，对消费者态度的形成具有重要的影响。

（3）家庭因素的影响

消费者态度的形成与家庭影响密切相关。家庭成员之间的相互交流与交往以及对下一代有意识的教育与影响，都会直接影响消费者的价值观与行为规范。父母的信念、言行对子女起到潜移默化的影响，使子女在生活习惯、思想意识、行为倾向上都加以模仿和效仿。社会地位、教育程度、职业特点、经济实力、生活水平等因素也会影响消费者的评价标准和消费态度。比如，父母生活节俭、讲究实惠，子女通常也会形成勤俭节约的消费观念和消费习惯。再如，在一个有读书氛围的家庭，其成员对书籍及相关用品都会保持积极、肯定的态度。

（4）社会其他因素的影响

社会其他因素有文化传统、社会群体、民族习惯、宗教文化等，它们对于消费者态度的形成具有深刻的影响。比如，消费者所在的社会群体或团体对消费者态度的形成具有某种制约，主要表现在向消费者传递有关商品的各种信息资料及相关知识，向消费者提供有关商品的参照评价及群体的态度。再如，不同民族、宗教背景的消费者对待商品或劳务的态度，表现出比较鲜明的民族与宗教的情感色彩，包括某些特殊的偏好和禁忌。

2. 态度形成的主要方式

（1）简单重复

很多研究表明，即便呈现给消费者的对象没有任何特殊的价值，但是只要重复便可使消费者形成积极的态度。在现实生活中我们也会发现，熟悉的事物容易令人接受，我们对熟悉的事物评价往往比生疏的事物评价要高，即熟悉强化态度。因此，为了发展购买者对特定商品或服务的积极态度，许多商品经营者不惜重金，每天在黄金时间段多次重复其广告。

（2）在观察中学习

购买者可以通过观察其他人的行为形成一种新的态度。具体地说，通过观察父母、朋友、邻居或者通过看广告中的人物来形成和发展态度。这种态度的习得方式实质上是建立在模仿、顺从和暗示的基础之上的。广告设计者的目的就是要在广告中创造一种情境，让购买者的态度能够受到广告中人物的影响，从而不自觉地去模仿以至于达到"自我卷入"的目的。

（3）信息加工方式

信息加工方式是把态度的形成看作是认知学习的结果。购买者在众多的商品面前通过

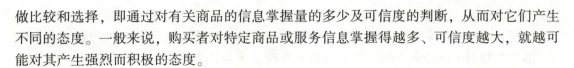

做比较和选择，即通过对有关商品的信息掌握量的多少及可信度的判断，从而对它们产生不同的态度。一般来说，购买者对特定商品或服务信息掌握得越多、可信度越大，就越可能对其产生强烈而积极的态度。

三、消费者态度的改变

人们对某一事物总是会有一定态度的，如肯定或否定、积极或消极、好或坏等。但是人们对某一事物的态度又是可以改变的。所谓态度的改变，既包括由肯定向否定或由否定向肯定的转变（性质上的改变），此外，也包括两者之间程度上的转变（量的变化）。实际生活中，人们对事物的态度在一定条件下是可以发生改变的。

在市场营销活动中，经营者的目的之一就是通过有效的营销策略，引导和促使购买者对自己的商品或服务产生积极的态度，或是使他们的态度由消极变成积极，由一般积极变为特别积极。要达到这一目标需要掌握以下几种相关的理论：

1. 态度改变理论

（1）协调理论

人们对现实中的人或事物通常会持有不同的态度。但如果把这两种持有不同态度的对象（如人和事物）结合在一起，那么，协调理论认为，对这二者的态度就都会产生变化，即对原来积极的对象一方其积极的态度将会下降，而对原来消极的对象一方其态度则会向积极方向转变，即会出现一种综合的效果。如果一位你喜欢的明星穿着一件你讨厌的服装出场，这种情境会引起一种综合效果：你对这位明星的喜欢程度将会下降，而对你原来讨厌的那套服装将会变得不那么讨厌。从协调理论出发，一些经营人员常常利用名人的声誉去推销商品或服务，即通过大家对名人的积极态度进而转变成对某种商品或服务的积极态度，起到"爱屋及乌"的效果。

（2）平衡理论

平衡理论认为，在消费过程中人们在感知自身或外界环境时是处于三角关系之中的。这种三角关系由三个元素构成，即自我、他人和某商品。它们之间可能是肯定关系，也可能是否定关系。当这三者处于肯定的三角关系之中时，处于平衡状态；而处于否定的三角关系时，则意味着不平衡。

总之，平衡理论认为，只有三角关系保持平衡状态，购买者才能对商品有一个比较稳定的态度。在市场营销活动中，依据平衡理论的观点，经营者如果希望消费者对某商品保持稳定不变的积极态度，此时，就应尽力促使他们所处的三角关系处于平衡状态；若希望他们改变对某一商品的消极态度，则应尽力促使其所在的三角关系处于不平衡状态，即促使消费者对该商品的态度由消极转变为积极，进而发生购买行为。

（3）认知失谐理论

现在感知到的信息与原来所了解的知识不一致的情况叫作认知失谐。人们对于一个对象形成新的态度时总是想使其与原有的态度和价值观相一致。如果购买者感知到某种商品的新信息与对它原有的了解、信念或态度不一致时，那么就会体验认知失谐，因而引起态度的变化。比如，过去不少消费者认为粗粮不好吃，不利于消化，对胃不好，不利于人体健康。但近些年来许多研究表明，粗粮中含有粗纤维和许多对人体有益的微量元素，所以，食用粗粮对人体是有益的。许多消费者在接受了与原来掌握的信息完全不同的知识后，改变了对粗粮的消极态度，转而变得也经常食用一些粗粮了。

在这里，凡是新掌握的知识与原来掌握的知识相符合或相一致的认知因子（即信息），被称为和谐因子；凡是二者不符合或不一致的认知因子（即信息）被称为失谐因子。通常说来，失谐因子越多，失谐程度就越大，强大的压力迫使购物者不得不改变态度。往往失谐程度的大小是由以下三个因素决定的：第一是失谐因子与和谐因子的比例，第二是认知因子的重要程度，第三是认知因子的重叠性。

根据认知失谐理论可知，要想使中间商或消费者能够按照经营者的预期改变态度，使之转向于新的商品或服务，在促销时就应该提示人们新商品的性能与原有商品有哪些明显的不同，使消费者产生更大的失谐而改变原有的态度。要使这一策略获得成功，就需要有特别说服力的信息，否则，难以产生失谐的效果。

2. 影响消费者态度改变的因素

影响消费者态度改变的因素很多，这些因素大致可归为内在因素和外在因素两类。内在因素具体包括态度本身的特性、消费者自身的因素等。一般而言，态度的强度、态度的价值性等都对消费者态度的改变产生影响。消费者的需要、性格特征、智力水平以及知识、经验的积累和所处的社会地位等的不同，也会对态度的改变产生影响。外在因素，即影响消费者态度的社会环境因素。比如，信息的作用，社会群体、消费者之间态度的影响等。这里，重点讨论商业宣传对消费者态度的影响。

商业宣传是企业有意识地影响和控制消费者心理，进而影响和控制市场的一种活动。由于消费者的态度直接影响消费行为，并在购买中占有主导地位，所以商业宣传的过程实质上是对消费者施以心理影响的过程，也是影响和改变消费者态度的过程。

（1）商业宣传的意义

商业宣传不仅可以向消费者提供大量的商品信息、情报，使人们对各类商品有所认知和了解，提高商品的知名度，同时还可以创造消费需求，引发消费兴趣，激发消费欲望，强化消费者的购买动机，降低消费风险知觉，增强和稳定消费信息，提高商品的美誉度和信任度，促使消费者乐于消费、积极消费、实现购买行为。消费者态度的形成是建立在有关知识和信息基础上的，要影响和改变消费者原有的态度，就必须通过商业宣传提供新的信息和知识。例如，商品展销、广告宣传、营销人员现场推销等都是提供新信息和知识的重要途径，其中利用广告进行宣传是更为有效的形式。在市场经济日益发展和成熟的今天，越来越多的企业开始重视广告宣传的重大作用及其在形成和改变人们态度过程中的影响。

（2）商业宣传的要求

商业宣传不可随心所欲，要有的放矢，针对一定的目标市场。不论对象、不视时空条件的商业宣传是不会有好的效果的，即使是适应不同性别、不同年龄、不同层次的消费者需要的商品也会让消费者感到不可信。所以，商业宣传应与消费者采取平等的地位和态度，绝不能居高临下、空洞说教，只有与消费者的心理同步，才能引起消费者的心理共鸣，使其宣传产生积极而良好的效果。

（3）商业宣传的心理效应

商业宣传要达到预期效果，应当注意以下宣传心理技巧的运用：

①威望效应。

威望效应，即利用权威、名人的影响来进行宣传。实践证明，宣传者的威望越高，对消费者的影响越大，从而宣传的效果越好。宣传者的威望通常由以下两个因素构成：

a. 宣传者及宣传内容的可信度。宣传者的可信度通常与其人格因素、仪表风度、宣传时的态度密切相关。

b. 宣传者的专业性。通常来说，宣传者的专业水平越高、社会地位越高、职业资格越老，其宣传效果越好。比如，在媒体上常请有关专家、学者宣传某些信息或消息，其目的就是增强信息的可信度和影响力。

②光环效应。

光环效应，即宣传者在消费者心目中取得了威望，便会被一种积极而肯定的光环所笼罩，从而使其所宣传的商品和信息也具有权威性从而被认可。光环效应是由威望效应引起的。光环效应的另一种情况表现在，消费者若对商品的某种性能和特征有特殊的偏好，则对这一性能和特征的知觉清晰、明显，而忽视或掩盖了对商品的其他性能和特征的认知，这种被突出的性能特征便会起到一种晕轮的作用。所以，光环效应又称晕轮效应。比如，某种商品被命名为"名优"，则该商品便会被光环所笼罩，并赋予其一切好的品质与性能。

③同体效应。

同体效应，即宣传者如果与消费者地位相近、观念相似，消费者就会把宣传者视为"自己人"，由于相似性会使消费者产生一种"同体"的心理倾向，故这种状态下宣传的影响力会更大。比如，一个身处异乡的游子对故乡的商品或民族的品牌广告宣传往往有一种亲近感，极易受宣传影响。再如，某些营销人员到外地推销商品，常常会发表赞扬当地建设和优良传统的讲话，并与对方共同进餐，游览风光，了解民俗等，其目的就是产生"自己人"效应，从而有利于营销并使洽谈成功。

思考与讨论

为什么现在越来越多的企业选择的广告代言人是普通消费者中的一员？这种方式能有效地改变消费者的态度吗？

④首因效应。

首因效应，即宣传者在阐述各种观点或说明各种商品信息时，一般先阐述的观点或信息比后阐述的观点或信息具有较大的影响力，也就是通常所说的"先入为主"的心理规律。所以，商业宣传要注重抢先、优先的原则，尤其是同类商品的宣传，更应该以最早、最快的宣传方式去填补消费者的心里空白。

⑤现场效应。

现场效应，即商业宣传将现实的环境呈现在消费者面前，根据眼见为实的心理活动规律，会收到意想不到的效果。比如，贵州鸭溪酒曾在保加利亚普罗普迪夫市举办的国际博览会上,采取拆开酒瓶让消费者品尝,并倒出一大碗放在冷风机下,让美酒芳香弥漫整个展览会大厅的做法,起到了很好的宣传效果,最终力挫群芳,夺得金牌。

思考与讨论

结合自己的消费经历,思考以下问题:什么是情境体验?这种营销方式有什么好处呢?

⑥逆反效应。

逆反效应,即宣传的实际效果与宣传者期望获得的效果相反,造成这种情况的原因主要有两种:一种是宣传者不实事求是或不平等待人,或把相反的信息传给消费者,从而引起消费者的反感和困惑;另一种是被宣传的对象是持极端心理定式的人,他们往往倾向于同宣传者的观点持对立的评价。

由于逆反心理具有诱导性,所以,如果在营销中能够巧妙利用,那么,可以取得出乎意料的效果。比如,意大利有个商人利用这一思维创造"限客进店"的经营方式,取得了很大的成功。其专营七岁儿童专用品的商店规定:进店顾客必须是七岁儿童,成年人若要进店,必须由七岁儿童领入。之后,他又在全国各地增设了许多"限客进店"的商店,如新婚夫妇商店,规定非新婚夫妇不准进店;老年人商店,规定中青年顾客不准进店;孕妇商店,规定非孕妇不准进店;"左撇子"商店,规定用右手者不准进店等。

利用消费者的逆反心理进行营销,营销人员要做到:首先,了解和掌握消费者逆反心理的特点及其活动规律,根据消费者各种不同的逆反心理行为采取与之相应的心理策略。其次,对处于萌芽阶段的消费者的逆反心理,及时采取引导和调节措施,力求扭转其不利影响。最后,有意设置刺激诱因,激发消费者的好奇心,促成预期的逆反心理。

思考题

1. 什么是需要?什么是消费需要?消费需要有哪些特征?
2. 举例说明唤醒消费需要的方法。
3. 什么是动机?什么是消费者购买动机?购买动机的特点有哪些?
4. 简述消费者需要、动机和行为的关系。
5. 简述消费者态度的定义和功能。
6. 简述消费者态度形成的几种方式。

案例分析

顾客是怎样流失的?

一位妈妈在报纸上看到"××教授表示初生婴儿不宜喂食蜂蜜"的报道,联想起她天天给宝宝吃的某品牌的米粉恰好是含有蜂蜜的,于是她非常担心地打电话到该公司咨询。客服人员带着"你真没知识,连这都不懂"的态度答复她,似乎认为她所问的问题非常愚蠢。客服不但指责××教授信口胡说,最后还用相当自满的口气说:"我们的东西一定没问题。"这位年轻妈妈不仅大失所望（没有解开她的疑惑），而且还受了一肚子气（对方的态度与口气很不友善），使她对该品牌信心大失，不但立即更换了此品牌的米粉，还逢人就数落该品牌的不好。

某啤酒厂发生了一起啤酒瓶爆炸事件，事后好几位消费者和经销商打电话到该厂询问真相，却发现电话分别由不同的人接听，回答的答案也莫衷一是，令人无所适从，未能有效解除消费者心中的疑虑与不安。对方只是站在厂商的立场上，辩称所有商品都经过了严格的生产程序（非事实性陈述）、消费者协会的处置有失公允（与消费者信服的团体对抗），以及同业者恶意中伤（与消费者自身并不相关）。这些消费者和经销商在得不到满意的答复后纷纷更换品牌，一来求心安，二来表达对该啤酒厂的不满。

[资料来源：https：//wenda.so.com/q/1543583700218614．（引文有修改和删减）]

问题：

1. 结合本项目所学知识，分析说明两个案例中企业失去顾客的原因。
2. 试分析上述情况应如何妥善处理。

实训设计

唤醒消费者需要

1. 实训目的

运用所学习的消费者需要的理论和知识，根据资料背景情况，制定适宜的营销策略。

2. 实训内容

①根据给出的背景资料和学习的理论知识，以小组为单位展开讨论，各抒己见，要求每位同学都要积极发言。

②资料整理汇总。将小组讨论的结果整理汇总，形成书面的设计方案。

③成果展示和评价。

3. 实训要求

①分组。每组4~6名同学。

②讨论。小组讨论分析消费需要的成因、消费需要特征分析、影响因素和消费需要唤醒对策。

③整理。将小组讨论结果进行整理，形成书面的方案设计。使用Word电子文档，标题：唤醒消费者需要方案设计（三号黑体字）；正文：具体的方案（四号宋体字，1.5倍行间距）；落款：第几小组，日期。也可以自行设计PPT用于展示。

④展示。每小组派1名成员，汇报小组讨论结果，方案设计的大体意见，如果有不足之处其他小组成员可以进一步补充说明。

⑤评价。组间互评＋教师点评。

背景资料

受阻的节日营销计划

2019年春节的大年初一刚好和西方的情人节是同一天。作为国内化妆品行业的新生力量,朗润化妆品公司认为这是树立自身品牌形象、拓宽市场渠道、赢得客户认可的大好时机。因此,该公司准备充分利用这次机会进行一次节日营销。

朗润化妆品公司是一家专业从事化妆品生产销售的国内企业。公司目前的经营项目主要涉及男士化妆品领域,目标消费人群主要是国内中青年男性。经过前期的市场调查显示,最近20年来全球男士化妆品销售一直稳步上升;而在中国,尽管化妆品销售总额年增长速度在9%以上,但男士化妆品市场还基本是一片空白。中国拥有近亿的成熟男性消费者,但即使是在经济最发达的北京、上海等城市,男士化妆品销售额也只占整个化妆品市场的10%,如果推至全国,估计不会超过2%,看来国内男士化妆品市场潜力巨大。另一方面,由于缺乏针对中国男性需求特点的专业性研发和营销手段,国内市场上并没有一个强势男士品牌占据主导地位;部分名头较响的品牌也只是依附于女性品牌之中,不成体系。因此,作为专业从事男士化妆品生产销售的企业,公司面临难得的发展机遇。

眼看2018年年末将至,公司的市场策划部却仍未拿出合适的营销计划。经过深入调查了解,总经理李力发现:目前,国内男性对自身外在形象的要求不断提高,因此,有美容护肤意识的人越来越多,这些人的年龄基本上在20~40岁之间,有相当的支付能力,而且现在的国内男性更愿意亲自前往选择购买。但是,大多数男性对美容护肤品没有概念;对自身肤质了解也不足,处于一种"美容盲"的封闭状态。也就是说,男性消费者对于化妆品不是没有需要,而是消费需要并不明显,甚至是相当一部分消费者还意识不到自己对化妆品的需要点在哪儿;加之男性是典型的理性消费者,对其不熟悉的产品轻易不会做出购买决策。因此,难以生成现实需要的消费群体。以至于策划部对于营销策略未来的实施效果感到担忧。此外,策划部至今仍未找出唤醒目标人群消费需求的合适对策。

李力当即决定,市场策划部立即组织召开工作研讨会议。会议只有一个议题:如何唤醒目标人群的消费需求。该部门员工全部参加,都要拿出自己的看法和建议,并且要拿出相应的解决方案,呈交上来。

作为公司市场策划部的一名主要工作人员,请你根据公司基本状况和相关调查结果,在此次会议上提出自己的看法和建议,并制作一份唤醒消费者需要的解决方案呈交上来。

[资料来源:张之峰,张学琴.消费心理学[M].北京:北京理工大学出版社,2010.]

道德观察

达芬奇事件

达芬奇家具是国内家具品牌之一,1994年在新加坡开设了首家零售店,现在中国已经有7家连锁店。2011年7月10日,达芬奇家具被指造假,达芬奇家具方面通过微博宣布,将召开新闻发布会介绍其在国内的运营以及销售情况。2011年12月,随着该公司拒付上海工商局133万元罚单,并否认造假,达芬奇再度陷入舆论的旋涡。

事发:天价家具散发刺鼻异味

北京的唐女士花了280多万元从达芬奇专卖店购买了40多件家具,其中一套沙发就价值30多万元。唐女士很快发现,天价家具竟然散发出强烈的刺鼻气味。唐女士称,她之所以花这么多钱购买达芬奇家具,是因为当时销售人员承诺,他们出售的家具是意大利的"国际超级品牌",而且使用的材料是没有污染的"天然的高品质原料"。北京达芬奇家具公司还给唐女士提供了一份家具进口手续。

不久前，唐女士将从达芬奇公司购买的床和电视柜送到国家家具及室内环境质量监督检验中心检测，结果电视柜使用的材料是密度板，并非实木，被判定为不合格产品。

据达芬奇公司官方网站介绍，达芬奇家居股份有限公司2000年在上海成立，现已成为亚洲规模最大的家具代理公司，代理销售的家具有"卡布丽缇"等一百多个"国际超级品牌"。

调查：意大利贵族竟为东莞血统

记者随后前往北京达芬奇家具专卖店展开调查，在专卖店二楼，记者找到唐女士购买的卡布丽缇家具。北京达芬奇专卖店店长赵颖一再向记者保证，他们这里销售的卡布丽缇家具100%都是意大利生产的，家具上漂亮的雕花使用的原料是一种叫白杨荆棘根的名贵木材，只有意大利的一个偏僻小镇才有。按照销售人员提供的地址，央视驻欧洲记者在意大利的坎图镇找到卡布丽缇公司，公司负责人说，和达芬奇公司确有合作关系，但是雕花并不是实木雕刻，而是由一种特殊的树脂材料做成的。

按照业内人士提供的线索，记者最终在东莞长丰家具有限公司找到"密码"。长丰家具公司总经理彭杰介绍，达芬奇公司销售的卡布丽缇家具都是他们公司生产的，并出示了达芬奇公司付款的电子回单。他表示，在达芬奇专卖店卖到三十多万元的双人床，在他们这里只需要三万元左右。

揭秘：树脂材料冒充名贵木材

记者在长丰公司的生产车间闻到一股化学物质混合的刺鼻味道。彭杰介绍，为达芬奇公司生产的家具所使用的原料根本不是意大利名贵木材，而是高分子的树脂材料、大芯板和密度板；雕花也不是用手工雕刻，而是采用模具成型。长丰公司还出示了达芬奇公司发给他们公司的电子邮件。邮件中，达芬奇公司的负责人明确要求长丰公司在生产家具时，"能不用实木的地方就不用实木"，"可以不用手工雕刻"，"可以采用倒模的方式"。彭杰说，他们从2006年开始为达芬奇公司生产家具，品牌分别有"卡布丽缇""好莱坞""瑞瓦"，现在和达芬奇公司的年交易额大概在5 000万元。

身世：达芬奇实为"出口转内销"

总部在上海，广东再加工，从深圳出港运到意大利转一圈，然后在上海入港。这就是达芬奇天价家具神秘的旅程。调查发现，达芬奇公司为了掩盖从长丰公司购进家具的事实，专门设计了一整套流程，对双方的交易过程严格保密，双方还专门设定了专用电话、传真，同时指派专人进行沟通和联络。彭杰称，他们生产的家具在交付给达芬奇公司之后，达芬奇公司将这些家具从深圳口岸出港，运往意大利，再从意大利运回上海，从上海报关进港回到国内，这样一来，这些家具就有了全套的进口手续，成为达芬奇公司所说的100%意大利原装、"国际超级品牌"家具了。

现场：销售人员仍"忽悠"

在央视曝光3小时后，昨日下午4点多，记者来到位于建国门外的北京友谊商店，达芬奇家具在该商店西侧一层至五层均有展品。记者看到，现场一切平静，销售人员照常推销，也没有发现要求退货的消费者。

在友谊商店一层，分布着"阿玛尼""范思哲""芬迪"等大牌，二层主要以时尚简约的家具为主；三层的欧式家具透着富丽堂皇的奢华气息。记者逗留的一小时内，仅看到五六位顾客。在一层，"从米兰到北京"的牌子赫然可见，不少家具的价签上都标着上下两个价格。销售人员告诉记者，达芬奇家具7月1日至10日在国贸做"秋冬"季展销，展销期间家具打折销售，价签下面的价格就是5.6折和6.8折之后的数字。

从几千元的烛台到几十万元的沙发，这些天价家具打折后仍然价格不菲。销售人员显然还不知道已被曝光，她向记者介绍，"下订单后最早也要4个月后才能拿到货，因为这些家具在意大利制作就要四周，还要加上运输、报关的时间。"至于家具的质量，销售人员表示，欧洲人很注重品质，家具全都原产自意大利，有些品牌已经有200年的历史，质量完全不用担心。销售人员还表示，达芬奇家具的消费人群不乏大牌明星，"明星常常请设计师来店里，为他们挑选家具"。

上海工商调查达芬奇家具

2011年7月10日，上海工商部门出动近70人，对达芬奇位于上海的母公司、两家分公司、三个展示厅以及两个仓库进行了紧急检查，对涉嫌侵犯消费者权益的产品进行调查取证。执法人员在位于上海市青浦的仓库内查获了部分涉嫌伪造产地的家具产品，并对相关家具产品进行登记保存并取样送检。调查显示，达芬奇家具旗下部分家具是从广东东莞加工贴牌生产的，质量并不过关，产品涉嫌伪造产地。

［资料来源：https：//gz.zhuangku.com/gonggao/11024.html.］

问题：

1. 达芬奇家具以次充好，冒充进口家居产品的行为是否可取？
2. 消费者对达芬奇家具的态度是如何转变的？
3. 消费者如何树立正确的消费观念？

项目五

掌握消费者购买决策过程

🌸 **知识目标**

- 了解消费者购买决策的概念和内容。
- 理解消费者购买决策的特征和典型模式。
- 掌握消费者购买决策的类型和过程。
- 了解知觉风险的概念和类型。

🌸 **能力目标**

- 能够运用消费者购买决策的过程,协助消费者做出购买决策,开展相应的营销活动。
- 能用知觉风险的知识影响消费者的行为。
- 初步具备通过降低消费者知觉风险促使消费者产生购买行为的营销技能。

🌸 **道德目标**

- 能够运用所学习的知觉风险的理论知识,分析现实中实际的问题。
- 具有明辨是非的能力。
- 能够通过分析事件,得到正确的结论,指导自己的言行。

模块一　购买决策概念

案例导入

手机购买过程

王梅用的诺基亚手机是2009年买的,尽管颜色土了些,款式也过时了些,但王梅一直都没有觉得它有什么不好。可是,最近发生的一件事情却使她下定决心要买一部新手机。

那天晚上，王梅到张兵家串门，看到张兵正在用他的苹果手机对着他那可爱的一岁多的儿子。"怎么，用手机逗儿子玩呢？"王梅随便问了句。"不是的，"张兵说，"我在给儿子录像。""录像？"王梅有点不相信。张兵把刚录好的几个片段放给王梅看。"啊，真的哟。"王梅吃惊地说道。"老土了吧？"张兵看王梅吃惊的样子，调侃了她一下，一边还给王梅看他拍的一些照片与视频。直到这时，王梅才知道自己真的落伍了。"我儿子过去的很多生活趣事若能用手机即时记录下来，我不就可以好好保存这些珍贵的瞬间并经常拿来欣赏了吗？"王梅不无遗憾地想。

第二天一早，王梅来到了卖手机的商场。知名的和不知名的品牌，听说过的和没听说过的手机型号，装修豪华的和装修简单的各式柜台，王梅一边走，一边看，一边想着选哪个柜台、哪个品牌比较好。她知道的手机牌子有诺基亚、苹果、小米、三星、HTC、索爱等，张兵用的是苹果的，王梅弟弟原来用的是三星，现在用的是HTC。最后，王梅到了苹果手机专柜，发现有与张兵现在用的一样的手机，王梅也挺喜欢这一款的，她想张兵也在用，说明这一款是不错的。为保险起见，王梅最后还是买了苹果手机。

[资料来源：高博. 消费者行为分析与实务 [M]. 北京：北京邮电大学出版社，2015.（引文有修改和删减）]

案例解析

王梅要购买一部手机的决定是受到外部因素的刺激引起的，是受她的朋友张兵的影响。虽然王梅用的手机已经几年了，"颜色土了些，款式也过时了些，但王梅一直都没有觉得它有什么不好"。有一天她到张兵家串门，看到张兵用手机给儿子录像，很让王梅吃惊，随即感到自己极其落伍，并联想到自己未能用手机给儿子录像留念，感到深深遗憾。为了弥补自己的心理缺憾，王梅产生了购买一部新手机的动机，并决定付诸实际。

王梅购买手机的过程可以分为问题认知、信息搜集、评价方案、购买决策几个环节。在问题认知环节，王梅产生了购买手机的意向。在信息搜集环节，"第二天一早，王梅来到了卖手机的商场。知名的和不知名的品牌，听说过的和没听说过的手机型号，装修豪华的和装修简单的各式柜台，王梅一边走，一边看，一边想着选哪个柜台、哪个品牌比较好"，但是这些手机品牌并未引起王梅的同等注意，王梅注意的品牌仍是周围亲朋好友使用的。在评价方案环节，王梅并未做理性详细的分析，仅凭感觉和经验就完成了。在购买决策环节，王梅买到了期望的手机。

一、购买决策的含义

广义的消费者购买决策，即消费者为了满足某种需求，在一定的购买动机的支配下，在可供选择的两个或者两个以上的购买方案中，经过分析、评价、选择并且实施最佳的购买方案，以及购后进行评价的活动过程。狭义的消费者购买决策，即消费者谨慎地评价某一商品、品牌或服务的属性并进行选择、购买能满足某一特定需要的商品的过程。

二、购买决策的内容

消费者购买决策所包括的内容很多，概括起来，主要包括以下六个方面的问题：

1. 为什么买，也就是权衡购买动机

消费者购买商品的动机和原因是多种多样的，在诸多的甚至彼此间存在矛盾的购买动机中，消费者首先要进行权衡，做出选择。例如，某一消费就需要对购买两种不同品牌的各种动机进行权衡比较选择，然后决定购买。即使消费者购买同一种商品，也存在动机权衡的问题。

2. 买什么，也就是确定购买对象

这是购买决策的核心和首要问题。消费者的购买决策，要受到商品自身特性，如商品的型号、包装、品牌、款式、颜色等因素的影响，还受市场行情、价格及售前、售后服务等因素的影响。

3. 买多少，也就是确定购买数量

购买数量一般取决于实际需要、支付能力及市场的供应情况及消费者的心理因素等。

4. 在哪里买，也就是确定购买地点

消费者对购买地点的选择，取决于购物场所的环境品位、交通便利程度、商家信誉、可挑选的品种数量、价格水平及服务态度等因素。该类决策不仅与消费者的惠顾动机有关，同时也与求名、求速、求廉等动机有关。

5. 何时买，也就是确定购买时间

购买时间的选择，取决于消费者对某种商品需要的迫切性、交通情况、存货情况、营业时间和消费者自己可控制的空闲时间等因素。其中，消费者对某种商品需要的迫切性是决定购买时间的决定性因素。

6. 如何买，也就是确定购买方式

这是消费者取得商品的途径。购买方式包括直接到商店选购、预购、邮购、代购、分期付款等。选择哪种购买方式，取决于购买目的、购买时间、购买对象、购买地点等因素。随着超市、便利店、大型购物中心、仓储式销售，以及电视购物、电话订购、直销、网络购物等新型销售方式的不断涌现，现在消费者的购买方式也更加多样化。

 三、购买决策的特点

由于影响消费者购买行为的因素很多，而且行为本身又常常是复杂多变的，所以，我们只能以抽象的方式来分析其一般特点，具体包括以下几个方面：

1. 消费的购买行为和其心理现象相互联系

消费者的购买行为是消费者心理的外在表现，消费者心理是消费者购买行为的内在制约因素和动力。消费者的心理活动过程和个性心理特征是消费者心理现象的两个方面，它们制约着消费者的一切经济活动，通过消费者的购买行为具体体现出来。

2. 消费者个人的购买行为受到社会群体消费的制约与影响

人不仅是自然人、经济人、有思想的人，而且也是社会人，是某种社会群体如一个家庭、一个社会阶层、一个民族或种族等不同集体的成员。作为某种社会群体成员的消费者，其消费行为受到所处的自然环境和社会环境的共同影响。

3. 消费者的购买行为具有明确的目的性和很强的自主性

消费的目的是为了满足消费者的需要，消费者的购买行为直接目的就是为了实现消费者的消费动机，所以，消费者的购买行为目的是非常明确的。比如，人们到商店购买食品的目的一般不外乎以下几个原因：一是由于自身饥饿；二是出于对一种新口味食品的好奇；三是出于证实他人的说法与广告宣传的内容等。消费者购买行为的自主性是用来区别消费者购买行为与其他行为的重要标志之一。

4. 消费者的购买行为具有很强的关联性

消费者的购买行为关联性有以下两种表现形式：

①当消费者实现一种消费动机或满足一种消费需要的时候，他可能会为了得到更加满意的消费效果，而对另一些相关的商品产生了消费需要和消费动机。比如，人们购买完西服这种商品以后，一般都需要搭配相应的领带、衬衫及合适的皮鞋等商品，这是消费行为关联性的表现形式之一。

②当消费者满足了一种消费需要或实现了一种消费动机的时候，还可能会产生新的消费需要，并因此激发新的消费动机。比如，消费者在购买西服及配套商品后，发现穿上西服后人的整个精神状态发生了变化，希望自己内在的气质也能有所改变，于是增加了对知识的渴望，从而激发了受教育的需要，产生购买书籍的动机，这是消费行为关联性的又一种表现形式。

5. 消费者的购买行为具有发展变化性

消费者的购买行为是人类社会行为的一个组成部分，消费者的购买行为不是一成不变的，它会随着社会各种条件的发展而不断地变化发展。从消费者自身的角度来说，消费者本人的生理、心理的变化，如年龄的增加、消费习惯的改变、某一时间内情绪与情感的变化，或者个人生活中的重大改变等，都会对消费者的购买行为产生影响。从消费者所处的社会环境来看，社会的风俗习惯会因时间的推移而改变原来的面貌，社会消费的时尚、潮流等也会不断地更新，消费者所处的世界的物质文明也会不断提高，所有这些都有可能改变消费者的购买行为。消费者的购买行为会随着消费者自身及社会环境的发展而不断地变化。

四、购买决策的经典模式

消费者的行为是人类最为普遍也是最为重要的活动之一。为了更好地解释这种行为的规律性，许多学者尝试建立一种描述这种行为的标准模式。一些西方学者在深入研究的基础上，揭示了消费者购买行为中的某些共性或规律性，并以模式的方式加以总结描述。其中刺激－反应模式、尼克西亚模式、恩格尔模式最为著名。

1. 刺激－反应模式

消费者购买决策的一般模式即"刺激—个体的心理过程—反应"（S－O－R）模式。该模式表明消费者的购买决策是由刺激所引起的。消费者在内外各种因素的刺激下，产生动机，在动机的驱使下，做出购买商品的决策，实施购买行为，购后还会对购买的商品及其相关渠道和企业做出评价，这样就完成了一次完整的购买决策过程，如图5-1所示。

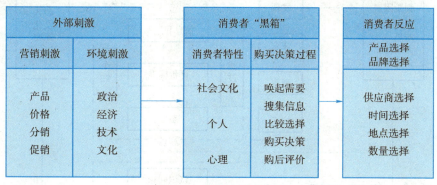

图 5-1 刺激-反应模式

2. 尼科西亚模式

尼科西亚1966年在《消费者决策程序》一书中提出这一模式。该模式由四大部分组成：从信息源到消费者态度；消费者对商品进行调查和评价，并且形成购买动机的输入；消费者采取有效的决策行为；消费者购买行动的结果被大脑记忆、储存起来，供消费者以后参考或反馈给企业。尼科西亚模式如图5-2所示。

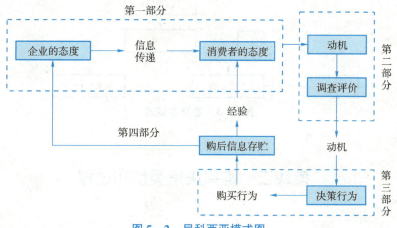

图 5-2 尼科西亚模式图

3. 恩格尔模式

恩格尔模式即 EBK 模式，是由恩格尔、科特拉和克莱布威尔在1968年提出的。整个模式分为四部分：中枢控制系统，即消费者的心理活动过程；信息加工；决策过程；环境。外界信息在相关因素作用下，输入中枢控制系统，对个人经验、评价标准、态度、个性等进行过滤加工，构成信息处理程序，并进行评估选择，产生决策方案及购买过程，通过消费体验，得出满意与否的结论。此结论通过反馈又进入中枢控制系统，形成信息与经验，影响未来的购买行为。恩格尔模式如图5-3所示。

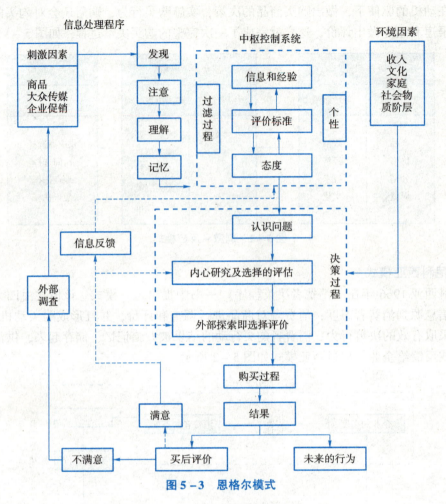

图 5-3 恩格尔模式

模块二 购买决策类型和过程

白领选车

小王是上海的一位普通的白领,35岁,月收入万元。以下真实地记录了她在购车决策过程中如何受到各种信息的影响。

小王是在上司的鼓动下上驾校学车的。在驾校学车时,未来将购买什么样的车不知不觉成为几位学车者的共同话题。

"我拿到驾照,就去买一部1.4自排的波罗。"一位MBA同学对波罗情有独钟。虽然小王也蛮喜欢这一款小车的外形,但有一次4个女生(在读MBA同学)上完课,一起坐辆小波罗出去吃中午饭，回校时车从徐家汇汇金广场的地下车库开出，上坡时不得不关闭了空调才爬上高高的坡。想起爬个坡便要关上空调实实在在地阻碍了小王对波罗的热情，虽然有不少人认为波罗是女性的首选车型。

不久，一位与小王差不多年龄的女邻居，在小区门口新开的一家海南马自达专卖店里买了一辆福美来，便自然地向小王做了"详细介绍"。小王很快去了家门口的专卖店，她被展厅里的车所吸引，销售员热情有加，特别是有这么一句话深深地打动了她："福美来各个方面都很周全，反正在这个价位里别的车有的配置福美来都会有，而且会更多。"此时的小王还不会在意动力、排量、油箱容量等抽象的数据。直觉上清清爽爽的配置，配合销售人员正对小王热情的介绍，令小王在这一刻已锁定海南马自达。小王乐颠颠地拿着一堆资料回去，福美来成了小王心中的首选。银色而端正的车体在小王心中晃啊晃。

小王回家征求先生的意见。先生说，为什么放着那么多上海大众和通用公司的品牌不买，偏偏要买"海南货"？它在上海的维修和服务网点是否完善？两个问题马上动摇了小王当初的方案。

周边各款车的直接用车体验对小王有着一言九鼎的说服力，小王开始致电各款车的车主了。朋友C已购了别克凯越，问及行车感受，说很好，凯越是款好车，值得购买。同学D已购了别克赛欧，是小王曾经心仪的SRV，质朴而舒适的感觉，小王常常觉得宛如一件居家舒适的棉质T恤，同学说空调很好的呀，但空调开后感觉动力不足。朋友E已购了飞度，她说飞度轻巧、省油，但好像车身太薄，不小心用钥匙一划便是一道印痕，有一次去装点东西感觉像"小人搬大东西"。周边桑塔纳的车主、波罗的车主……都成为小王的"采访"对象。

小王的梦中有一辆车，漂亮的白色，流畅的车型，大而亮的灯，安静地立在小王的面前，等着小王坐进去。但究竟花落谁家呢？小王自己的心里知道，这个"谜底"不再遥远……

[资料来源：陈俊．消费者行为分析与实务［M］．北京：教育科学出版社，2013．(引文有删减和修改)]

案例解析

本案例中，小王在选车的过程中经历了几个环节。首先是问题认知，有了驾照以后需要选购汽车，但是买什么样的汽车呢？小王比较迷茫。为了更好地选车，小王进入第二阶段，即信息收集阶段，有自身的经历，也有邻居、朋友、同事及路人的经历，还有4S店营销人员的介绍信息等。经过信息的收集和整理，进入第三阶段，利用信息分析评价产品阶段。小王在众多的品牌和车型中，锁定了几个方案，识别出适合自己的方案。最终锁定了一款最中意的车，进入了第四阶段购买决策阶段。小王使用一段时间以后，还会形成自己的使用感受及评价和看法，对下次购买或他人购买产生影响，也是购买决策的最后一个环节购后评价阶段。消费者的购买过程中需经历五个环节，有一般性的规律，需要营销人员进行归纳总结，并很好地利用。

一、购买决策的类型

在市场营销活动中,可以说任何两个消费者之间的购买行为都是存在某些差异的。研究消费者的购买行为,不可能逐个分析,只能大致进行归类研究,总结出一般性的规律来。

(一)按消费者购买目标的选定程度区分

1. 全确定型

全确定型消费者在进入商店前,就已经有非常明确的购买目标,包括商品的名称、商标、型号、规格、样式、颜色,甚至价格的幅度都有明确的要求。他们进入商店后,可以毫不迟疑地买下商品。但是平时商场中这类消费者非常少,这些消费者一般都是行家里手,基本不需要营销人员提供过多的服务和帮助。

2. 半确定型

半确定型消费者在进入商店前,虽然已有大致的购买目标,但是具体要求还不甚明确。这类消费者进入商店后,一般不能向营业员明确描述出对所需商品的各项要求来实现快速购买的目的,他们需要经过较长时间的比较和评定阶段。

3. 不确定型

不确定型消费者在进入商店前并没有明确的或坚定的购买目标,他们进入商店一般是漫无目的地看商品,或随便了解一些商品的情况和信息,碰到感兴趣的商品也会进行购买。

(二)按消费者购买态度与要求区分

1. 习惯型

习惯型消费者对某种商品的态度常取决于对商品的信念。信念可以建立在知识的基础上,也可以建立在见解或信任的基础上。属于此种类型的消费者,往往依据过去的购买经验和使用习惯采取购买行为,或长期惠顾某商店,或长期使用某个品牌、商标的商品。

2. 慎重型

慎重型消费者的购买行为以理智为主,感情为辅。慎重型的消费者喜欢收集商品的有关信息,了解市场行情,在经过周密的分析和思考后,对商品特性做到心中有数。在购买过程中,他们的主观性较强,不愿别人介入,较少受到广告宣传及售货员的介绍影响,往往要经过对商品细致的检查、比较,反复衡量各种利弊因素后,他们才会做出购买决策。

3. 价格型

价格型消费者,也称为经济型消费者,他们在选购产品时,往往从经济角度出发,对商品的价格非常敏感。比如,有的从价格的昂贵确认商品的质优,从而选购高价商品;有的从价格的低廉评定商品的便宜,而选购廉价品。

4. 冲动型

冲动型消费者的心理反应敏捷,容易受到商品外部质量和广告宣传的影响,以直观感觉为主,新产品、时尚产品对其吸引力比较大,他们一般能够快速做出购买的决定。

5. 感情型

感情型消费者有较强的兴奋性,情感体验深刻,想象力和联想力丰富,审美感觉也比较灵敏。所以,他们在购买行为上容易受感情的影响,也容易受销售宣传的引诱,往往以商品的品质是否符合其感情的需要来做出购买决策。

6. 疑虑型

疑虑型消费者具有内向性,善于观察细小事物,行动谨慎、迟缓,体验深而疑心大的特点。他们选购商品从不冒失、仓促地做出决定;在听取营业员介绍和检查产品时,也常表现出小心谨慎和疑虑重重;他们挑选商品动作缓慢,较费时,还可能因犹豫不决而中断购买;购买商品常"三思而后行",购买后仍放心不下。

7. 不定型

不定型消费者多属于新购买者。由于他们缺乏经验,购买心理不稳定,所以,常表现为随意购买或奉命购买商品。他们在选购商品时大多没有主见,通常渴望得到营业员的帮助,乐于听取营业员的介绍,并很少亲自再去检验和查证商品的质量。

(三) 按消费者在购买现场的情感反应区分

1. 沉实型

沉实型的消费者由于神经过程平静而灵活性低,所以,反应一般比较缓慢而沉着,通常不为无所谓的动因而分心。所以,在购买活动中往往沉默寡言,情感不外露,举动不明显,购买态度也持重,不愿与营业员谈些离开商品内容的话题。

2. 温顺型

温顺型的消费者在生理上不能忍受或大或小的神经紧张,对购买商品本身并不过于考虑,而更注重营业员的服务态度与服务质量,他们选购商品往往会尊重营业员的意见,做出购买决定较快,很少亲自重复检查商品的质量。

3. 健谈型

健谈型的消费者神经过程平衡而灵活性高,能很快适应新的环境,但是他们情感易变,兴趣广泛。在购买商品时,愿意与营业员和其他顾客交换意见,并富有幽默感,喜欢开玩笑,有时甚至谈得都忘记选购商品。

4. 反抗型

反抗型消费者具有高度情绪敏感性,对外界环境的细小变化都能有所察觉,在选购商品的过程中,通常不能接受别人的意见和推荐,对营业员的介绍异常警觉,抱有不信任态度。

5. 激动型

激动型消费者的情绪易于激动,选购商品时在言语和表情上显得傲气十足,甚至用命令的口气提出各种要求,对商品品质和营业员的服务要求极高,稍不如意就可能发脾气。这类消费者虽然为数不多,但是营业员要用更多的注意力和精力接待好这类消费者。

(四) 按消费者在购买时介入的程度和商品品牌差异的程度区分

消费者购买决策因购买行为类型的不同而不同。较为复杂和价值较高的购买决策往往消费者需经过反复权衡和听取众多人的意见做出决策。西方学者根据消费者在购买过程中参与者的介入程度和品牌间的差异程度，将消费者的购买行为分为四种类型，如图5-4所示。

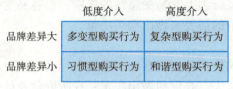

图5-4　消费者购买行为类型

1. 复杂型购买行为

复杂型购买行为，即品牌差异大、消费者介入程度高的购买行为。当消费者初次选购价格昂贵、购买次数较少、冒风险和高度自我表现的商品时，则属于高度介入购买。由于对这些商品的性能缺乏了解，为慎重起见，他们往往需要广泛地收集有关信息，并经过认真的学习，产生对这一商品的信念，形成对品牌的态度，再慎重地做出购买决策。

2. 和谐型购买行为

和谐型购买行为，即品牌差异小、消费者介入程度高的购买行为。消费者购买一些品牌差异不大但购买价格高的商品时，虽然他们对购买行为持谨慎的态度，但注意力更多的是集中在品牌价格是否优惠及购买时间、地点是否便利，而不是花很多精力去收集不同品牌的信息进行比较，而且从产生购买动机到决定购买之间的时间较短。

3. 多变型购买行为

多变型购买行为，即寻求多样化购买行为，是指品牌差异大、消费者介入程度低的购买行为。如果消费者购买的商品品牌间差异大但价格低，可供选择的品牌很多时，他们不必花太多的时间来选择品牌或专注于某一产品，而是经常变换品种或品牌。比如，他们上次购买的是巧克力夹心饼干，而这次可能购买奶油夹心饼干。这种品种的更换并非是对上次购买饼干的不满意，而是想换换口味。

4. 习惯型购买行为

习惯型购买行为，即品牌差异小、消费者介入程度低的购买行为。消费者有时购买某一商品，并不是因为特别偏爱某一品牌，而是出于习惯。例如醋，这是一种价格低廉、品牌间差异不大的商品，消费者在购买时，大多不会关心品牌，而是靠多次购买和多次使用而形成的习惯去选购某一品牌。

二、购买决策的过程

消费者购买决策过程是消费者在各种内外因素和主客观因素影响下形成购买动机、促成购买行为的过程。只有对消费者决策过程进行深入分析，才能对消费者决策做出完整的解释。心理学家认为，消费者购买决策的过程是一个动态发展的过程，一般遵循五个阶段的模式，即需求认知、收集信息、评估产品、购买决策和购后评价，如图5-5所示。不过现实中，消费者并不是在购买每件商品时都要经过这五个步骤，某些购买决策过程可能非常简单，消费者可能越过某个环节或倒置某个次序。

图 5-5 消费者购买决策过程

1. 需求认知

需求认知是消费者决策过程的第一个阶段，该阶段对消费者和营销者都非常重要。消费者对某类商品的需求源于消费者自身的生理或心理需求。当某种需求未得到满足时，满意状态与实际缺乏状态之间的差异会构成一种刺激，促使消费者发现需求所在，进而产生寻求满足需求的方法和途径的动机。引起消费者需求认知的刺激可以来自个体内部的未满足需求，如饥饿、干渴、寒冷等；也可以来自外部环境，如流行时尚、他人购买等。有时，需求还来自某种新产品介绍的引诱。

2. 收集信息

收集信息是指寻找和分析与满足需要有关的商品和服务的资料。消费者一旦对所需要解决的需求满足问题进行了确认，便会着手进行有关的信息收集。消费者一般会通过以下四种途径去获取所需的信息：

①个人来源，也就是消费者从家人、朋友、邻居、同事或其他熟人等处得到的信息。

②商业来源，也就是消费者从广告、销售人员介绍、商品包装、说明书、商品陈列或展示会等方面得到的信息。

③公共来源，也就是消费者从大众媒体的报道、消费者组织的评论或政府机构等方面得到的消息。

④经验来源，也就是消费者通过接触、试验或使用商品得到的信息。

通过信息的收集，消费者能够熟悉市场上一些竞争品牌和特性。在该阶段，营销人员要设计信息传播策略，利用商业来源使消费者充分了解本企业的商品，也要设计利用和刺激其他信息来源，加强信息的影响力和有效性。

3. 评估产品

消费者在充分收集了各种有关信息之后，就会进入购买方案的选择和评价阶段。该阶段消费者主要对所收集的各种信息进行整理筛选，"去粗取精、去伪存真、由此及彼、由表及里"地分析比较，权衡各自的长短优劣，确定对某商品应持的态度和购买意向，以便做出最佳的购买决定。

一般情况下，消费者对商品信息比较评价的标准，主要集中在商品的属性、质量、价格三个方面，但有时也会因人而异。不同的消费者，其消费需要的结构不同，对商品信息比较和所得结果必然有异。同时，消费者对商品信息比较评价所用的时间也长短不一，一般对紧俏、名牌、低档商品、日常生活用品等，消费者比较评价的时间较短；而对高档商品，如手机、计算机、汽车等高技术耐用消费品，比较评价的时间较长。

4. 购买决策

消费者在广泛收集商品信息并对其比较评价的基础上，形成了对某种商品的肯定或者否定的态度。肯定态度一旦形成，就会产生购买意图，最终进入购买决策阶段。但是，在形成购买意图和做出购买决策之间，仍有一些不确定的因素存在，会使消费者临时改变其购买决策。这些因素主要来源于两方面：一是其他人的态度；二是意外因素。

（1）其他人态度

如果在消费者准备进行购买时，其他人提出反对意见或提出更有吸引力的建议，就有可能使消费者推迟或放弃购买。其他人态度的影响力大小主要取决于三个因素：其他人否定态度的强烈程度；其他人与消费者之间的关系；其他人的权威性或专业水准。

（2）意外因素

意外因素是指未预期到的情况。包括消费者个人、家庭、企业、市场及其他外部环境等方面突然出现的一些有关的新情况，例如，家庭中出现了其他方面的紧迫开支、商品生产企业出现了重大的质量问题、市场上出现了新产品、经济形势出现了较大的变化、社会突发的疫情等，都可能会使消费者改变或放弃购买决策。

5. 购后评价

消费者购买和使用了某种商品后，必然会产生某种程度的满意或不满意感。消费者是否满意会直接影响其购买后的行为。如果消费者感到满意，以后就可能重复购买，并向他人称赞和推荐这种商品，而这种称赞和建议往往比企业为促进商品销售而进行的广告宣传更有效；如果感到不满意，他们以后就不会再购买这种商品，而且会采取公开或私下的行动来发泄不满。

消费者购买后的感受或满意程度大致有以下三种情况：

（1）很满意

即所购商品很好地满足了消费者的需求，这也加强了消费者对该品牌商品的喜好，坚定今后继续消费该商品的信心。

（2）基本满意

即所购商品不能给消费者以预期的满足，这会使消费者重新修正对该品牌的认识，甚至会动摇其今后继续消费该商品的信念。

（3）不满意

即所购商品没有达到消费者的预期目的，使消费者内心产生严重不协调的状况。消费者一旦对所购商品不满意，今后可能会中断对该品牌的购买和消费。所以，买后感受对购买行为有着重要的作用，甚至是消费者购买决策过程认知需要的起点。

模块三　知觉风险与购买决策

如此透明消费

钢镚儿，男，知识青年，虽属白领但出身卑微，节俭成性，未婚妻是钢镚儿妞。

"虽然已经结婚三年了，可我们确实还没有拍过婚纱照。"面对着某品牌婚纱摄影店店员的一再猛烈推销，钢镚儿妞有点动摇，她显然被店里陈列的各种制作精美的照片吸引了。

"那我们就拍你们搞活动的这款吧。"钢镚儿妞自认为这款性价比最高,而且店家承诺透明消费,后期不增加任何费用。"大家现在拍婚纱照最怕的就是后期消费,我们店绝对不允许这种情况发生。"店员一边说,一边极其专业地拿出拍摄合同:"你看,我们这里都有规定的,只要你自己不提出更换升级,我们绝对不会让你加钱。"

此时的钢镚儿妞脑海里一片天人合一的美好场景,完全没有理解店员讲的"只要你自己不提出更换升级,我们绝对不会让你加钱"的透明消费原则。

好不容易到了拍摄前试穿衣服的日子,钢镚儿妞一早就拉着钢镚儿来到了婚纱摄影店。礼服师笑吟吟地迎接他们进店挑选:"你们合同上是三套精品区服装、两套单品区服装。你们先自己挑挑看吧。"钢镚儿妞兴致勃勃地开始挑选试穿,结果却令她大失所望:"什么精品区的衣服啊,这档次也太差了吧,只有单品区衣服品质还好一点。"正当钢镚儿妞心情沮丧的时候,礼服师怀抱着好几件衣服走了过来:"亲,你试试这几件,看看效果怎么样。"上身一试,果然这几件无论是材料品质还是造型设计都更有型,钢镚儿也觉得这几件要远比精品区的"高大上"。礼服师说:"亲,拍一次婚纱照,一定要选自己喜欢的衣服,不然也拍不出好看的照片,你们可以把精品区的衣服换成单品区的这几件。价格就差个一千多元,但心情和感觉那完全不一样啊。先生,您说是不是?"

钢镚儿看着华丽丽的钢镚儿妞,觉得礼服师的话也不是没有道理,精品区那些乱七八糟的衣服还真是感觉差多了。他说:"那好吧,就换了吧。"钢镚儿也不想让钢镚儿妞失望。

好不容易选定了衣服,接下来开始挑选搭配的项链、耳环等配,又是分级分区各种档次,同样的透明消费戏码又将上演。"亲,按照我们的合同,你们的配饰是根据你们所选择的衣服进行固定搭配的,我先给你们搭配一下。"配饰人员十分专业。"但是我们的衣服已经升级了,全都换成单品区的服装了。"钢镚儿妞指着刚交完钱的单子给配饰人员看。配饰人员看了一眼单子,然后面露喜色地说:"亲,你们选的衣服都很精致,很有品位,配饰当然也不能逊色,升级后的这几件衣服的配饰是这样的,你们对比一下。"

面对不同等级服装的不同配饰,钢镚儿夫妇明显感觉到自己又要掏钱了,基础版的配饰和升级版的完全是天壤之别,他们感到这都不用店员再做进一步的推销,自己已经完全"沦陷"在这种自主自愿、毫无强加的透明消费之中了。

结果是,这款原本在钢镚儿夫妻看来性价比很高的婚纱照,又莫名其妙地被"透明"消费了近两千元。

[资料来源:高博. 消费者行为分析与实务 [M]. 北京:北京邮电大学出版社,2015.(引文有修改和删减)]

案例解析

在本案例中,婚纱摄影店的营销手段是首先通过在店里陈列各种制作精美的照片,激起消费者的爱美之心;然后通过搞促销活动,吸引求廉的消费者。两者结合给消费者性价比很高的感觉。为了消除消费者的顾虑,最重要的一点是承诺透明消费,后期不增加任何费用。这对于深受"不透明"消费之苦的消费者来说,就像吃了一颗定心丸。但殊不知,不加钱的前提是"只要你自己不提出更换升级"。后来发生的事实证明,这个前提是不成立的，因为店家提供的服装档次相差太大了。在店员的循循善诱下，钢镚儿夫妇先是更换了服装，然后又更换配套的配饰。最后的结果是"这款原本在钢镚儿夫妻看来性价比很高的婚纱照，又莫名其妙地被'透明'消费了近两千元"。

因为买卖双方信息的不对称，消费者经常会掉进商家精心设计的"陷阱"里，消费者满心欢喜地购买，事后却发现上当受骗，这样的经历无疑会增强消费者的防范意识，他们在购物之前会考虑购买行为可能带来的风险。消费者自身感知到的风险与实际购物风险有一定差异，我们称前者为感知风险。感知风险的存在会削弱消费者的购物意愿，增加信息搜索成本，既不利于消费者，也不利于商家。商家的许多营销手段旨在降低消费者的感知风险，也就是消除消费者的顾虑，从而鼓励他们消费。

本案例中婚纱摄影店的营销看似"高明"，实则无异于杀鸡取卵。这样的经历会增加消费者的消极体验，消费者除了自己不再来消费之外，还会把自己的遭遇和体验讲给自己的亲朋好友，影响周围人的消费。从积极的方面来看，这样的经历也是对消费者的一次教育。消费者通过学习可以增长购物经验，增强风险防范意识和维权意识，进而推动消费者权益保护工作的立法和制度建设，并形成对商家的有效监督，让一些不良商家无可遁形。

一、知觉风险的概念

知觉风险又称为感知风险。由于消费者在购买商品前可能无法预知购买是否正确，所以，消费者的购买决策中隐含着某种不确定性，消费者能够知觉到的这种不确定性或者不利且有害的结果就是知觉风险。

正是由于知觉风险的存在，消费者有可能会产生某种紧张感，消费者自身有缓解紧张的技能，会通过某些行为消除紧张感。所以，消费者有可能会增加信息收集行为从而延迟或更改购买决策；或者索性因为担心知觉风险而放弃购买行为，这些情况无疑对企业都是十分不利的。企业必须在分析消费者知觉风险的基础上，想办法降低消费者知觉风险，促成消费者购买行为。

二、知觉风险的类型

消费者可能遇到的知觉风险分为以下四种类型：

1. 消费支出性风险

消费支出性风险，是指在购买了甲商品之后，影响了对乙商品的消费。对于普通消费者而言，购买汽车或住房等高价格的商品需要一段时间的积蓄，在积蓄过程中，日常生活的开支必须酌情节减。节减日常生活的开支就是一种损失，其他日常消费受到了影响。

2. 社会性风险

当消费者使用某种商品时，可能会给他的社会关系带来不利影响甚至于损害并影响人际关系等，这种风险称为社会性风险。这种现象在风格新颖的服装、服饰类商品消费中比较典型。例如，在特定的生活或工作环境中，服装风格与同事、朋友相差较大，可能招致他人较多的注意和议论，有些消费者心理会因此产生一定的焦虑与担心。这种焦虑心理来自消费群体趋同性的无形压力，消费者本人会担心在生活群体或工作群体中失掉认同感（少数榜样型消费者除外）。在社会观念趋向于平均主义、内部联系相对紧密的消费群体内部，该类消费风险是比较常见的，因此，在公共环境中过于暴露展示自我形象的商品，容易引发这一类知觉风险。

3. 形象性风险

在消费了某种商品之后，会给消费者本人的形象带来直接损害和危险，这种风险称为形象性风险。该类知觉风险的情况比较复杂，例如，食品消费方面，一些营养成分高、味道可口的食品大家都喜欢吃，如巧克力一类。但有些女性消费者为了身体健美，害怕吃多了之后体重增加、影响形体，所以，购买这类食品之前头脑中已经产生回避心理。

4. 功能性风险

购买了某种商品之后，商品本身会给消费者带来麻烦甚至带来潜在的危险，这种风险称为功能风险。例如，家用煤气热水器可以大大方便消费者在家中的洗浴，但国内因使用不当或商品质量低劣造成中毒甚至死亡的情况时常出现。购买或使用这种商品可能就会面临这样的危险，但是不购买或使用，冬季生活中又有许多不方便。这样的知觉风险经常出现在购买质量差或供应量少的商品中。

三、知觉风险的特征

结合购买风险，我们可以把知觉风险定义为人们对其购买行为结果中所存在的不确定性的整体反映。知觉风险至少具有以下几个方面的特征：

1. 知觉风险的对象是人们购买行为结果的优劣

也就是所购买的商品或服务是否具备消费者所期望的效用与性能，能否附加必要的售后服务及其他保证条件，是否能满足消费者的需求等。

2. 知觉风险具有不确定性

由于购买风险具有不确定性，所以，人们对这种风险的知觉也必然具有不确定性。

3. 知觉风险具有多样性

不同的人有不同的知觉风险，同一个人面对不同的商品和购物条件时，其所知觉的风险种类与强度也不尽相同。

4. 知觉风险实质上是一种主观感受

也就是说实际影响消费者购买行为的是他们感觉到的风险，而不是实际风险。某种商品的实际风险可能很大，但如果消费者对它没有觉察，则这种实际风险不会影响其决策。

四、降低消费者知觉风险的方式

消费者一旦知觉到某种风险的存在，必然会想办法来降低风险。消费者应付知觉风险的办法多种多样，且不同的消费者在应付同种风险时所采取的办法也不尽相同。消费行为专家发现降低人们知觉风险的方法有以下几种：

1. 尽量全面地搜集与商品有关的信息，增加对该商品的了解程度

例如，通过报纸、电台、电视台等宣传媒体来了解某种商品的特点，通过与服务人员的交谈来了解该商品，通过与有消费经验的人来获取这种商品的使用效果等。消费者对于商品的了解程度越深，那么，他对可能带来的风险与危害的认识也就越清楚。倘若消费者认识到这种风险远远小于这种商品带来的益处，或可以用一定的办法减少风险的程度，消费者会坚持原来的购买心理，完成购买行为。倘若消费者对于这种风险的认识越多，发现消费这种商品可能带来的风险很大，消费者又无法自己来克服这种风险，他会选择放弃这次购买。

2. 在购买之前尽量请人提出参考意见

邀请有消费经验的人一起购买，或挑选商品的时候尽量请人提出参考性意见，找出商品的毛病或缺点，避免购买商品之后给自己带来的风险。在服装商品消费中，许多女性消费者都愿意邀请同伴帮助挑选；在大件商品购买中，人们更愿意请熟人或有经验的人帮助选购商品。

3. 尽量认购那些知名度高、商品形象和企业形象都很好的商品

要尽量购买商品牌子比较响亮的商品、名牌商品、在当地名气较高的商品，而尽量不去选购那些名气小、对商品的形象没有印象、商品的功能与特性不太熟悉的商品。在商店选择方面，尽量选择名气大、专业性强的商店。

4. 保持原来的消费行为与品牌忠诚度

明知有消费风险，又不能获得足够充分的信息，也不愿意花费相应的消费成本时，消费者可以选择维持原来的消费行为，继续购买已经习惯的品牌，避免购买不熟悉品牌的风险。

5. 采取从众型购买行为

大家都选择某种品牌，一定有相应的道理，应该没有大的问题，即使不是最好的选择，也不应该是最坏的后果，所以，从众型购买行为是消费者减少知觉风险的一种好方法。

思考题

1. 消费者经典的购买决策模式有哪几种？试一一简述。
2. 消费者购买行为的类型有哪些分类标准？各有哪些分类？
3. 典型的购买决策过程分为哪几个环节？
4. 简述消费者知觉风险的概念、类型和特征。
5. 谈谈应如何利用知觉风险进行市场营销。

案例分析

滑板车的购买决策与营销

王刚从某大学市场营销专业刚刚毕业。王刚在校期间曾买过一个滑板车，主要用于校内活动时使用。他所就读的大学占地上万公顷，同学们从宿舍到教室上课步行需要15~20分钟，以前大多数同学选择骑自行车，但是由于风吹日晒后不美观，再加上失窃率居高不下，许多同学转向选择滑板车。滑板车具有体积小、美观大方，又便于携带，尤其是折叠式滑板车，收起来可以放进背包里，非常方便等优点，所以近两年滑板车在此大学的校园里随处可见。每年该校都有近万名新生入学，将会是滑板车一个不小的市场，王刚看到了这个商机。在家人的支持下，在该大学附近开了一家专营滑板车的商店，该商店经营三种品牌的滑板车，每个品牌又有不同价位、不同功能的多个款式，专营店的业务主要是面向在校大学生。但在王刚开始经营此业务时，他发现有另外两家即将开张的店也准备从事这项业务，他觉得是该利用自己所学的营销知识制定一套营销竞争策略了。

[资料来源：高博. 消费者行为分析与实务［M］. 北京：北京邮电大学出版社，2015.（引文有删减和修改）]

问题：
1. 滑板车的购买过程是高度介入的还是低度介入的？
2. 哪些因素影响大学生对滑板车的购买？
3. 在决定购买某一特定品牌滑板车时，消费者会考虑哪些因素？
4. 王刚可以采取什么措施，吸引更多的学生来他的商店购买？

实训设计

帮刘女士选服装

1. 实训目的

运用所学习的购买决策的理论和知识，根据背景资料的情况，协助刘女士进行服装的选择。

2. 实训内容

①根据给出的背景资料和学习的理论知识，以小组为单位展开讨论，各抒己见，要求每位同学都要积极发言。

②资料整理汇总。将小组讨论的结果整理汇总，形成书面的设计方案。

③成果展示和评价。

3. 实训要求

①分组。每组4～6名同学。

②讨论。各小组根据刘女士的实际情况，结合学习的购买决策的过程，给予刘女士正确的购买建议。

③整理。将小组讨论结果进行整理，达成一致的建议，编制情景对话。

④展示。每小组派2名成员，一个扮演刘女士，一个扮演营业员小张，进行情境模拟表演。

⑤评价。组间互评＋教师点评。

背景资料

刘女士是一名企业主管，经常要出入各种社交场合，所以，她经常要为自己选购服装，并且常常要为自己选购的服装搭配各种饰品、丝巾或是鞋子等相关饰物。

这个周末，企业要组织员工一起出去踏青旅游。一向注重形象的刘女士当然又要进行大采购了。也许是自己经常选购的都是时装和礼服的缘故,到了选休闲装的时候反而不知道买什么样式的好了,自己到商场转了一大圈也没拿定主意。她打电话咨询了一下自己的好朋友王女士,王女士建议她到一些运动休闲品牌专卖店去选购,说专卖店里的运动休闲装分类细、款式多,一定可以找到合适的。

按照王女士的建议,刘女士又来到一家运动休闲品牌专卖店里进行挑选。刘女士来之前已经想好了,主要从以下四个方面考察运动休闲装:服装的时尚性、舒适性、耐穿性和清洗的便利性。不过,这次刘女士又遇到了新的麻烦,她选中了四款休闲装,这四款服装价格相近且各有优点,但没有一款是完全符合自己要求的。

该店的营业员小张已经站在不远处观察了她一段时间,发现她反复在这四款服装前观察比较,但又犹豫不决,小张肯定地认为刘女士对服装有购买需要。为了把握住这位顾客,不让客户流失,小张决定跟她聊聊天,帮助刘女士做出购买决策。

通过有效的沟通,小张了解了刘女士的购买动机,并发现刘女士对四款运动休闲服有以下一些看法:

A款:面料舒适性不错,穿着舒适;是单装,去年的流行款,不过今年大街上还有不少人在穿;不太耐穿;清洗起来也不是很方便。

B款:面料舒适性也很好,穿着舒适;也是单装,今年刚上市的新款;不耐穿;清洗起来很麻烦。

C款:面料舒适性一般,穿在身上感觉透气性不是很好;今年刚上市的新款,并且有搭配的休闲裤和休闲裤带;耐穿性一般;清洗起来比较方便。

D款:面料舒适性较好,特别是透气性不错;是套装(上衣+裤子),去年的旧款,今年已经不流行了;耐穿性很好;清洗起来也很方便。

假如你是营业员小张,请你根据上述情况分析刘女士的购买决策过程,并给出合理的建议协助王女士做出购买决策。

[资料来源:张之峰,张学琴. 消费心理学 [M]. 北京:北京理工大学出版社,2010.(引文有修改和删减)]

道德观察

西安奔驰女车主维权事件

2019年4月的某一天,一则奔驰女车主坐在车顶上哭诉维权的视频刷爆了各大社交网络平台,视频中女子怒喊着"66万买的奔驰还没出店就漏油"。在互联网高度发达的今天,这场维权大战在整个汽车圈掀起了轩然大波,折射出很多行业不规范的内幕。奔驰事件过去的一个多月时间里,当事人和爆出问题的4S店都受到了来自社会各界的质疑,网络口水战成为无形的利器,深深刺痛着当事者的心。

"奔驰女车主哭诉维权"事件引爆网络,60余万元的全新进口奔驰车,还没开出大门就发生发动机漏油故障。女车主指出涉事4S店有利用国家三包政策逃避责任的嫌疑,同时,自己在不知情的情况下被要求支付一笔15 200余元的"奔驰金融服务费",认为"这是欺骗行为",等等。

随着事件的持续发酵,引出从三包售后、金融服务费到消费者维权等的一系列网络集体讨论问题。各界对奔驰品牌、主机厂的指责不断，奔驰车一直以来存在的问题也在不断地被放大，甚至牵扯出汽车4S店的销售潜规则问题和乱收费现象等。甚至有媒体起底了女车主买车的那家西安利之星奔驰4S店，扒出了他们店大欺客的各种丑闻，连法人是马来西亚拿督的身份都被挖出。因此，品牌商与汽车经销商巨头间的矛盾也昭然若揭。网传宝马经销商还启动了紧急预案，防止此类负面问题被曝光，影响品牌形象等，品牌车企们几乎开始人人自危。

其实，一辆车从生产、卖出到售后都有很多的步骤和环节，每一环节上都有数不清的这样或那样的问题，最引人关注的可能就是利益纠葛。但是，作为消费者，更加看重的是汽车的使用功能、良好的驾驶体验和售后服务等。没有人希望自己的爱车总是出现这样或那样的问题，然后被拉去反复维修。

2019年5月27日，这场维权大战迎来大结局，西安高新区市场监管部门通报，西安利之星汽车有限公司存在销售不符合保障人身、财产安全要求的商品，夸大、隐瞒与消费者有重大利害关系的信息误导消费者两项违法行为，被依法处以100万元罚款。这场持续了一个半月之久的维权风波就此落幕，而西安利之星也发表声明表示诚恳接受处罚并将严格执行，同时，也在此之前就与当事人女车主表示和解，做出相应的赔偿。

[资料来源：https://www.xincheping.com/news/128863.html. （引文有修改和删减）]

问题：

1. 在此事件中，奔驰公司处理得是否妥当？相关管理部门的处理结果是否妥当？
2. 在此事件中，消费者的做法是否明智？如果你是当事人，你将如何处理此事？
3. 此事件给你的启发有哪些？

项目六

摸准消费者信息沟通与消费流行

知识目标

- 理解口头传播的概念及其产生的原因。
- 掌握意见领袖的相关知识。
- 了解消费流行对消费者行为的影响。

能力目标

- 能够运用意见领袖的相关知识，形成制定营销策略的思路。
- 能够根据流行的不同阶段制定相应的营销策略。

道德目标

- 明确作为社会主义青年的责任担当和历史使命。
- 树立为建立强大祖国而努力读书的爱国主义情怀。

模块一　口头传播

案例导入

小米的口碑营销

小米手机营销，基本没花多少钱，却获得了非凡成就，反观凡客，在媒体投入上花的钱不少，但却落得目前收缩业务回归衬衫的老路，除了业务模式的不同，小米因为创业初期没钱，另辟蹊径反而大获成功。下面是上海尚略营销策划公司，根据小米营销内部人士及各类文章整理出来的大家认可的小米营销的几个亮点之处。

1. 互联网思维就是口碑为王

谷歌就深谙这个道理："一切以用户为中心，其他一切纷至沓来。"2004年谷歌推出

Gmail 电子邮件时，就完全依赖于口碑营销。当时，谷歌只提供了几千个 Gmail 的试用账户，想要试用的人，必须有人邀请才行。这些数量有限的"邀请码"迅速在全球流行，被用来交换各种各样的东西，如到迪拜度假两夜，或者交换旧金山的明信片。甚至，Gmail 账户在英国 eBay 上面的叫价高达 75 英镑，我当时为了得到这个邀请码也是费尽心思。这是我第一次被谷歌强大的口碑效应震动。

不少淘品牌的崛起也是依靠口碑传播。比如，"韩都衣舍"凭借快速跟进时尚的设计和选品，在各类购物社区中都是女性用户推荐分享的重点品牌；护肤面膜品类中的"御泥坊"，以产地的特殊天然原材料矿物泥浆为卖点，吸引了不少女性用户的追捧，成为淘宝系面膜类的领军品牌；又如坚果品类的淘品牌"三只松鼠"，在口碑传播之下越卖越火，我和我的不少朋友都亲身体验了。

传统的商业营销逻辑是因为信息不对称，传播就是砸广告做公关，总之凡事就是比嗓门大。但是，新的社会化媒体推平了一切，传播速度大爆发，信息的扩散半径得以百倍、千倍地增长，频繁出现"一夜成名"的案例。

信息对称让用户用脚投票的能力大大增强。一个产品或一个服务好不好，企业自己吹牛不算数了，大家说了算；好消息或坏消息，大家很快就可以通过社交网络分享。信息的公平对等特性，也使网络公共空间具备了极强的舆论自净能力，假的真不了，真的也假不了。

2. 口碑的本质是用户思维，就是让用户有参与感

基于互联网思维的参与感，对于传统商业而言，类似科幻小说《三体》里的降维攻击，是不同维度世界的对决，更通俗地讲是"天变了"。

消费者选择商品的决策心理在这几十年发生了巨大的转变。用户购买一件商品，从最早的功能式消费，到后来的品牌式消费，到近年流行起来的体验式消费，而小米发现和正参与其中的是全新的"参与式消费"。为了让用户有更深入的体验，小米开放做产品做服务的企业运营过程，让用户参与进来。

3. 口碑是信任关系的传递：和用户做朋友

用户和企业之间，到底是一种什么关系才是最理想的？千千万万的用户，有千千万万的想法，他们为什么要认可你的产品？认可了你的产品之后，为什么要主动帮你传播？

社交网络的建立是基于人与人之间的信任关系，信息的流动是信任的传递。企业建立的用户关系信任度越高，口碑传播越广。

做企业就像做人一样，朋友才会真心去为你传播、维护你的口碑，朋友是信任度最强的用户关系。小米的用户关系指导思想就是——和用户做朋友！

4. 好产品是口碑的本源和发动机

一个企业想拥有好口碑，好产品就是口碑的发动机，是所有基础的基础。产品品质是1，品牌营销都是它身后的0，没有前者全无意义。而如果产品给力，哪怕营销做得差一点，也不会太难看。

小米营销是口碑传播，口碑本源是产品。所以，基于产品的卖点和如何表达卖点的基本素材是传播的生命线。

每一次新品发布，把发布会演示文稿做好，把产品站做好就算是完成了一大半。

这与很多大企业是完全相反的逻辑，我们接触过一些 4A 广告公司，在定义新品发布时往往会把大部分精力用在"大概念"和形式感上面。有些公司甚至认为不要做产品站，认为用户不会看也看不懂，认为信息太多反而会影响"大理念"的到达。所以，很多创意人员说起产品理念头头是道，但是连自己营销的产品的重要参数都一知半解。

在小米，我们认为用户从来没有像今天这样聪明，因为一句精美的广告词就购买产品的时代一去不复返。在小米社区就可以看到，用户购买前会仔细阅读产品特性，搜索对比和评测，甚至连产品拆解都会阅读。每个用户都是专家。

所以，在提炼核心卖点后，我们反而会在 PPT 和产品站上下足功夫。我对我们营销同事的要求是对产品和技术的了解要不亚于工程师，因为你只有自己明白后，才能将技术语言翻译成"人话"讲给用户听，也才能从这个过程中挖掘到真正对用户有价值的特点。设计师也只有在了解最细节的产品特点时，才能将卖点更好地转化为设计语言。

5. 做口碑原来可以零成本

小米启动第一个项目 MIUI 时，雷总就跟团队说，能不能不花一分钱做到 100 万用户？方法就是抓口碑。因为你没钱可花，要让大家主动夸你的产品，主动向身边的人推荐，就只得专心把产品和服务做好。

2011 年 6 月，小米开始找小米手机的营销负责人，我跟雷总见了若干人，来的人总爱跟我们说，"你去打广告""你去开实体店"……我们很失望，小米要找的并不仅是销售，而是一个真正理解互联网手机理念的人。

两个月过去了，还没有找到合适的人，雷总说："阿黎你上吧。"

一开始，我们做了一个 3 000 万的营销计划，想借用凡客已有的媒介资源计划做一个月的全国核心路牌推广，结果当面被雷总"拍死了"。他说："阿黎，你做 MIUI 的时候没花一分钱，做手机是不是也能这样？我们能不能继续不花一分钱去打开市场？"

当时我的第一反应是，做 MIUI 系统，用户是不花钱就可以使用的，做手机，用户是要花钱购买的。那时候，我心里也会打个问号：手机是 2 000 块的东西，如果你最后不花一点广告费，让用户来买单，是不是真的可行？

小米是全新的品牌，没有钱，没有媒介，没有广告投放。没办法，我们只能死磕新媒体。

[资料来源：https://www.shinerayad.com/news_info.asp?id=438. （引文有修改和删减）]

案例解析

本案例说明消费者不仅通过广告、推销人员等正式的渠道获得信息，同时，也通过一些非正式的渠道获得信息。非正式的信息一般称为人际影响，人际影响的重要性可以用一句话来概括，即"满意的消费者就是最好的推销员"。与消费者行为密切相关的信息流主要是通过口头传播的方式进行扩散的。口头传播的特点是以小博大，在操作时应掌握好度，既要起到吸引消费者注意的效果，又要将自己商品的特征准确地传递给目标群体中的意见领袖，从而与消费者产生情感共鸣，使消费者甘心情愿地成为企业义务的口头宣传员。

一、口头传播的概念

口头传播也称口传，是指以口头方式传播信息。口头传播一直对消费者的购买行为产生着重要的影响。莫里恩曾调查了消费者对60种不同商品的购买行为，询问消费者是受何种信息渠道的影响做出最终购买决策的。结果显示，口头传播导致的购买次数是广告的3倍。另一项由费德蒙和斯宾塞所做的研究发现，新搬进某一社区的居民中，有2/3的人是通过与他人交谈获得信息而找到他们现在所熟悉的医生的。不仅如此，口头传播较其他传播方式对消费者的影响更大。罗伯特·卡茨等人在第二次世界大战后作的一项研究表明，口头传播的有效性是广播广告有效性的3倍，是人员推销的4倍，是报纸和杂志广告的7倍，可见口头传播对于消费者购买行为影响的重要性。

二、口头传播的优缺点

1. 口头传播的优点

（1）宣传费用低

口头传播是人们对于企业的看法，也是企业应该重视的一个问题。有些企业以其优质的服务在消费群体中换取了良好的口碑，带动了企业的市场份额。此外，也为企业的长期发展节省了大量的广告宣传费用。一个企业的商品或服务一旦有了良好的口碑，人们会不经意地对其进行主动传播，成本比其他广告形式要低得多，且结果也往往能事半功倍。在今天信息更充分的互联网时代，靠强制宣讲灌输的品牌推广已变得难度越来越大且成本更高，性价比远远不如定向推广和口头传播来得效果好。

（2）可信任度高

当今社会，人们每天都会不可避免地接触到各类广告媒体。各种新老商品的推广信息接踵而来。其中的一些有用信息就可以为消费者创造价值，这样可以极大地节省消费者的时间和精力，而其中的一些垃圾信息不但会浪费消费者的时间和精力，而且有可能极大地伤害消费者。因此，人们对媒体广告的信赖度正逐渐下降。根据一些调查报告显示："在市民有相应需求时，他们往往会先通过身边的亲朋好友了解相关商品或公司的口碑。而且亲朋好友的建议对最终决策起到了很大的作用。"由于口头传播的主体是中立的，几乎不存在利益关系，所以也就更增加了可信度。

（3）针对性准确

当一个商品或者一项服务形成了良好的口碑，就会被广为传播。口头传播具有很强的针对性。口头传播不像大多数公司的广告那样，千篇一律，无视接受者的个体差异。口头传播的形式往往是一对一的传播方式，信息的传播者和被传播者之间一般存在着某种联系。消费者都有自己的交际圈、生活圈，而且彼此之间有一定的了解。人们日常生活中的交流往往围绕彼此喜欢的话题进行，在这种状态下信息的传播者就可以针对被传播者的具体情况，选择适当的传播内容和形式，形成良好的沟通效果。因此，口头传播比其他任何形式的传播推广手段更中肯、直接和全面。

(4) 具有团体性

口头传播不仅表现出一种营销层面的行为，同时，也反映了小团体内在的社交需要。由于不同的消费群体之间有着不同的话题与关注焦点，所以，各个消费群体构成了一个个攻之不破的小阵营，甚至是某类目标市场。他们往往具有相近的消费趋向，相似的品牌偏好，只要影响了其中的一个人或者几个人，在这沟通手段与途径无限多样化的时代，信息便会以几何级数的增长速度传播开来。

(5) 提升企业形象

当一个企业赢得了一种良好的口碑之后，其知名度和美誉度往往就会随之提高，这样，企业就拥有了良好的企业形象。这种良好的企业形象一经形成就会成为企业的一大笔无形资产，对于商品的销售与推广、新产品的推出都有起着积极的促进作用。而且，口头传播在某种程度上是可以由企业自己把握的。

(6) 发掘潜在消费者成功率高

专家发现，人们出于各种各样的原因，热衷于把自己的经历或体验转告他人，譬如，刚去过的那家餐馆口味如何，新买手机的性能如何等。如果经历或体验是积极的、正面的，他们就会热情主动地向别人推荐，帮助企业发掘潜在消费者。一项调查表明：一个满意消费者会引发 8 笔潜在的买卖，其中至少有 1 笔可以成交；一个不满意的消费者足以影响 25 人的购买意愿。而潜在顾客中对于商品的使用效果、售后服务、价格、品牌等因素的信息主要来自第一次购买的群体；第一次购买群体的口头传播是最值得潜在用户信赖的信息。

(7) 影响消费者决策

在购买决策的过程中，口碑起着很重要的作用。例如，消费者身边的人对商品的态度会对消费者的购买产生直接影响。所以，将消费者的购买决策与口头传播相联系，也许会让你发现平常看似不起眼的商品经由口碑营销发挥的作用而销路大增。

2. 口头传播的缺点

(1) 个人的偏见

口头传播是由个体发动的，容易带有消费者个人的感情色彩，稍不注意，便会因个人好恶不同而添加上强烈的个人感情，致使褒贬不当，成为偏见。因为消费者的个人情绪和不满，也许就会对某个商品或服务，造成偏见的传播行为。

(2) 表述不明确

口头传递的信息有时会由于表述人表达中的言不达意、不准确、无意中夸大或缩小等因素，造成事实叙述不清楚或不确切，致使旁人难以明辨事实真相。

(3) 片面性观点

口头传播的内容，也就是人们对于某类商品或服务所发表的意见，往往局限在自己的所见、所闻、所记等范围内。部分商品牵扯到的专业知识、价值，等等，人们不可能全部都了解。所以，消费者对于某一事物全过程及整体描述，其内容从微观上看是具体的、重要的，从宏观上考虑，不免多偏于局部，仅限于个人的见闻和认识。

(4) 错误的言论

人们对于某类商品或服务，在交流中有时会因为记忆上的差错，让其他人对企业的商品或服务造成错误的理解,造成对事物空间、时间、经过等重要事实表述上的差错,使事物的一些细节失真。有时,还有可能因道听途说、以讹传讹致使传播的内容完全错误,违背事实真相,并且听到错误言论信息的他人也会根据自己的认知又进行二次负面传播。

基于以上缺点,企业只有在充分了解口头传播优缺点的基础上对其进行运用才能收到较好的效果。我们可以看到,作为一种替代性强的认知方式,口头传播的针对性和传播深度方面明显优于媒体广告和任何一种营销活动,所以,口头传播仍然是非常值得运用的一种信息传播方式。

三、口头传播产生的原因

口头传播产生的原因需要从信息传播方和信息接收方两个角度分别考察。

从口头传播信息传播方来看,通过提供信息影响别人的购买行动,主要是出于四方面的动机或考虑。首先,可以使信息传播方获得一种拥有权力和声望的情感。从某种意义上讲,信息代表一种权力,拥有更多信息的人就意味着更大的权力,给别人提供信息就是这种权力的释放。其次,信息传播方可以通过传播信息减轻对自身所做购买决定的疑虑或怀疑。通过信息的提供和说服,动员他人购买与自己所购相同的商品,会减轻购买商品后的不协调感,并为购买决定的合理性与正确性提供新的支持力量。最后,信息传播方通过信息传递可以增加与某些人或某些团体的社会交往,获得这些人或这些团体的认同与接纳。最后,信息传播方有时会获得企业给予的某些可见利益。

从口传信息接收方看,从朋友、同事或其他消费者处获取购买信息与建议,主要是出于三个方面的考虑。首先,信息接收者可以获得较厂商或卖方所提供的信息更值得信赖的信息。事实上,卖方所提供的信息可能不充分,甚至不真实,所以,出于促销目所提供的信息,往往只有正面信息而无负面信息。因此,消费者需要寻找他认为更真实、更客观的信息,口头传播的信息在大多数消费者看来正是这样一种类型的信息。其次,信息接收方可以降低购买风险所引起的躁动与不安。一般而言,当购买的商品很复杂,或者当商品很难用某些客观的标准进行检验来判断其品质的好坏时,消费者所知觉到的购买风险就会较高。此时,消费者除了从公共传媒获取信息外,还积极地从个人渠道搜寻信息。最后,信息接收方可以减少信息搜寻时间。从周围的熟人、朋友或其他消费者处获取信息,既方便又省时,对于消费者来说,在很多购买情形下是一种有效的信息获取方式。

模块二　意见领袖

案例导入

小张的推销经历

小张曾经是某外贸公司的办公室文员,由于公司生意不景气,辞掉了公职,加盟雅芳公司,做了一名职业推销员。加入了一个新的行业,一切都必须从头开始。小张为自己没有客户而发愁,不得不每天挎着一个大背包,里面装满了各种眉笔、膏、粉饼等化妆品,一家家地敲着陌生人的大门。可是能开门见她的人很少,多数人只是在门镜里看了看,就很不客气地在门里说:"我不需要,快走吧!"一连几个月小张的收入虽然有所提高,但仍不足以维持温饱,这深深刺痛了她那颗骄傲的心,小张不相信在别人干得有声有色的行业中,自己只是一个弱者,一定有办法开创自己的新天地。

小张先向她的同学、亲友介绍雅芳化妆品,请她们试用,并借机向她们推销产品,很快业绩有了上升,之后又请她们把她介绍给她们的同事,但是当用这些常规方法发展到近50人时,她的业务又出现了停滞。接下来小张决定在自己的小区里展开推销活动,她写了几百封信:"××号的李女士,您好!我是您的邻居张小丽,在雅芳公司工作,我很希望与您交个朋友,能在晚上6—8点之间给我打个电话吗?我的电话是87654321。"并附上一些化妆品的说明书,然后把信件塞进了各户的信箱。以后几天晚上陆续接到了5个电话,卖出了3支口红、4个保湿粉底和1瓶收缩水。就这样做了几个月,小张的推销成绩又有了很大进步,但她仍觉得销售增长的速度慢。怎样才能提高效率呢?她冥思苦想了很长时间也不得要领。后来在儿子的家长会上她偶然得知有一个孩子的妈妈是某单位的工会主席,姓刘,她突然有主意了,决定试一试。

机会来了,有一天下着大雨,工会主席还没来,看着孩子们一个个被家长接走了,她的孩子很着急,小张就主动上前安慰他,告诉他说:"阿姨可以送你回家。你先给妈妈打个电话,告诉她不要着急,康明(小张的儿子)的妈妈送你回家。"小家伙照办了。小张把他送到家,记住了他家的地址。后来,小强和工会主席成了好朋友,小张给她做了全套护肤美容和化妆,边做边讲解,并针对她的肤质特点提出建议,工会主席发现化妆后比平时漂亮多了。大家的赞美使她很高兴,自然成了小张的顾客,她也帮助小张介绍了一些同事,在她的影响下,她们单位不少女同事也都开始使用雅芳化妆品了,小张的顾客数量也达到了300人,收入大有增长。这位工会主席后来又帮小张与另外几个大企业的工会主席取得了联系,建立了友谊。通过这种方法,小张发展了几个公司的大量顾客。她们中有的人买全套化妆品,有的人只买单件,不论怎样,她对她们一视同仁,不厌其烦,周到服务,大家对她非常满意。所以,她的顾客量像雪球般越来越大,销售量直线上升,收入也有了极大提高。

[资料来源:李桂荣.推销实务与技巧 [M].北京:北京邮电大学出版社,2018. (引文有修改和删减)]

案例解析

本案例说明,消费者通过一些非正式的渠道获得信息时,意见领袖的作用是非常重要的。意见领袖作为媒介信息和影响的中间和过滤环节,对大众传播效果产生了重要的影响。这种传播方式不仅在两个层次间进行,并且常常是"多级传播",一传十,十传百,由此形成了信息的扩散。生活中由于种种原因,许多受众并不经常接触媒介上的信息,其信息来源往往是一些意见领袖。有的信息即使直接传达到受众,但由于人们的依赖、合群、协作心理,促使他们很难在态度和行为上发生预期的改变,因此,还需要意见领袖对信息做出解释、评价,在行动上做出引导。

一、意见领袖的概念

在口头传播的过程中，经常可以发现，有些消费者会较其他消费者更频繁或更多地为他人提供信息，从而在更大程度上影响其他消费者的购买决策，这样的消费者被称为意见领袖或舆论领袖。

意见领袖通常限定在特定的商品领域或特定的购买情境中。例如，某位消费者是电器商品的行家，在电器商品领域具有丰富的知识和经验。于是，其他消费者在购买电器商品时就会向他求教，获得他的意见与建议。在另外的商品如服装、家具等领域，该消费者不一定是意见领袖，他人在购买这些商品时可能并不征求他的意见。也有些消费者会在多个领域成为意见领袖，这样的消费者被称为多面意见领袖。

调查表明，在有些文化背景下，单一意见领袖占主导地位。而在另外一些文化背景下，多面意见领袖则占主导地位。保罗·拉扎斯、菲尔德等人在20世纪60年代对美国人的政治观点、家庭购物、服装式样、电影四个方面的意见领袖做了调查，他们发现这四个方面的意见领袖很少重合。也就是说，在美国，似乎是单一意见领袖占主导地位。多德的研究则表明，在非洲有26%的被调查者对种田、纠纷、宗教等多种问题都到同一个人那里去求教，也就是说，多面意见领袖在非洲一些地方占主导地位。经过分析我们认为，在传播技术比较发达的社会里，单一意见领袖比较盛行；在传播技术欠发达的社会里，多面意见领袖则较为盛行。

市场营销人员一直试图找出人群中的意见领袖所具有的共同特征。因为，一旦能根据这些特征识别出意见领袖，那么，企业就可以将信息传播的重点放在据此确定的意见领袖上，并通过意见领袖将所要传达的信息扩散到目标消费者中。然而，迄今为止，关于寻找意见领袖共同特征的努力，顶多也只能说是取得了有限的成功。其中最无争议的发现是，意见领袖对某种商品或某种类型的商品具有浓厚的兴趣和丰富的知识。也有证据显示，意见领袖较一般消费者更为活跃，更加具有自信心，而且具有较高的社会地位；在商品购买上，意见领袖比跟随者更富于创新，但他又不同于商品的创新采用者。

当然，并不是在任何情况下都会出现意见领袖，其影响力也不是在所有情况下都是相同的。根据已有的研究发现，意见领袖的影响很有可能在以下情况发生：个体对某一商品和品牌的认识有限；个体缺少评价商品和服务的能力；消费者不相信广告或其他信息来源；对消费者来说，通过媒介获得的信息可信度低；个体对社会认同有很高的要求；在信息发送者和信息接收者之间有很强的社会联系；商品复杂，消费者难以掌握足够信息；通过客观标准很难测试商品，因此，他人的经验成为"代理性试验"；对意见领袖来说，商品具有高度可见性。

 二、意见领袖的意义

长期以来，营销人员就意识到意见领袖对消费者行为的重要影响，他们发现，口头传播信息等非正式沟通比广告等正式沟通更受消费者的信任。所以，营销人员常试图促进消费者对本企业商品的非正式沟通。

1. 直接识别和利用意见领袖

要想直接利用意见领袖，首先就要通过调查或逻辑推理，判断出在现有状况下意见领袖是哪些人。但是，在现实中要想识别出哪些人是意见领袖并非易事。因此，只有留心观察，才会发现有些商品具有职业的意见领袖。例如，理发师就是洗发品和护发品的意见领袖，农业技术人员就是良种、农药及化肥的意见领袖。因此，我们有可能通过逻辑推理辨别出许多商品的意见领袖。同时，也可以根据意见领袖的特质设计问卷，用问卷法来识别意见领袖。

当意见领袖被发现后，营销人员就可以把营销调研的重点放在他们身上。例如，对商品试用情况的调查、广告文案的事先测试、媒体偏好的调查等，进行这些典型调查时应该首先选择意见领袖作为调查的对象。此外，营销人员也可以通过向意见领袖赠送免费样品来促进意见领袖形成。因为，送免费样品给那些潜在的消费者，已被实践证明是引起消费者对该商品进行非正式沟通的行之有效的工具之一。

2. 刺激意见领袖

这种促销策略是通过给潜在的意见领袖提供充分的信息和激发其足够的兴趣，以促使意见领袖与其他消费者对商品特性开展讨论。将广告设计成让消费者"告诉你的朋友，你有多么喜欢本企业的商品"就是营销人员利用广告刺激潜在意见领袖与其他人讨论广告商品的一种方式。另外，利用包装或传单等媒介向消费者提供大量的信息，也是营销人员刺激意见领袖的常用方法。

3. 模仿意见领袖

模仿意见领袖是企业通常在广告和人员推广中使用的营销策略。这种策略是请几个人扮演非正式沟通中的角色，在公众面前对商品展开讨论。使用这种策略能够减少消费者向其他人寻求商品知识和劝告的实际行为。

4. 培养意见领袖

除了直接使用或刺激意见领袖外，一些学者还建议"创造"意见领袖。在一份研究中，一家唱片公司邀请中学生团体的领袖人物，如班长、体育委员、文艺委员等参加一个评选唱片排行榜的小组。该公司把参加评选的所有唱片和歌手情况都详细地介绍给这些学生，同时，也鼓励这些学生去调查有关的情况。而且，这些学生也被鼓励去与朋友讨论自己的选择。结果该公司经评选小组评审的唱片中，有几张排在该城市销量最多的前十名内，但这些唱片在其他城市中根本排不到前十名。由此可见，该公司在培养意见领袖方面取得了明显的成功，扩大了他们的销售量。

由此看来，意见领袖是可以培养的。由于意见领袖具有爱交际和对某类商品感兴趣且有较多了解的特征，因此，一个企业可以先识别一批爱交际的人，然后培养他们对本企业商品的兴趣，增进他们对本企业商品的了解，使他们成为企业商品的意见领袖。

模块三　消费流行

案例导入

"60后""70后"的流行：喇叭裤、蛤蟆镜、录音机

　　喇叭裤和蛤蟆镜的时髦盛行时期确说是在20世纪60—70年代，而在80年代逐渐消失。那个时候，拿着收录机去郊游，非常时髦。再就是扛一把吉他，不会弹也拿着，反正就是时髦，也不嫌累，年轻人聚会有放唱片的，有放磁带的。

　　港台电影那个时候的形象基本也是喇叭裤，裤脚宽得足以当扫帚的"奇装异服"也出现在20世纪七八十年代。这种外表不分男女，拉链一律开在正前方的裤子，在那时大多数人们的眼中，与"不正经"几乎画等号，好人家的孩子是不能穿的。然而，年轻人对新事物的接受速度让人惊叹，也就一两年的功夫，喇叭裤迅速风靡大江南北。喇叭裤流行之初遭到校方的严禁，学校里每天都要检查，大街上还有专门的联防队员检查，"抓到穿喇叭裤的，不管三七二十一，肯定是上来先按倒，然后把喇叭裤的裤腿剪掉……当然这都是在刚有喇叭裤的时候，后来随着思想的解放，大家也就习惯了，接受了"。

　　与喇叭裤同来的时尚物品是蛤蟆镜。所谓蛤蟆镜就是太阳镜，但由于其比较大，夸张地说可以遮住上半张脸，所以人们都嬉称为蛤蟆镜。"买回一副蛤蟆镜，一定要把贴在蛤蟆镜上的标签留下，因为标签上往往会写着'香港''广州'这样的地名，在人们最初的印象中：从南边儿来的东西才是好东西。"这种流行是一般年轻人无法拒绝的。当时有过与喇叭裤一样的命运，剪掉裤子，没收墨镜（蛤蟆镜）。某些眼镜厂专门生产了只为成人戴的一次性蛤蟆镜（起名玩具眼镜），没收了再买。后来这样的也不让生产了。

　　20世纪80年代初，收音机已不是什么新鲜东西了，取而代之的是单卡录音机，这种录音机基本都是进口的，松下的、日立的、三洋的……虽然很沉，但年轻人还是愿意把它扛在身上，随时按下键子，歌声随之满大街四处飘荡。有人回忆说："当时能有这样打扮，可以与90年代那些刚拿'砖头大哥大'人的派头相媲美。"

　　　　　　［资料来源：https：//www.7788.com/33041/auction-3407-73114.html.］

案例解析

　　流行是社会上相当多的人在较短时间内，由于追求某种行为而愿意一起行动的心理强制。思想、行为、信息和商品常常会像传染病一样，迅速传播蔓延。流行爆发的那一刻，即达到临界水平的那一刻，就是一个引爆点。改革开放后的喇叭裤、蛤蟆镜和录音机，等等，都曾经是风行一时的流行商品，大街小巷，人们竞相购买，消费者以拥有这样新潮的商品为荣，从而引发时尚潮流。购买者往往通过消费行为来表达自己的某种思想和情感。

　　消费流行会对社会生产有着重大的影响。当企业推出一种新的商品，如果成为流行商品以后，由于市场广阔，销量增长迅速，销售时间集中，能给企业带来巨大的利润；反之，如果对消费估计不足，商品将产生大量积压，将会给企业带来很大的损失。消费流行会带来广阔的市场,也会给市场带来巨大的活力。同时,消费流行的商品是市场的重点商品,因为它们销售迅速、购买活跃,产销双方都能获得较多的利润,在流行商品的带动下与此有连带消费关系的商品,以及其他许多类商品也会大量销售,使市场活跃、繁荣兴旺。

一、流行的概念

消费流行是在一定时期和范围内,大部分消费者呈现出相似或相同行为表现的一种消费现象。具体表现为多数消费者对某种商品或时尚同时产生兴趣,从而使该商品或时尚在短时间内成为众多消费者狂热追求的对象。此时,这种商品就成为流行商品,这种消费趋势也就成为消费流行。

消费流行出现的原因是多方面的。一方面,某些消费流行的产生是出于商品生产者和销售者的利益。为扩大商品销售,努力营造出某种消费气氛,引导消费者进入流行的潮流之中;另一方面,有些流行现象是由于消费者的某种共同心理需求造成的。许多消费者在共同心理的影响下,主动追求某种新款商品或新的消费风格,从而自发地推动了流行的形成。

一般说来,一些吃、穿、用的商品都有可能成为流行商品,尤其是穿着类商品、日用商品流行的机会更多。消费流行是客观存在的,是不以人的意志为转移的。消费流行一旦在某一消费者群体中出现,便会形成一种强大的社会心理强制,随之大规模消费行为跟随产生了。事实证明,消费流行往往是新的常规性消费行为形成的前驱。我们从消费流行中,可以把握住社会群体的思想脉搏,超前把握消费潮流与趋向,增强营销的主动性。

二、流行的分类

消费流行涉及的范围十分广泛,有世界性、全国性、地区性和阶层性的消费流行;也有一般流行、迅速流行和缓慢流行;还有短期季节流行、中短期流行和长期流行等。归纳起来,消费流行的方式一般有以下三种:

1. 滴流,是指自上而下依次引发的流行

通常以权威人物、名人明星的消费行为为先导,然后自上而下在社会上流行开来。如中山装、列宁装、旗袍的流行等。

2. 横流,是指社会各阶层之间相互诱发的横向流行

具体表现为,某种商品或消费时尚由社会的某一阶层率先使用、领导,然后向其他阶层蔓延、渗透,进而流行起来。

3. 逆流,是指自下而上的流行

这种流行是从社会下层的消费行为开始的,逐渐向社会上层推广,从而形成消费流行。如牛仔服原是美国西部牧牛人的工装,现在已成为下至平民百姓、上至美国总统的流行服装。

不管采取何种方式,消费流行总是由"消费领袖"带头,而后引发多数人效仿,从而形成的时尚潮流。

三、流行的特征

1. 骤发性

消费者往往对某种商品或服务的需求急剧膨胀、迅速增长。这是消费流行的主要标志。

2. 短暂性

消费流行具有来势猛、消失快的特点，因而常常表现为"昙花一现"，其流行期或者三五个月，或者更短。同时，对流行商品，其重复购买率低，多属一次性购买，从而也缩短了流行时间。

3. 一致性

消费流行本身由从众化需求所决定，使得消费者对流行商品或服务的需求时空范围趋向一致。

4. 集中性

由于消费流行具有一致性，这种从众化的购买活动，在流行商品流行时间相对短暂的影响下，使得流行商品购买活动趋向集中，从而易于形成流行高潮。

5. 地域性

这是由于消费流行受地理位置和社会文化等因素影响造成的。在一定的地域内，人们形成了某种共同的信仰、消费习惯和行为规范，区别于其他地域。比如，甲商品在 A 地流行，但在 B 地就不一定流行，甚至是被禁止使用的。

6. 梯度性

这是由于消费流行受地理位置、文化层次、交通条件、收入水平等多种因素影响决定的。消费流行总是从一地兴起，然后向周围地区扩散、渗透，于是在地区间、在时间上形成流行梯度。这种梯度差会使得流行商品或服务在不同的时空范围内处于流行周期的不同阶段。

7. 变动性

从发展趋势来看，消费流行总是处于不断变化之中。求新求美是消费者永恒的主题，也是社会进步和需求层次不断提高的社会反映，这势必引起消费者的不断变化，流行品的不断涌现。

8. 群体性

一种消费流行往往是在特定区域的特定人群中开始的。如果这种消费流行具有通用性和群体性，就会为更多的人群接受和仿效，迅速发展扩散。

9. 相关性

人们的消费需求不仅是相互关联、相互依存的关系，而且还通常组成某种消费需求群，表现出奇特的系统组合特征。比如，在西服热兴起的时候，消费者的需求并不仅仅局限于西服本身，而是随着对西服需求量的增加，对衬衫、领带、皮鞋、袜子等消费品的需求量也都随之上升。这里，消费者对西服的需求实际上就是一个需求群，或者说是一个需求系统。

10. 周期性

消费流行尽管具有突发性、短暂性等特征，但同时，某种消费倾向自发端于市场到退潮于市场，有一个初发、发展、盛行、衰老、过时的过程，该过程就是消费流行的周期性。

四、流行对消费行为的影响

1. 可以促进消费者在某些商品消费上形成共同偏好

不同阶层、社会文化和经济背景的人群，在商品和服务的消费上会呈现很大的差异性，流行则可以打破人们之间地位、等级和社会分层的界限，使不同层次、不同背景的消费者在流行商品的选择上表现出同一性。这种同一性不仅与现代社会化大生产相适应，而且也有助于增加社会的同质程度和增强社会的凝聚力。

2. 可以促进人们在商品购买上采取从众行为

从众实际上就是在思想上、行动上与群体大多数成员保持一致。人们之所以会产生从众行为，一个主要原因就是因为大多数人认为群体的意见值得信赖，群体可以提供自身所缺乏的知识和经验。流行虽然是一种自发的行为，但它毕竟在消费者周围营造了一种不容忽视的环境。传播媒体对流行事物的大量传播，朋友、同事和其他相关群体对流行现象的谈论和热衷，都将进一步强化消费者的从众心理，并促使其采取从众消费行为。

3. 可以满足社会和心理需要

流行是以满足一定的社会和心理需要为基础的。满足这类需要的方式有很多，流行只是其中的一种方式而已。有人说："流行提供了一种很好的方式，使人们得以发挥自己异想天开和反复无常的天性而又无害于社会与他人，得以用温和的方式逃避习俗的专制，可以在社会认可的范围内尝试新奇的东西，使精英阶层可以实现他们那种令人生厌的阶层分界，也允许地位低下者与地位高贵者进行外在的、虚假的认同。"流行的上述功能，实际上折射出它满足消费者某些社会与心理需要的功能。

4. 可以反映消费者的心理与个性差异

流行过程大体上可以分为介绍、风行、高潮、衰落四个阶段。一些消费者可能在介绍或风行阶段就率先接受流行事物，加入流行中，而另外一些消费者则可能在这一过程的后期才逐步接受流行事物。流行事物的早期采用者通常是因差异性心理，即通过带头消费别人没有使用的商品与服务，以显示自己的独特性。流行事物的晚期采用者则多是显示协调性、一致性心理，即通过购买流行商品，跟上时代的潮流和步伐，以表明自己不甘独立于社会之外的心态。

思考题

1. 如何理解口头传播的内涵？
2. 口头传播有哪些优点和缺点？
3. 意见领袖有哪些特征？

4. 如何利用意见领袖制定合理的营销策略?
5. 简述消费流行的特征。
6. 如何在实际营销中应用消费流行的理论知识?

案例分析

79个意见领袖平均粉丝286万

本报北京12月7日讯 记者万学忠王开广对79个意见领袖账号的抽样研究显示:意见领袖粉丝量平均达286万;北京的意见领袖群体已经超过整体的半数;媒体从业者占比最高;公共事件的舆论主导权正逐步被精英阶层控制,社会草根的话语权被边缘化。

这是12月7日发布的《中国新媒体社会责任研究报告》(简称《报告》)披露的。

研究人员选取2013年17个公共事件进行研究,通过对382条具有重大影响力的微博样本进行实证分析,识别出79个意见领袖账号。

研究发现,男性账号53个(67%),女性账号8个(10%),未知账号18个(23%);在实名认证上,65个(82%)账号是经过实名认证的,只有14个(18%)账号为匿名;身份分布方面,个人账号61个(77%),机构账号14个(18%),身份未知账号4个(5%)。

《报告》披露,意见领袖群体在地域分布上呈现明显的集中化趋势。此前,在对意见领袖不同研究中都可以发现,北京、上海和广东是意见领袖的主要分布区域。但本研究显示,在传统认为的意见领袖三大集中地中,北京已经呈现出一家独大趋势,有41个账号(52%)来自北京。其次是广东。香港和福建已经超过上海,成为意见领袖数量排名第三和第四的地区。

在意见领袖职业分布上,媒体从业者是意见领袖最大的群体(21人,27%),信息获取与传播的优势使媒体从业者更容易成为突发事件传播中的意见领袖。其次是企业高管、学者、律师、作家、明星、导演、诗人等。这些精英群体占意见领袖总数的76%。《报告》分析,公共事件的舆论主导权,正逐步被社会精英群体控制,而草根阶层话语权则进一步被边缘化。

对意见领袖社会责任的实证评估发现,意见领袖普遍重视信息传播的真实性和评论的深度,普遍重视信息把关、广告控制和侵权控制。《报告》分析,这源于三个因素:一是政府治理力度的加大,二是网络运营商技术层面的管控,三是意见领袖自觉培育自己的公信力。

《报告》指出:"提高微博意见领袖社会责任的整体水平,需要从'教育大众'和'协调关系'两方面入手。这个过程需要政府和意见领袖的共同努力。"

[资料来源:高博. 消费者行为分析与实务 [M]. 北京:北京邮电大学出版社,2015.]

问题:
1. 意见领袖在消费者心中扮演的角色是什么?
2. 这些角色对于消费行为的发生有何意义?

实训设计

如何让香包在市场上真正飘香

1. 实训目的

运用所学习的消费流行的理论和知识,根据下文资料背景中的情况,给村民提供香包营销建议,制定可行的营销策略。

2. 实训内容

①根据给出的背景资料和学习的理论知识,以小组为单位展开讨论,各抒己见,要求每位同学都要积极发言。

②资料整理汇总。将小组讨论的结果整理汇总,形成书面的设计方案。

③成果展示和评价。

3. 实训要求

①分组。每组4~6名同学。

②讨论。各小组根据农村的实际情况,结合学习消费流行的知识,给村民提供一些销售的建议。

③整理。将小组讨论结果进行整理,设计一份营销方案。

④展示。每小组派1名成员,将小组的建议汇总,与班级同学和老师一起分享。

⑤评价。组间互评+教师点评。

背景资料

"彩线轻缠红玉臂,小符斜挂绿云鬟。"古人为了确保孩子的健康,用中药制成香袋拴在孩子的衣襟和肩衣上,在初夏的端午节前后开始佩戴。款式精美的香包,不仅给节日增添了无限的情趣,也有清香、驱虫、避瘟、防病的功能。经世代相传,端午节佩戴香包就成了中国传统习俗之一。

某地有一个村庄,该村妇女心灵手巧,手工缝制的香包造型淳朴,原生态文化韵味十足。但香包长期以来"藏在深闺人未识",其商业价值并未充分挖掘。该村的村干部一直想在手工香包上面做文章,一方面丰富该村留守妇女的生活,另一方面让留守妇女能够通过自己灵巧的双手增加家庭收入。

生产容易销售难。早在20世纪80年代,每逢端午节就会有该村妇女将自己制作的香包拿到集市上销售,却很少有人问津,极大打击了该村妇女继续手工制作香包的信心。

马上又要到端午节了。该村的村干部最近通过报纸上的新闻发现,现如今,城里人又重新开始追捧传统节日里的些旧风俗了,尤其是对于一些手工艺制品,甚至有人说:"只有手工的才是传统的。"他们觉得时机到了,于是决定组织本村留守妇女重拾这门手艺,带领她们增收致富。

可是,仅凭热情和决心是不行的。村里面好像没有人专门学过市场经营方面的知识,很多妇女对于能不能卖出去都没有信心,村干部心里也没底。这时候,村主任突然想到了本村的大学生牛国庆学的是营销专业。于是村干部就给牛国庆打了个电话,希望他能帮个忙,对市场做个分析,看看这个项目能不能做,该怎么做。并且请他参加村务会,在大家面前做个报告,最好再给出些建议。

假如你是牛国庆,请你撰写一篇分析报告,帮助村主任分析一下与香包有关的消费者心理,会不会为打开本村手工香包市场带来商机;如果可以的话,顺便提出一些营销建议,谈谈如何让香包像西方的玫瑰一样也成为一种流行消费。

[资料来源:张之峰,张学琴.消费心理学 [M].北京理工大学出版社,2010.(引文有修改和删减)]

 道德观察

青年人的责任与担当

说起来很有意思,一百年前的年轻人钟情"民主与科学",一百年后的年轻人偏爱"房子与票子",相较起来,彼时的青年似乎更加文艺、更务虚,而此时的青年更加功利、更加务实。

一百年前的中国积贫积弱,中华民族处于危急时刻,按理说,年轻人应该更加注重物质条件才对,可他们偏偏选择了那个时代最为抽象而时髦的口号作为高举的精神大旗;一百年后的中国欣欣向荣,万象更新,中华民族处于历史上最为繁盛、最为伟大的时期,这时的青年本应在物质生活相对充裕的基础上更应怀有信念和理想,却偏偏将自我的理想仅仅标定为立命安身、小富即安。

物欲横流的时代,恰恰是选择最为困难的时代,也是欲望疯长的时代。在一穷二白的时期,大家都是一个样,追求物质条件已成为一种不现实的奢望,所以,反倒不如去追求脱离柴米油盐之外的精神世界,因此,民主与科学成为那个时代年轻人最为景仰的信条;而当今时代提供给年轻人的物质极度丰盛、引诱极为强烈、选择异常繁多,人与人之间就开始形成这样或那样的差距,人们都开始把时间放在了比较与算计上,放在了匆匆赶路上,放在了纠结与攀比上,生怕上演"少壮不努力,老大徒伤悲"的悲剧。也就是说,现代的年轻人不是更轻松,反倒是更累了,他们的欲望更多元、纠结更复杂、考虑太庞杂、选择成本太昂贵,就连一个小小的选择所引起的差距也更悬殊,人生陷入一个"赢不起",更"输不起"的困局之中。基于此,再去高谈宏远的人生理想、阔论抽象的生活命题似乎难为了他们,也略显不够现实。

中国现在处于一个从脱贫到小康转型的时代,好多年轻人都是从贫穷到富裕的见证人,他们不想重蹈前一代人的覆辙,他们想通过自己勤劳的双手赚取自己的每一桶金,再去心安理得地分配自己的劳动果实,这一过程并非是拜金主义的复辟,而是理想主义的具体化。美好的生活要靠自己的双手来创造,用金钱来追求有品质的生活,这本是无可厚非的权利,亦是值得褒奖的义务。从这个意义来讲,"票子和房子"背后的品质生活和优雅格调才是当代年轻人最为真实的人生信条。

追求个体的品质本没有错,然而站在历史长河的湍流前,当代年轻人更应该有一种摆脱小我的大情怀。"安得广厦千万间,大庇天下寒士俱欢颜"的声音在这个时代似乎越来越弱了,"我为人人,人人为我"的信仰仿佛也停留在20世纪70、80年代青年人一厢情愿的愿望之中。当代青年人多了一份莫名的不安全感,少了一份真实的时代存在感;多了几分对物质生活的疯狂占有欲,少了些许推己及人的涵养。因此,我们看到越来越多暴露

出青年人个性有余、魅力不足，漠然有余、热情不足，欲望有余、节制不足，物质攀比有余、精神情怀不足的问题和细节。

一个有为青年，不仅是可以"让自己过得好"，更应该让"大家过得好"；不仅需要一种小富即安的小资情调，更应该彰显"治国，平天下"的时代情怀。有理想才不会在金钱面前败下阵来，有信念才能引领一个民族寻找到他的心灵归宿，有担当才会让自己的一生更有分量。

[资料来源：https://wenda.so.com/q/1555310297619098？src＝140&q＝%E9%9D%92E5%B9%B4%E4%BA%BA%E7%9A%84%E8%B4%A3%E4%BB%BB%E4%B8%8E%E6%8B%85%E5%BD%93．（引文有修改和删减）]

问题：

1. 此文章给你的感受和启发是什么？
2. 作为当代青年应该具有怎样的使命和担当？

项目七

研究消费文化对消费行为的影响

知识目标

- 理解与消费文化相关的若干概念。
- 理解文化及亚文化对消费者行为的影响。
- 了解不同年龄消费群体的心理与行为。
- 理解不同文化价值观对消费行为的影响。

能力目标

- 能够将消费者划分为不同的亚文化群体。
- 能够结合不同消费群体的特点制定相应的营销方案。
- 能够清晰地指出企业在进行全球营销时要考虑的因素。

道德目标

- 坚定热爱祖国和建设祖国的决心。
- 树立正确的政治立场,思想和行为始终与党中央保持一致。

模块一 社会文化与消费行为

案例导入

这款国产手机为什么在非洲卖到销量第一

黑人自拍时,脸部很难定位,一家来自中国深圳的手机品牌创新地解决了这个难题。

现在,这家品牌打败了国际国内的众多知名竞争对手,非洲市场份额占到40%,成为名副其实的"非洲之王"。

2016年1月,深圳某官员在一次公开会议上说道:"我去年去非洲,才知道深圳有一家企业在非洲手机市场占有那么高的市场份额。"

这家公司就是深圳传音控股有限公司。其旗下的手机品牌有 TECNO、itel、Infinix，我们都没有听说过，但它在非洲的份额达到40%！

要知道，非洲有54个国家和地区，超过11亿人口，40%的占有率是非常可怕的数字。

和国内的手机比较，华为2015年全球手机出货量是1.08亿部，小米超7 000万部。传音虽然只有5 000余万部，但全部用于出口，出口量排到第一。2016年上半年中国手机品牌出口如图7-1所示。

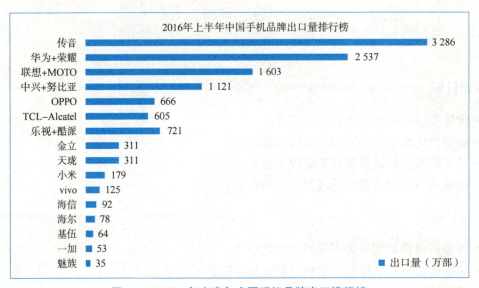

图7-1 2016年上半年中国手机品牌出口排行榜

2016年上半年，TECNO出口量为3 286万部，为上半年国内手机出口榜首。同期华为加荣耀出口量为2 537万部。

那问题来了，为什么是这家公司？名不见经传凭什么打败非洲大陆一众知名品牌？

传音控股CEO刘俊杰说，传音成为"非洲之王"的秘诀，就是本地化、差异化、贴近消费者需求。

让非洲人民爱上自拍

全世界的人都爱自拍，非洲人民也不例外。

不过，由于大部分手机拍摄都通过面部进行识别，肤色较深的人种很难做到准确识别。尤其是在光线不佳的情况下，拍出来就是一团漆黑。

为了贴近本地市场，传音动起脑筋。他们成立工作小组，大量搜集当地人的照片，进行脸部轮廓、曝光补偿、成像效果的分析。

最终，传音想出了解决办法！

与一般手机拍照时通过脸部识别不同，传音手机通过眼睛和牙齿来定位，在此基础上加强曝光，帮助非洲消费者拍出更加满意的照片。非洲消费者自拍照如图7-2所示。

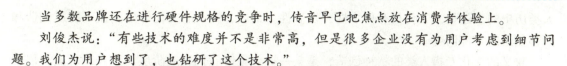

当多数品牌还在进行硬件规格的竞争时,传音早已把焦点放在消费者体验上。

刘俊杰说:"有些技术的难度并不是非常高,但是很多企业没有为用户考虑到细节问题。我们为用户想到了,也钻研了这个技术。"

图7-2 非洲消费者自拍照

最终还是依赖技术解决

于是,当三星等品牌在非洲比硬件时,就已经输了——他们的产品是符合"国际标准"的产品,但传音满足了非洲用户的内心需求。

你以为这就是全部了?不!

非洲用户大多有两张以上的 SIM 卡,却受消费能力所限,大多只有一台手机。正是看准了这种刚需,传音率先在非洲推出双卡手机,不出意料,产品很受欢迎。

后来甚至推出了四卡手机。

能歌善舞的非洲人民,怎么能离得开音乐呢?今年3月,传音发布新款手机 Boom J8,主打音乐功能,居然随机赠送一个定制的头戴式耳机。

结局你也猜到了,手机大获成功,尤其是喜欢音乐的用户,简直离不开它!

[资料来源:http://www.sohu.com/a/123011923_117262.]

 **案例解析**

上述案例说明,在经济全球化的今天,企业的营销决策必须考虑到诸如社会文化、社会群体以及国家之间的文化差异等影响消费者行为的因素。在本项目中,我们就来一起分析这些社会环境因素对消费者行为及企业营销决策的影响。

一、社会文化的相关概念

1. 文化的概念

文化的含义十分广泛,人类社会所创造的一切成果和人类生活的各个方面都可以纳入文化的范畴。

一般说来,文化有广义和狭义之分。广义的文化是指人类在长期的历史发展中共同创造并赖以生存的物质与精神存在的总和。我们可以从三个方面来理解:首先,广义的文化是与人类及人类的创造活动相联系的,文化是以人为中心的活动。其次,广义的文化涵盖人类历史的全过程，文化具有传承性、发展性。最后，广义的文化外延涵盖了物质创造和精神创造的全部内容。

狭义的文化专指人类的精神创造，是某一社会集体（民族或阶层）在长期历史发展中经传承而自然累积的、共有的人文精神及其物质体现的总体体系。我们可以从以下三点来分析：首先，狭义的文化不但以人为中心，而且以人的精神活动为中心；其次狭义的文化关注的不是个别人的精神活动，而是经传承而累积的、共有的成体系的人文精神；最后，狭义的文化关注的不仅是全人类的普遍共性，而且更注重不同民族阶层、集体人文精神的特点。

现在我们给出一个目前比较权威的文化的定义。1982年，世界文化大会在《总报告》和《宣言》中，对文化的概念做了如下定义："文化是体现出一个社会或一个社会群体特点的那些精神的、物质的、理智的和感情的特征的完整复合体。文化不仅包括艺术和文学，而且包括生活方式、基本人权、价值体系、传统和信仰。"

2. 文化的特点

（1）文化是后天习得的

文化是一种习得行为，文化不包括遗传性或本能性反应。人类个体在很小的时候，就从自己周围的社会环境中学到了一整套的信念、习惯、价值观等。文化的习得一般通过三种方式获得：正式学习，在这种学习方式中，大人教孩子"如何去做"；非正式学习，在这种学习方式中，孩子主要是通过模仿别人的行为而获得经验；专门学习，在这种学习方式中，教师在专门的教学环境中告诉学生为什么要做及怎样去做等。

（2）文化的影响是无形的

文化是无形的、看不见的，但是文化对于人的影响是潜移默化的，所以，在大多数情况下我们根本意识不到文化对我们的影响。人们总是与同一文化下的其他人一样行动、思考、感受，这样一种状态似乎是天经地义的。只有当我们被暴露在另一个具有完全不同文化价值观或者习惯的人面前时（如当我们到另外一个不同的地区或国家做客时），我们才会意识到自己所特有的这种文化已经塑造了我们的行为。

（3）文化既有稳定性，又有可变性

文化是在一定的社会环境中形成的，所以具有相对的稳定性。一种文化一旦形成，便会在一定时期内长期发挥作用，并通过各种形式代代相传下去。同时，文化又是动态的和发展的，它会随着时间的变化而缓慢地演变。特别是由于科技的进步和社会生产力的发展，人们会出现新的生活方式，与此同时，价值观和习惯等也会发生变化。因此，对市场营销人员而言，不仅应该了解目标市场现在的文化价值观，还要了解正在出现的新的文化价值观。

（4）文化的规范性

现代社会越来越复杂，文化不可能规定人的一举一动，只能为大多数人提供行为和思想的指导和边界。而这种"边界"的设置有时比较宽松，通过影响家庭、大众媒体等的途径来发挥作用。

文化对个人的行为设置的"边界"，也就是我们通常所说的社会规范。社会规范是群体共享的行为和思想方面的理想模式，也就是关于特定情境下人们应当或不应当做出某些行为的规则。当实际行为与社会规范发生背离时，就要受到惩罚。惩罚方式多种多样，其程度从轻微的不被认同到被整个群体所抛弃。因此，社会规范对个体的影响更多的不是让你做什么，而是不能做什么。只有在孩提时代学习一种文化的过程中，遵循规范才会获得社会群体公开的赞许。在其他情况下，按文化方式行事被认为是理所当然的，不一定伴随赞许或奖赏。

3. 亚文化的概念

亚文化又称副文化，指不占主流的或某一局部的文化现象，相对于某一国家或社会的主流文化而言。一种亚文化可以代表一种生活方式。它不仅包括与主流文化共通的价值观念，而且还包括自己独特的价值观念。每个亚文化群体都有自身的某些生活行为方式，成员往往认同这种生活方式。

与某宗教、种族或国家的亚文化联系在一起的人会自动接受这一群体的行为准则和价值观。从属于同一亚文化的成员会频繁地购买相同的品牌和商品，看相同的杂志和去相同类型的商店。亚文化不仅通过人种和宗教来界定，还可以根据人口特点和生活方式来界定。

4. 亚文化的特点

①亚文化具有独特性。一种亚文化越是具有独特性，它的潜在影响力就越大。
②亚文化具有同一性。一种拥有相同价值观的亚文化更可能对其成员产生影响。
③亚文化具有排他性。有些时候，亚文化会寻求从社会中独立出来或者被主流社会所排斥。其目的是强化亚文化的影响，或者更好地维持亚文化的行为准则和价值观。

二、种族亚文化与消费行为

当某个特定种族或国家群体中的消费者拥有一种影响其价值观和购买行为的共同文化遗产或环境时，他们会被人为地归属于种族亚文化消费者群。如白种人、黄种人、黑种人都各有独特的文化传统、文化风格和消费习惯。他们即使生活在同一国家甚至同一城市，也会表现出自己特殊的需求、爱好和购买习惯。

三、民族亚文化与消费行为

几乎每个国家都是由不同民族所构成的，例如，我国有56个民族，美国人也分英裔、西班牙裔、非洲裔、亚裔、拉美裔以及印第安人等。不同的民族，都具有各自独特的风俗习惯和文化传统。民族在长期生存和繁衍过程中，逐渐形成了本民族独有的、稳定的亚文化，并在生活方式、消费习俗和偏好禁忌中得到强烈的体现，从而形成了该民族所特有的消费行为。民族亚文化对消费者行为的影响是巨大的、深远的。

各民族的特色消费体现着民族的传统文化。比如，汉族深沉、含蓄，服装风格严谨、朴实，春节吃饺子、吃年糕、放鞭炮，元宵节吃元宵、耍龙灯，端午节吃粽子，中秋节吃月饼等。中国其他民族，如藏族过藏历年、傣族有泼水节等，都有各自富有民族特色的节日商品。不同民族的消费习俗都是由各自民族的传统文化所决定的，只有深入研究民族传统文化才能使企业对市场做出正确的判断和决策，生产出适应不同民族特色的商品。

四、区域亚文化与消费行为

自然地理环境的差异也会导致人们在消费习俗和消费特点上的不同。长期形成的地域习惯，一般比较稳定。自然地理环境不仅决定着一个地区产业和贸易的发展格局，同时，也间接影响着一个地区消费者的生活方式、生活水平、购买力的大小和消费结构，从而在不同的地域形成了不同的商业文化。

思考与讨论

中国饮食文化是有着长远历史、博大精深的中国文化。

在中国传统文化教育中的阴阳五行哲学思想、儒家伦理道德观念、中医养生学说，还有文化艺术成就、饮食审美风尚、民族性格特征诸多因素的影响下，创造出多姿多彩的中国烹饪技艺，形成了博大精深的中国饮食文化。

从外延看，中国饮食文化可以从时代与技法、地域与经济、民族与宗教、食品与食具、消费与层次、民俗与功能等多种角度进行分类，展示出不同的文化品位，体现出不同的使用价值，异彩纷呈。

从特质看，中国饮食文化突出"养助益充"的营卫论（素食为主，重视药膳和进补），并且讲究"色、香、味"俱全，五味调和的境界说（风味鲜明，适口者珍，有"舌头菜"之誉），奇正互变的烹调法（厨规为本，灵活变通），畅神怡情的美食观（文质彬彬，寓教于食）等四大属性，有着不同于海外各国饮食文化的天生丽质。中国的饮食文化除了讲究菜肴的色彩搭配要明媚如画外，还要搭配用餐的氛围产生的一种情趣，它是中华民族的个性与传统，更是中华民族传统礼仪的凸现方式。

从影响看，中国饮食文化直接影响到日本、蒙古国、朝鲜、韩国、泰国、新加坡等国家，是东方饮食文化圈的轴心；与此同时，它还间接影响到欧洲、美洲、非洲和大洋洲，像中国的素食文化、茶文化、酱醋、面食、药膳、陶瓷餐具和大豆等，都惠及全世界数十亿人。

总之，中国饮食文化是一种广视野、深层次、多角度、高品位的悠久区域文化；是中华各族人民在一百多万年的生产和生活实践中，在食源开发、食具研制、食品调理、营养保健和饮食审美等方面创造、积累并影响周边国家和世界的物质财富及精神财富。

问题：中国饮食文化按照区域亚文化进行分析呈现出什么样的特征？

[资料来源：https：//baike.baidu.com/item/中国饮食文化/85472？fr=aladdin.（引文有修改和删减）]

模块二　年龄群体与消费行为

案例导入

"银发经济"拓荒者：我太难了

由她（他）经济、母婴经济到夜间经济、孤独经济，资本对细分人群消费的深入挖掘是一个前赴后继的过程。

自从去年年初淘宝高薪聘请老年 KOL 开始，"银发经济"逐渐走进公众的视线当中，很快成为资本眼中一片新的待垦土壤。如今，除养老、医疗器械等传统产业外，娱乐、教育等围绕老年人行为习惯的创业项目不断涌现，时不时地传出某个关于银发经济的论坛沙龙召开，也出现一些看起来做得不错的产品。

然而，叫好不一定叫座，目前看来，银发经济一片欣欣向荣的背后，似乎仍存在着诸多的不确定性。

"不会玩""学不会"，是在过去移动互联网高速发展的时候，许多中老年人面对智能机时的态度。可如今，无数的大爷大妈开始在抖音、快手上活跃，在拼多多的多多果园上播种偷水，在趣头条、惠头条上阅读赚钱。

可以说，眼下的银发经济浪潮与智能手机的普及、移动互联网影响至中老年人这些毛细血管的终端用户有着很大的关系。

数据显示，截至 2018 年 12 月，银发人群的月均互联网使用时长高达 118 小时，也就是日均接近 4 个小时，银发人群的活跃率明显高于非银发人群。据中国国务院老龄委预测：至 2020 年中国 60 岁以上人口将达到 2.48 亿；2030 年超过 3 亿人；2050 年超过 4 亿，也就是即将是中国人口的 1/3，这也意味着未来会有越来越多的"网瘾老年"出现。

儿女成家，有钱又很闲，老年人消费内需看起来似乎相当广阔。于是，围绕老年人时间和注意力经济的争夺战役打响了。

例如，洞察到老年人对短视频、直播等新事物兴趣浓厚，映客就试图从直播入手推出了老柚直播。以广场舞为切入点，被誉为是广场舞产品"领头羊"的社区平台"糖豆"，在今年获得由腾讯投资、GGV 纪源资本、顺为资本和 IDG 资本共同投资的 C 轮融资。主打中老年社交电商的爱风尚，通过与广场舞领队（中老年 KOL）联系，做起了广场舞鞋的生意，据了解，它目前已经与 5 万名广场舞领队建立起了联系。而上线于 2015 年 7 月的美篇，与现在糖豆的重心类似，针对中年以上人群，致力于打造一个有共识、有认同感，价值观类似、话语体系相近的同龄人社区。在去年累计用户就已经达到 7 700 万，App 月活达 600 万，用户日均停留时长在 20 分钟左右。除了娱乐以外，健康也是银发经济的重头戏，此前，各式各样的保健品公司兴起就是如此。如今，大健康市场兴起，也出现了一些针对老年人体检的平台，例如，今年 5 月完成数千万美元 B 轮融资的善诊。

回顾过去互联网世界的发展历程，有流量通常意味着有了融资"钱"景，而这一现象

在银发经济拓荒者们的身上似乎再次上演。然而，有流量并不意味着万事大吉，商业化才是最终目的。近段时间共享单车、共享充电宝的涨价潮就是它们迫于商业化压力的不得已而为之，有流量不赚钱一切徒劳，银发经济的各路玩家也是如此。

[资料来源：http://www.woshipm.com/it/2964472.html.（引文有修改和删减）]

 案例解析

通过本案例我们看到，许多平台在新产品设计、切入点选择上可谓是直击要害，确实吸引到了广大中老年群体，这对于经过各大商学院以及一线互联网公司锤炼和洗礼的创业者们来说并不是什么难事。但是真正要说老年人的消费行为学方面的洞察和研究，他们可能还不够深刻。与让无数商业大佬、投资人、创业者纷纷高呼看不懂摸不透的"95后""00后"相比，老年人的世界其实更好理解点儿，只不过需要掘金者们真正沉下心来去理解和感受。

一、年龄群体的概念

1. 群体的概念

群体是指通过一定的社会关系结合起来进行共同活动而产生相互作用的集体，为了实现共同的特定目标而形成相互作用、相互影响和相互依赖的集合体，其成员之间存在一种稳定的联系和心理依附关系。最小的群体是家庭，每个人都有属于自己的家，在这小小的组织中我们与家人互动，建立起亲密的关系。群体规模也可以比较大，例如，几十人组成的班集体。群体人员之间一般有较经常的接触和互动，从而彼此之间能够相互影响。人们总是生活在不同规模与类型的群体之中，多样化的社会群体塑造了丰富多彩的人类行为，并满足着人们的各种需要。

2. 群体的特点

（1）群体是一个有组织的结构，群体成员需以一定纽带联系起来

比如，以血缘为纽带组成了氏族和家庭，以地缘为纽带形成了邻里群体，以业缘为纽带构成了职业群体。同一群体的成员在共同的活动中会表现出观念与行为的一致性，当与其他群体相比较时，成员就会产生一种属于自己群体的感觉，即归属感。共同的目标使群体成员具有极强的凝聚力和归属感。在群体中，每个成员都意识到他人的存在，具有相关活动的意识，并通过成员间的相互影响、相互作用和相互制约，达成群体行为的统一性和整体性。

（2）成员之间有共同目标和持续的相互交往

公共汽车里的乘客、电影院里的观众不能称之为群体，原因是他们是偶然和临时性地聚集在一起，缺乏持续的相互交往。群体中的每个成员都是相互依存，在行为上互相影响、互相联系的关系。群体成员具有一致认同的特定目标，在系统的组织分工下，群体成员达成了共同的行为方向，群体成员所做的一切工作都紧紧围绕群体目标展开。在目标的实现过程中，每个群体成员都具有一定的角色和地位，并努力使其行为与角色相一致，彼此合作使群体能够朝着共同的目标前进。

(3) 成员之间具有认同感

同一群体的成员对于重大事件和原则问题的认识倾向于与群体保持一致。当个体对外界情况不明了时,这种认同就会发生很大的相互影响,有时甚至会是盲目的(如在认知方面的影响)。

(4) 群体成员具有共同的群体意识和规范

群体成员之间常常进行观念、思想、情感等信息交流,成员之间形成了共同的群体意识和规范。

从消费者行为分析角度,研究群体影响至关重要。首先,群体成员在接触和互动过程中,通过心理和行为的相互影响与学习,会形成一些共同的信念、态度和规范,这些对消费者的行为将产生潜移默化的影响。其次,群体规范和压力会促使消费者自觉或不自觉地与群体的期望保持一致。有时即使是那些个人主义色彩很重、独立性很强的人,也无法摆脱群体的影响。再次,很多商品的购买和消费是与群体的存在与发展密不可分的。例如,加入某一球迷俱乐部,不仅要参加该俱乐部的活动,而且还要购买与该俱乐部的形象相一致的商品,比如,印有某种标志或某个球星头像的球衣、球帽、旗帜等。

3. 年龄群体的概念

年龄群体通常指不同年龄段的群体所形成的不同特点的人群。一个年龄群体是由年龄相近且生活经历相似的人组成的。处于某个特定年龄段的人在购买决策上会有许多共同之处,并表现出一些不同于其他年龄群体的特点。消费者的偏好对消费者决策起着十分重要的影响。年龄因素会对消费者的品牌偏好产生重要的影响,人在某个特定的年龄段易于对某种商品形成持久的偏好。消费者决策过程是一个信息加工处理的过程,所以,消费者的信息加工能力必然会对其购买决策产生影响。

二、不同年龄群体的消费行为分析

1. 少年儿童群体的消费行为分析

少年儿童消费者群体是指由 0~14 岁的消费者组成的群体。这部分消费者在人口总数中所占的比例比较大。从全世界范围来看,年轻人口型国家中,0~14 岁的少年儿童占 30%~40%;老年人口型国家中,儿童所占比例为 30% 左右。目前,我国这一比例为 30%~40%,这一年龄阶段的消费者构成了一支庞大的消费大军,形成了具有特定心理特征的消费者群体。

这一部分消费者又可根据年龄特征细分为儿童消费者群体(0~10 岁)和少年消费者群体(11~14 岁)。这里分别就这两个年龄阶段的消费者群体的心理特征进行深入探讨和分析。

(1) 儿童消费者群体的消费心理

从出生到 10 岁的儿童,受一系列外部环境因素的影响,他们的消费心理变化幅度最大。这种变化在不同的年龄阶段表现得更为明显,即乳婴期(0~3 岁)、学前期(3~6 岁,又称幼儿期)、学初期(6~10 岁,又称童年期)。在这三个阶段中,儿童的心理出现了三次较大的飞跃,即开始了人类的学习过程,逐渐具有了认识能力、学习、兴趣、爱好、意识倾向、意志及情绪等心理品质，学会了在感知和思维的基础上解决简单的问题。这种心理特征在消费活动中表现为以下几种情况：

①从纯生理性需要逐渐发展为带有社会性的需要。

儿童在婴幼儿时期，消费需要主要表现为生理性的，并且具有纯粹由他人帮助完成的特点。随着年龄的增长，儿童对外界环境刺激的反应日益敏感，消费需要也从本能发展为有自我意识加入的社会群体性需要。比如，四五岁的儿童已经学会了比较，表现出了有意识的支配行为，年龄越大，这种比较也就越深刻。而这时的儿童仅仅是商品和服务的使用者，很少作为直接的购买者。处于幼儿期、学前期的儿童，已经具有一定的购买意识，并对父母的购买决策可以发生影响。独立性较强的儿童还可以单独购买某些简单商品，即购买行为由完全依赖型向半依赖型发展。

②从模仿型消费逐渐发展为带有个性特点的消费。

儿童的模仿能力非常强，尤其在学前期，对于其他同龄儿童的消费行为往往有强烈的模仿欲望。随着年龄的增长，这种模仿消费逐渐被个性消费所代替，购买行为也开始有了一定的目标和意向，比如，自己的玩具用品一定要好于其他同龄儿童。

③消费情绪从不稳定发展到比较稳定。

儿童的消费情绪极不稳定，易受他人感染而产生变化，这种心理特性在学前期表现得尤为突出。随着年龄的增长，儿童接触社会环境的机会不断增多，有了集体生活的锻炼，意志得到增强，消费情绪逐渐趋于平稳。

（2）少年消费者群体的消费行为分析

少年消费者群体是指10～14岁年龄阶段的消费者。少年期是儿童向青年过渡的时期。在这一时期，少年生理上呈现第二个发育高峰。同时，心理上也有较大变化，例如，有了自尊与被尊重的要求，逻辑思维能力不断增强。因此，少年期是依赖与独立、成熟与幼稚、自觉性和被动性交织在一起的时期。少年消费群体的消费心理特征具有以下几点表现：

①有成人感，独立性增强。

有成人感，是少年消费者自我意识发展的显著心理特征。他们认为自己已长大成人，应该有成年人的权利和地位，要求受到尊重，学习、生活、交友都不希望父母过多地干涉，而是希望能按自己的意愿行事。在消费心理上，他们表现出不愿意受父母束缚，要求自主独立地购买所喜欢的商品。虽然他们的消费需求倾向和购买行为还不成熟，有时还会与父母发生矛盾，但是他们的消费行为正在形成之中。

②购买的倾向性开始确立，购买行为趋向稳定。

少年时期的消费者，知识不断丰富，对社会环境的认识不断加深，幻想相对减少，有意识的思维与行为增多，兴趣趋于稳定。随着购买活动次数的增加，他们的感知性经验越来越丰富，对商品的分析、判断、评价能力逐渐增强，购买行为趋于习惯化、稳定化，购买的倾向性也开始确立，购买动机与实际的吻合度有所提高。

③从受家庭的影响转向受社会的影响，受影响的范围逐渐扩大。

儿童期的消费者主要受家庭的影响。少年消费者则由于本身参与集体学习、集体活动，与社会的接触机会增多、范围扩大，受社会环境影响比重逐渐上升。这种影响包括新环境、新事物、新知识、新产品等方面，其消费影响媒介主要是同学、朋友、书籍、明星、大众传媒等。与家庭相比，他们更乐于接受社会的影响。

（3）少年儿童消费者群体的营销策略

少年儿童消费者构成了一个庞大的消费市场。企业把握少年儿童的心理特征，是为了满足他们的心理和物质需求，刺激其购买动机，积极培养、激发和引导他们的消费欲望，从而大力开发这一极具潜力的消费市场。为此，针对少年儿童消费群体可以采用以下几种策略：

①根据不同对象，采取不同的组合策略。

乳婴期的儿童，一般由父母为其购买商品。企业对商品的设计要求、价格制定和广告诉求可以完全从父母的消费心理出发。商品质量要考虑父母对儿童给予保护、追求安全的心理，生活用品和服装要符合不同父母审美情趣的要求，玩具的价格要适当。学龄前期的儿童开始不同程度地参与了父母为其购买商品的活动，所以，企业既要考虑父母的要求，也要考虑儿童的兴趣。玩具用品的外观要符合儿童的心理特点，商品价格要符合父母的要求，商品用途迎合父母提高儿童智力及各方面能力的需要。

②改善外观设计，增强商品的吸引力。

少年儿童虽然已能够进行简单的逻辑思维，但是直观的、具体的形象思维仍起主导作用，对商品优劣的判断还是较多地依赖商品的外观形象。所以，商品的外观形象对他们的购买行为具有重要的支配作用。因此，企业在儿童用品的造型、色彩等外观设计上，要考虑儿童的心理特点，力求生动活泼、色彩鲜明。比如，用动物头像做成笔帽，用儿童喜爱的卡通形象作为服装装饰图案等，以此来增强商品的吸引力。

③树立品牌形象。

少年儿童的记忆力很好，一些别具特色并为少年儿童喜爱的品牌、商标或商品造型，一旦被其认识，就很难忘记；相反，如果他们对某商品产生不良印象，甚至有厌恶情绪，也很难改变。所以，企业在给商品命名、设计商标图案和进行广告宣传时，一定要针对少年儿童的心理偏好，使他们能够对品牌产生深刻印象，并且还要不断努力在商品质量、服务态度上狠下功夫，使少年儿童能够长期保留对企业及商品的良好印象。

2. 青年群体的消费行为分析

（1）青年消费者群体的消费心理

①追求新颖、时尚的消费趋向。

青年人思维活跃，富于幻想，热情奔放，容易接受新事物，喜欢猎奇，反映在消费心理和消费行为方面，表现为追求美的享受，追求新颖与时尚，喜欢代表潮流和富于时代精神的商品。

②崇尚品牌与名牌。

青年的智力发达，有文化、有知识，社交活动多，接触信息广，并且总希望在群体活动中体现自身的地位与价值。随着自我意识的不断发展和成熟，青年人追求仪表美、个性美，表现自我、展示自我的欲望越来越强烈，反映在消费心理与消费行为方面，特别注重商品的品质与档次。在青年人看来，名牌是信心的基石、地位的介绍信、高贵的象征、成功的通行证，追求名牌要的就是这种感觉。

③突出个性与自我。

青年人正处于由少年不成熟阶段向中年成熟阶段的过渡时期,自我意识明显增强。青年人追求独立自主,力争在一举一动中都能突出自我,表现出自己独特的个性。这一心理特征表现在消费心理和消费行为方面,是青年人正处于由消费倾向不稳定性向稳定性的过渡阶段,对商品的品质要求提高,尤其要求商品有特色、上档次,追求个性。

④注重情感与直觉。

青年人的情感丰富、强烈,同时又是不稳定的。他们虽然已有较强的思维能力、决策能力,但是由于青年人思想感情、志趣爱好等都还不太稳定,波动性大,所以易受客观环境、社会信息的影响,容易冲动,消费行为易受情感和直觉等因素的影响。青年人较少综合选择商品,特别注重商品的外形、款式、品牌、商标、颜色等。

(2) 青年消费者群体的营销策略

①商品开发、设计要力求新颖、时尚。

商品要不断创新,满足青年人强烈的求新求奇的消费心理。

②商品开发、设计突出个性化特征。

准确细分市场,找准定位,推出差异化商品,满足青年消费者追求个性、表现自我的心理需求。

③打造品牌,提升商品价值。

实施名牌战略,吸引青年消费者注意,满足其求名牌心理。

3. 中年群体的消费行为分析

中年消费者群体是指35~55岁的消费者组成的群体。中年消费者购买力强,参与购买活动较多,购买的商品既有家庭日用品,也有个人、子女、父母使用的商品,还有大件耐用消费品。争取这部分消费者,对于企业巩固市场、扩大销售具有非常重要的意义。

(1) 中年消费者群体的消费心理

中年消费者群体的消费心理大多表现为以下几个方面的特征:

①经验丰富,理智性强。

中年消费者往往生活阅历广,购买经验丰富,情绪反应一般比较平稳,能理智地支配自己的行为,感情用事的现象比较少见。他们注重商品的实际效用、价格与外观的统一,从购买欲望形成到实施购买往往要经过详细的分析、比较和判断的过程,随意性很小。在整个购买过程中,即使遇到推销人员不负责任的介绍与夸大其词的劝诱,以及其他外界因素的影响,通常情况下他们也不会感情用事,而是冷静理智地进行分析、比较、判断与挑选,确保自己的购买决策尽量正确、合理。

②量入为出,计划性强。

中年处于青年向老年的过渡阶段,而中年消费者大多肩负着赡老抚幼的重任,是家庭经济的主要承担者。因此,在消费上他们通常奉行量入为出的原则,养成了勤俭持家、精打细算的消费习惯,消费支出计划性强,很少出现计划外开支或者即兴消费的现象。他们在购物时通常格外注重商品的价格和实用性,并对与此有关的各项信息,如商品的品种、品牌、质量、用途等进行全面衡量后再做出选择。一般来说,物美价廉的商品往往更能激发中年消费者的购买欲望。

③注重身份，稳定性强。

中年消费者正处于人生的成熟阶段，大多数生活比较稳定。他们不再像青年时那样赶时髦、超前消费，而是更加注意建立和维护与自己所扮演的社会角色相适应的消费标准与消费内容，如在消费过程中，中年消费者更注重个人气质和内涵的体现。

（2）中年消费者群体的营销策略

根据中年消费者群体的心理特征，企业可采取以下市场营销策略：

①注重培育中年消费者成为忠诚顾客。

中年消费者在购买家庭日常生活用品时，往往采用习惯性购买，习惯去固定的场所购买经常使用的商品品牌。企业的生产者、经营者要注意满足中年消费者的这种心理需要，使其形成消费习惯并长期保持下来。不要轻易改变本企业长期形成的商品品牌包装，以免失去老顾客。商品的质量标准和性能价格比，要照顾到中年消费者的购买习惯，尽量不要轻易变动。

②在商品的设计上要突出实用性、便利性。

在商品销售现场，要从顾客的角度着想，提供良好的服务。中年消费者消费心理稳定，追求商品的实用性、便利性，华而不实的包装，热烈、刺激的造型，强烈对比、色彩动感的画面通常不会打动中年消费者。在出售中年人购买的商品时，应根据中年人的消费习惯，提供各种富有人情味的服务，如提供饮用水、休息、物品保管、代为照看小孩等，这样会收到良好的促销效果，使中年消费者成为经常光顾本店的忠诚顾客。

③切实解决购物后发生的商品退换、服务等方面的问题。

中年消费者购物后发现问题，通常会直接找经营者解决，而且态度坚定、理由充分。经营者应切实给他们解决实际问题，冷静面对，切忌对他们提出的问题推诿、不负责任、扯皮，避免失去忠诚顾客。

④促销广告活动要理性化。

面向中年消费者开展商品广告宣传或现场促销活动时要求更加理性化。中年消费者购物多为理性购买，不会轻易受外界环境因素影响和刺激。所以，在广告促销活动中，要靠商品的功能、效用去打动消费者，企业要靠实实在在的使用效果、使用人的现身说法来证明商品的实用性。在现场促销时，营业员面对中年顾客要以冷静、客观的态度及丰富的商品知识说服消费者，在推荐商品时，应给顾客留下思考的空间和时间，切忌推销情绪化，过分热情反而会招致中年消费者的反感。

总之，面向中年消费者开展市场营销活动，要充分认识到中年消费者的心理特征，采取适宜的营销策略。当然，这里介绍中年消费者的心理特征，是就多数人的行为特点而言的，并不排除有特殊的情况。在如今的现代社会中，一些40岁左右的消费者更有一种接近青年人的消费心理特征。所以，在制定市场营销策略时不能绝对化。

4. 老年群体的消费行为分析

（1）老年消费者群体的消费心理

老年消费者在生理和心理上同青年消费者、中年消费者相比发生了明显的变化。

①消费习惯稳定，消费行为理智。

老年消费者在几十年的生活阅历中，不仅形成了自身的生活习惯，而且形成了一定的消费习惯。他们的消费习惯一旦形成就较难改变,而且会在很大程度上影响老年消费者的购买行为;因此,老年消费者市场非常稳定。由于年龄和心理的因素,与年轻人相比,老年人的消费观比较成熟,消费行为比较理智,冲动型消费和目的不明的盲目消费相对较少,对消费新潮的反应显得较为迟钝,他们不太愿意赶时髦,而是更讲究实惠。

②商品追求实用性。

老年消费者一般退休后收入有所下降,他们心理稳定性高,过日子喜欢精打细算,其消费已不像青年人那样富于幻想,而是把商品的实用性放在第一位,强调质量可靠、方便实用、舒适安全和经济合理。

③消费追求便利,要求得到良好的售后服务。

老年消费者的生理机能有所下降,他们通常希望购买场所的交通能方便一些,商品标价和商品说明能更清楚一些,商品陈列位置和高度适当,购买手续简单点儿,营销人员能够服务热情、耐心、周到;也要求商品易学易用、方便操作,以减少体力和脑力的负担。

(2) 老年消费者群体的营销策略

针对以上老年消费者的消费特点,企业不但要提供给老年消费者方便、舒适、有益于健康的商品,还要提供优良的服务。

① 要针对老年消费者注重实用性、方便性、安全性及舒适性的消费心理,开发适合老年消费者需要的各类商品。

②为争取更多的老年消费者,企业应注意对"老字号"品牌的宣传,经常更换商标的做法是不明智的。

③在购买决策与行为过程中,要帮助老年消费者坚定购买信心。

三、群体对消费行为的影响

1. 群体规范的含义

群体规范是在群体成员互动过程中形成的。群体规范是通过群体成员日常生活中对某些行为的强化和对某些行为的负强化而逐渐形成的。群体规范的形成有一定心理机制。人们在共同生活的过程中,对于外界事物的经验具有一种将其格式化、规范化的自然倾向,这种规范化的倾向被称为定型,它有助于人们在重新遇到此类事物时做出快速的反应。群体规范就其形成过程来说也属于定型。

此外,群体规范的形成还受到模仿、暗示、从众、服从等因素的影响,这是群体成员为共同目标的实现而发生相互作用的结果。群体规范一旦形成,就会影响其成员的行为。群体规范具有一种无形的压力,约束着人们的行为表现,而这种约束力经常被人们所忽视。所以,群体规范一旦形成,就会成为群体成员的行为准则,群体成员自觉地或被迫地来遵守它。为了成为某一个群体的一员,人们通常会尽力做到符合其所在群体的规范,因为,不符合群体规范的代价可能会受到群体成员的排斥,甚至是被嘲笑。从某种程度上说,群体规范是控制人们行为的有效手段。

2. 群体规范的种类

（1）正式规范

正式规范是指明文规定的规范，一般存在于正式群体之中。这类规范往往是通过群体成员讨论，以文字形式保存下来的，并结合一系列配套制度来进行维护，如奖励制度及其实施办法等。

（2）习惯性规范

习惯性规范是指自发形成或约定俗成的规范，主要存在于非正式群体之中，也存在于正式群体之中。在一定的情况下，习惯性规范比正式规范对人的约束和压力更大。例如，经常可以听到大家议论某人说话比较放肆，某人过分表现自己等，往往都是这种规范在起作用。所以，了解群体规范既要注意看得见、摸得着的正式规范，还要特别注意那些多种多样的没有明文规定的习惯性规范。

（3）反社会规范

反社会规范是指不被社会所承认的规范，因此，具有很大的危害性和反动性。例如，流氓团伙、危害社会的集团等群体的特定规范都属于这一类规范。

3. 群体规范对消费行为的影响

消费者群体规范因素对消费行为的影响有以下三个方面：

（1）消费者群体规范为消费者提供可供选择的消费行为或生活方式的模式

社会生活是丰富多彩、变化多样的。处于不同群体中的人们，行为活动存在很大差别。比如，营业员在为顾客服务时，要求仪表整洁、服装得体、举止文雅，但不能打扮得过于时髦；而电影明星在表演时需要适应剧中角色的要求，经常更换各种流行服装和发式。这些不同的消费行为通过各种形式传播给消费者，为其提供模仿的榜样。特别是对于缺乏消费经验与购买能力的人，他们常常无法确定哪种商品更适合他们。在这种情况下，消费者对消费者群体的依赖性，超过了对商业环境的依赖性。

（2）消费者群体引起消费者的仿效欲望，从而影响他们对商品购买与消费的态度

模仿是一种普遍的社会心理现象，但模仿要有对象，也就是我们通常所说的偶像。模仿的偶像越具有代表性、权威性，就越能激起人们的仿效欲望，模仿的行为也就越具有普遍性。而在消费者的购买活动中，消费者对商品的评价往往是相对的，当没有具体的模仿对象时，不能充分确定自己对商品的态度。但当某些消费者群体为其提供了具体的模仿对象，而消费者也非常欣赏模仿对象时，就会激起消费者强烈的仿效愿望，从而形成对商品的肯定态度。

（3）消费者群体促使行为趋于某种"一致化"

消费者对商品的认识、评价往往会受到消费者群体中其他人的影响。这是由于相关群体会形成一种团体压力，使团体内的个人自觉不自觉地符合团体规范。比如，当消费者在选购某种商品，但又不能确定自己选购这种商品是否合适时，如果群体内其他成员对其持肯定的态度，就会促使其坚定自己的购买行为；反之，如果群体内其他成员对其持否定的态度，就会促使其改变自己的购买行为。

模块三　全球消费文化与消费行为

案例导入

福耀的美国工厂，该不该用中国式管理？

自从踏上了美国国土，福耀玻璃就一直处于旋涡之中。这一次，外界把争议的焦点聚集到了中美企业文化差异上，人们普遍认为，福耀玻璃忽略了文化融合工作，甚至直接批判，福耀玻璃的美国工厂根本没有企业文化。

福耀玻璃该不该反对美国的工会？其强硬的管理方式到底算不算水土不服？这样一家庞大的企业，是不是缺乏企业文化？福耀玻璃该不该入乡随俗？

看完了那部被《卫报》誉为本年度最伟大的纪录片后，你可能也会认为福耀玻璃的管理方式简单粗暴，但如果你把福耀玻璃的美国工厂，当成一家初创企业，换一个角度，你会对中国式管理方式有新的理解。

8月21日上映的这部纪录片《美国工厂》，由美国前总统奥巴马夫妇投资出品，被Netflix翻译成28种语言，在全球播放。

2014年，福耀玻璃落地于美国俄亥俄州代顿市通用汽车工厂的旧址，雇用了一千多名来自美国当地以及中国的员工。这对于因通用汽车工厂关门而饱受失业煎熬的当地居民来说，无异于一场及时雨，但问题也接踵而至。

中美企业文化差异带来的冲突令工人们怨声载道——美国工人抱怨任务繁重、环境闷热，且员工的安全未能得到保障。他们开始涌上街头，并谋划在福耀的莫瑞恩工厂成立工会，争取工人的权益。

许多美国员工时常怀念在通用汽车的时光，"通用给了我很好的生活，他们关门时，这一切就断了。我们再也赚不到那种钱了，那些日子结束了。"

而在中国员工看来，美国工人态度懒散、业绩低下，要求还颇多。比起仍拿着几千元人民币固定月工资的中国员工来说，按时薪结算的美国工人待遇已经很好。

中国工人曾吐槽，"我们就是来收拾烂摊子的"。美国工人搞不定的活儿，中国员工则要在周末加班补回来；中国主管们更是热火朝天地讨论该用什么方式让美国人"服从命令，在周六加班"。

尽管福耀玻璃已成立三十多年，但福耀玻璃的美国工厂，其实就是在以初创企业的身份在海外重新起步。福耀玻璃美国工厂企业文化的缺位，使得员工与员工之间、员工与公司之间的目标产生了分歧，从而导致了信任感缺失，团队合作举步维艰。

外界和一些媒体将福耀玻璃美国工厂的问题，归咎于企业文化的缺位，人们普遍认为，福耀玻璃忽略了中美文化的差异，没有做好企业文化融合工作。

[资料来源：https：//finance.sina.cn/2019-08-26/detail-ihytcern3755811.d.html.（引文有修改和删减）]

案例解析

福耀玻璃的美国工厂，不仅仅是初创企业，其实也还算不上是大企业。对于创业期的企业和小企业来说，企业文化建设并不是主要方向，反而基础的管理才是企业的主要方向。要让所有员工知道企业赞赏什么样的行为，反对什么样的行为，清清楚楚、简简单单就可以了。

但是，企业若在规模逐渐壮大后仍把"企业家文化"当"企业文化"，将很难得到可持续发展。业绩不足以反映企业管理的全貌，而运用企业文化管理，将会使员工和企业、顾客和企业达成共识，为持续发展奠定坚实的基础。

也正因如此，福耀玻璃"喜人"的业绩之下暗潮涌动，其内部的文化冲突若不被关注，企业文化长期处于缺位的状态，"平静祥和"将难以持久。企业在跨境并购过程中面临的文化差异挑战，其实正与如今在美国建厂的福耀玻璃相似。

一、影响消费者行为的文化差异

如今，多数大企业都在积极地向国门之外的消费者推销商品。但是，企业要想在国际市场上取得成功必须意识到，不同国家的消费者的购买行为存在很大的差异，这些差异主要是文化差异导致的。

1. 语言方面

语言是文化的重要组成要素之一，是人类行为中最基本的方面，也是人们交流思想的主要媒介。要了解一种文化，首先应了解该文化中的语言，语言是文化的表现形式，也是一种文化价值观的重要表现形式，是将其与其他文化区别开来的最明显的标志。

2. 教育方面

教育是生产经验和生活经验传递的重要手段。一个国家的教育水平常常与其经济发展水平是密切相关的，而社会的教育水平又往往决定着人们的文化程度，并影响人们的消费结构、购买行为和审美观念，进而对企业的营销活动产生影响。

教育水平的差异对国际营销的影响主要表现在：教育水平是市场细分的标志之一，教育水平直接影响市场调研的实施，教育水平影响营销组合的选择。

3. 宗教方面

宗教是文化中处于深层的要素，宗教对人的信仰、价值观和态度的形成具有极大的影响。世界上许多国家和民族都有自己的宗教信仰，其中影响最大的有伊斯兰教、佛教、基督教和天主教等。吃、穿、用和婚丧嫁娶及宗教活动、宗教节日等，各教派都有明确的规定。长期以来，宗教在不同的国家或民族中起着主宰生活的作用，几乎使其信徒形成了难以动摇的生活习惯。

4. 价值观念方面

价值观念是指人们对客观事物的评价标准，能明确或含蓄地影响个体和组织选择行为的方法和目的。不同国家、不同民族在价值观念上往往存在着较大的差异。因为文化价值观的不同，消费者对所购买商品的使用方式也不尽相同，如果企业对这方面不加关注的话，可能会带来意想不到的麻烦。

5. 风俗和习惯方面

风俗习惯是人们长期自发形成的习惯性的行为模式，是一个社会大多数人共同遵守的行为规范。风俗习惯在人们日常生活中的饮食、服饰、居住、婚丧、信仰、节日、人际关系等方面，都表现出独特的心理特征、道德伦理、行为方式和生活习惯。每个民族都有着属于自己的风俗习惯，如果企业的营销人员对这些风俗习惯不了解，就会给企业在当地的经营带来麻烦。

6. 审美观念方面

审美观念是一种文化中的美学观念，表现为该文化中所崇尚的美是什么。审美观念具有明显的国际差异，会对企业的国际营销产生影响。营销人员要重点了解各国消费者在颜色、线条、图案、标志、音乐和设计等方面的审美偏好。在国际市场上，颜色的象征意义会比较多。比如，黑色在美国和欧洲象征哀悼，而在日本和中国则用白色象征哀悼。

7. 物质文化方面

物质文化来源于技术并与社会经济活动的组织方式直接相关。物质文化体现出一个社会的生活水平和经济发展程度，并通过社会、经济、金融和市场的基础设施显示出来。所谓工业化国家、农业国家或不发达国家，都是以物质文化作为划分标准的。

二、全球化对消费者行为的影响

在经济全球化发展过程中，世界各国人民的价值观、消费观受经济发展的影响，正处于不断融合并发生显著变化的过程中，其消费要求和期望也都在不断提高。以中国消费者为例，与改革开放之初相比，中国人的消费习惯和生活方式已发生质的改变。从温饱型的消费模式逐渐发展为享受型和发展型的消费模式。特别是年青一代的中国人，他们追求时尚、舒适、个性和自我发展。这意味着，如果企业现在仅仅重视和追求商品的价格和功能性价值，将不会满足消费者更多的感性附加值。同时，中国人的消费观念已由单纯重视商品的物质性需求、追求商品的物质性效用，转向注重商品的精神需求，追求商品的精神与形象效用。这种现象是消费演进的必然历程，也是消费发展的自然规律。

不同的民族和社会有不同的文化模式，每一种文化模式都有自己的特色和价值取向及潜在的价值意识。在消费活动中，处于同一文化模式下的消费者群体会在消费活动中表现出一种具有共同价值取向的态度和行为，如在购买目标、购买动机、购买组织、购买渠道、购买时机、购买程序等方面上表现出来的共性。不同的国家、不同的民族，其消费行为模式是存在很大差异的。

伴随着全球产业的发展，跨国公司在全球活动势必将营造一种具有共性的价值理念在全球市场上传播，从而培养出一种共有的消费文化。特别是随着新技术和新商品在不同国家和市场之间传播速度的加快，使得每种文化都处于从传统走向发展、从古老走向现代的社会变迁过程之中。不同国家、不同民族的文化模式中开始融入越来越多的具有世界特征的共有的文化物质，酿就了一种全球性的消费文化。

三、跨文化对消费者行为的影响

跨国营销已经成为趋势，跨文化差异要求企业需根据不同的国别制定不同的区域策略，全球化的影响则为企业标准化策略的制定带来了机会。宝洁、可口可乐、IBM、吉列和强生等公司收入的一半多来自国外，许多外国公司在美国市场上的市场份额也相当大。

一方面，国家之间的习惯和价值差异是企业无法回避的；另一方面，电视等媒体和更为频繁的旅行使全球文化价值观具有了更多共性的东西。

跨文化因素有：消费者习惯和价值观；商品偏好，如美国的可口可乐、迪士尼和柯达等在日本没一个进入前十名的；商品使用；语言；象征意义，如颜色、图形、数字等含义；经济环境，如生活标准、基础设施、媒体、通信等。

导致全球文化价值观相似的因素有以下几个：

1. 全球传媒主流化

消费者通过大众媒介获得相关信息，由于全球传媒主流化，消费者就会受到相类似的刺激，这样就会形成对同一现实相似的观点。

2. 全球化年轻人

主流化形成了一批生活在不同国家但具有相似价值观的年轻人。他们购买相同的商品、看相同的电视、听相同的音乐等。

3. 相同的人口特征

各国共性的表现有职业女性人数的上升、单亲家庭的增加、家庭子女数量的下降等。

4. 贸易壁垒减少

其主要表现为邻国消费者价值观的接近，使得用同一手段在不同国家销售商品成为可能。

5. 消费者价值观的美国化

其主要表现为传媒全球化、贸易壁垒减少，刺激了全球范围内对美国文化的接受。

跨文化使得无论是发达国家还是发展中国家的消费者都享受同样的权利，比如，获得安全的商品、获得充分信息的权利、获得充分选择的机会和受损时获得赔偿的权利。一些公司曾因为在不发达国家出售损害消费者的商品而受到起诉，比如，雀巢公司因采用不符合联合国行为准则的方法来分销婴儿商品而受到起诉。

对跨文化研究有着深刻影响的荷兰文化研究所所长霍夫斯泰德教授认为：文化是经学习而得的，并不是经遗传而得。如果这是事实的话，那么人们完全可以通过学习，来获得新的文化特征，摒弃旧的文化特征。这意味着在制定决策性方案时，有可能使各国的文化差异融为一体。在全球化的公司活动中，更容易培养出全球消费者的共同偏好。比如，21世纪的消费者会更注重环保消费、健康消费、理性消费，这种具有共性的消费需求又会进一步引发全球公司设计与开发全球化的商品。消费文化的趋同并不是说国家与民族的文化趋于一致，更不意味着当地的文化差异消失。其中当地文化里一些重要因素仍是不可淡化的，如语言、书写方式、宗教信仰等。可以说，文化差异并没有消失，而是文化差异已经不再是解释消费行为差异的最重要的变量了。当地的文化也不会消失，而是在当地文化的基础上又叠加了一种新的、全球性的共有的文化。

思考题

1. 应如何理解文化和亚文化的概念？
2. 亚文化的分类有哪些？
3. 不同年龄群体的消费者行为有哪些不同？应如何制定营销策略？
4. 全球文化和跨文化对消费者行为有哪些影响？

案例分析

文化习俗对保险营销的影响

我国地域辽阔，历史悠久，不同地域受地理及历史影响，形成了以上海为代表的海派文化，以黄河流域为代表的农耕文化等各具特色的地域文化，地域文化对当地保险消费有着举足轻重的影响。一张保单，如果用同样的营销方式在全国推广，无疑会遇到障碍。

我国东南沿海地区，由于与西方世界接触较早，交流频繁，更易于接受保险理念；同时，对于保险公司推出的新业务，人们也更愿意进行尝试，面对外来事物或新鲜事物潜在的风险，人们更愿意选择风险转移，所以，在该地区保险更容易被接受，保险公司进行发展的机会更多。

价值观和价值观体系是决定人的行为的心理基础。价值观是人们对社会存在的反映，是社会成员用来评价行为、事物，以及从各种可能的目标中选择适合自己目标的准则。价值观通过人们的行为取向及对事物的评价、态度反映出来，是驱使人们行为的内部动力。它支配和调节一切社会行为，涉及社会生活的各个领域。

持传统观念的人重视家庭，重视人际关系，重视健康。由于多数人认为家中老人可由家族成员赡养，形成一种家庭自保机制，对养老保险不感兴趣或者需求不大，另外，由于对健康的重视，消费者可能对生存保险及健康险更加感兴趣。此外，人际关系对保险业务的影响主要体现在保险销售环节，一个善于处理人际关系的人可能会比其他同事有更好的销售业绩。

由此可见，针对各地文化的差异，保险公司需要做好两方面：一方面，因地制宜，确定险种投放比例；另一方面，因时制宜，不断更新销售方法，注意字斟句酌，培养优秀营销人员，这样不仅能有效降低保险公司的营业费用，而且还能提升保险行业的公众形象。

只有重视文化习俗对保险消费的影响，才能使保险营销更贴近市场，从而使保险产品更有的放矢，使保险市场更人性化，提高营销效率、扩大市场规模，并有效提升行业形象。

[资料来源：韦建永．要重视文化习俗对消费保险的影响［N］．汴梁晚报，2020-03-31．(引文有修改和删减)]

问题：你是如何看待文化习俗对保险营销的影响？

实训设计

对比分析男性和女性消费者

1. 实训目的

运用所学习的消费群体的理论和知识,对比分析男性和女性消费者的特征,制定有针对性的营销策略。

2. 实训内容

①以小组为单位自行查询男性消费者和女性消费者的消费行为特征。

②比较男性和女性消费者在购买过程中的不同心理和行为表现,及具体的营销策略的选择。

③资料整理汇总。将小组分析的结果整理汇总,制作成PPT的形式。

④成果展示和评价。

3. 实训要求

①分组。每组4~6名同学。

②查询。各小组自行查询相关资料。可以借助图书、杂志、网络等多种渠道收集相关资料。

③整理。将小组分析结果进行整理,制作PPT。

④展示。每小组派1名成员,将小组的汇总结果进行说明,与班级同学和老师一起分享。

⑤评价。组间互评+教师点评。

道德观察

香港暴徒的酬劳曝光,"杀警"最高给2 000万"抚恤金"!

2019年11月12日,香港中文大学、香港城市大学、香港理工大学等多所大学,发生暴力事件。从白天到黑夜,暴徒们不断焚烧杂物,撬门打砸。校园内多处燃起了熊熊大火,烟雾弥漫。

今天,香港教育局发布消息称,全港学校将于明天停课!有多所大学甚至表示,取消本学期余下课程。

香港社会连日受到暴力示威者广泛破坏,情况令人齿冷。那么,大量的香港青年"入局",是为了钱还是所谓的信仰追求?是谁在幕后持续"输血"?"血"输向哪里?我们一点点挖出这个隐藏在黑暗中的"地下钱庄"——

500~5 000港元——这是普通学生参与暴乱的酬劳。钱多少,取决于参加游行的规模、在队伍中的位置、暴力程度、是否袭击警察等,女性示威者的酬劳高于男性。

3万港元——这是一个13岁小暴徒参加几次暴乱活动后所获酬劳。这些钱,帮助他换了新款iPhone手机、游戏机、名牌运动鞋等。他打算叫亲弟弟一起做……

1.5万港元——这是《反蒙面法》出台以后,为避免"勇武"暴徒可能退缩的情况,参加暴力活动者的酬劳,大幅提高至每天1.5万港元。

500万港元——这是"勇武"核心成员收到资金以后,通过网络或街头招募的形式组织激进青年加入,将佣金的小部分给下面的"勇武"暴徒后,自己独占的"大头"。两个月,净赚超500万港元。

2 000万港元——这是在发动10月1日大游行前,"招募死士"计划所提供的"抚恤金"。"死士"需执行包括杀警、假扮警员杀人后嫁祸、纵火等一系列极端任务。

实际上,持续五个月的修例风波,参与暴力活动领薪酬早已是公开的秘密。充足的资金保障,是暴乱活动能够持续如此长时间的重要原因。

1. 香港青年"入局",为钱?为信仰?

在参加"反修例"暴乱活动的人群里,香港青年群体是主力。没有社会阅历、年轻易冲动、长期被本土通识教育及"黄媒""黄师"洗脑,加上近年香港民生问题突出、青年生活压力加剧等各种现实因素,都是促成香港青年走上街头,参与暴力活动的重要原因。去年,香港游乐场协会开展"香港青少年生活状况"调查显示,香港青少年的精神健康状态非常不理想,有30%~40%的受访者,抑郁或焦虑指数属中等至极度严重。不满、迷惘、焦虑、愤怒……这一团团"火种"经人用力一煽,迅速成燎原之势。那一只只幕后黑手,正在用大量的资金,加紧"火上浇油"。香港,正在被焚烧!

2. "地下钱庄"的老板都有谁?

这个"地下钱庄"就是美西方反华势力、香港本土反对派势力祸港乱港的金库。其股权关系复杂,具体讲,主要有"一大四小"五个"股东"。"一大股东"即为美国的一些非政府组织(简称NGO)及金融资本集团。"大股东"在香港又物色具体的组织及合适的人选,充当其"经理人",构成了其庞大繁杂的"股权体系"。之所以雄踞"大股东"位置,那是因为修例风波中一半以上的暴力活动资金均来源于此。"四小股东"分别为专门成立的612人道支持基金会、香港的大学学生会、香港教会、小团体募捐。

3. "地下钱庄"的"黑金"都花在哪了?

五个多月来,"地下钱庄"的"黑金",除了支付游行人员和暴徒的薪酬外,还会大量购买防毒面具、安全帽、身体护具、护目镜、镭射笔、照明电筒、摄影器材等一系列装备物资。同时,策划反动文宣、为暴徒提供法律援助、医疗救助和心理辅导,等等,都需要源源不断地支出大量费用。以法律援助为例,香港"民间人权阵线""人权观察""星火同盟"等组织,一直为被捕人士提供会见律师、陪录口供、陪同搜查房屋的法律援助,且为自行聘请律师的"求助人"提供资金补贴、出借保释金等。"股东们"为何出手阔绰、一掷千金?"输血"当然不是为了做慈善。在修例风波中,美西方反华势力及香港本土的"祸港乱港"分子,扮演了极不光彩的角色。他们心怀鬼胎,不断借所谓"自由、民主、人权"议题挑起事端,都打着自己的小算盘。

本质上,向香港"输血"的最终目的,就是想在搞乱"香港"的过程中,从香港身上吸走更多的血,实现自己的利益。香港本土的各个团体组织及"港独"分子,他们从接受资金、募集资金到输出资金,归根结底都可以概括为两个字——生意。各个团体组织为了扩大影响力,需要人员和钱财;反对派议员和"港独"分子为了政治资本、选票及个人财富,需要谋求其个人利益最大化。

例如,612人道支持基金,资金使用情况已遭到质疑。有内部人透露,"612基金"的很多资金已"洗白"并被主要成员瓜分侵占。再比如，黄之锋利用"香港众志"，经常在互联网上呼吁网友"众筹"捐款，而账户却都是以黄之锋个人名义开户。老话说：人为财死，鸟为食亡。"祸港乱港"分子所有的丑陋伎俩和表演，均暴露了一个特点：为实现个人利益毫无底线和节操。只是他们嘴里，却天天喊着为香港利益而战，怕是喊得多了，都快相信这些"鬼话"了……

以利相交，利尽则散；以势相交，势去则倾。假以时日，当香港止暴制乱恢复平静，美西方反华势力在香港的利器出穷，"地下钱庄"必将作鸟兽散。而冲在前线的香港青年暴徒，还在美滋滋地领着酬劳，殊不知他们使用暴力对香港造成的伤害，最终埋单的是每一位香港人，更包括他们自己！现在收入的每一分钱，未来必定会付出数倍的金额还回来！

[资料来源：https：//www.sohu.com/a/343596479_357727.（引文有修改和删减）]

问题：
1. 请谈谈你对2019年香港暴乱的看法。
2. 作为当代大学生，你认为香港大学生的行为是否正确？
3. 作为当代大学生，我们应该做些什么？

项目八

探知营销组合与消费行为的关系

知识目标

- 掌握商品命名、商标、包装设计的要求及相应的营销策略。
- 掌握商品定价的方法和调价的策略。
- 掌握广告设计的策略和广告媒体选择的策略。

能力目标

- 能够根据消费者心理的要求正确制定商品命名、商标和包装的营销策略。
- 能够根据市场的变化和消费行为的影响对商品进行正确的定价和调价。
- 能够运用广告设计的理论知识影响消费者的行为,促进商品销售。
- 能够根据市场的实际情况选择合适的广告媒体进行宣传。

道德目标

- 明确开办企业的社会责任。
- 树立正确的人生观、价值观。
- 具有明辨是非的能力。

模块一 商品名称、商标、包装与消费行为

娃哈哈品牌的由来

娃哈哈是深受小朋友喜爱的儿童饮料品牌,用"妇孺皆知"一词来形容一点儿也不过分,但是这样一个商品名称的由来,却颇费周折,甚至有点传奇。最初,娃哈哈集团与有关单位合作开发儿童营养液这一冷门商品时,通过新闻媒介,向社会大众广泛征集商品名

称,并组织专家组对数百个应征名称进行了市场学、心理学、传播学、社会学、语义学等多方面的研究论证。受传统营养液习惯的影响,人们的思维多在素啊、精啊、宝之类的名称上兜圈子,谁也没有留意源自一首新疆民歌的"娃哈哈"三个字。

厂长宗庆后却独具慧眼地看中了这三个字,他的理由有三个:①"娃哈哈"三字中的元音a,是孩子最早最易发的音,极易模仿,且发音响亮,音韵和谐,容易记忆、容易接受。②从字面上看,"哈哈"是各种肤色的人表达欢笑喜悦之词。③同名儿歌以其特有的欢乐明快的音调和浓烈的民族色彩,唱遍了天山内外和大江南北,把这样一首广为流传的民族歌曲与商品商标联系起来,便于人们熟悉它、想起它、记住它,从而大大提高了商品的识别率。

[资料来源:臧良运. 消费心理学 [M]. 2版. 北京:北京大学出版社,2015. (引文有修改和删减)]

案例解析

取一个别致的商标名称,可大大缩短消费者与商品之间的距离。宗厂长的见解得到了众多专家的赞同。商标定名后,厂里又精心设计了活泼可爱的娃娃形象作为商标图形,以达到和商标形象的有机融合。虽然娃哈哈目前在商业上所取得的佳绩与其科学的发展方针、良好的服务意识密不可分,但娃哈哈这一名称,无疑也为其进一步壮大成长,起到了至关重要的作用。

一、商品名称与消费行为

1. 商品命名的概念

商品命名就是选定恰当的语言文字,概括地反映商品的形状、用途、性能等特点。

现实生活中,消费者在未接触到商品之前往往通过商品名称来判断商品的性质、用途和品质,因此,一个好的名称可以提前赢得消费者的注意。另外,一个简洁明了、引人注目、富于感染力的名称,不仅可以使消费者了解商品,还会给人们带来美的享受,从而刺激消费者的购买欲望。所以,根据消费者的心理和行为特点进行商品命名是极其必要的。

2. 商品命名的原则

商品命名应能够概括并准确地反映商品的主要特点和性能,便于消费者理解,能够引起消费者的联想,进而激发其购买欲望。美孚石油公司商品名称的确立,是花费了近40万美元,调查了55个国家的语言,编写了一万多个用罗马字母组成的商标后才定了下来的。他们之所以肯花这么多金钱和时间用在商品的命名上,就是因为他们认识到,一个商品的名称,代表着商品的质量与特征,是企业经营信誉的象征和标志。企业在进行商品命名时要注意遵循以下几项原则:

(1) 名实相符

名实相符,即商品的名称要与商品实体的主要性质和特点相吻合,而不应出现商品的名与实不相称或有损商品形象的情况。这样消费者就能够通过商品的名称直观地了解商品的主要功效和特征,有助于他们进行商品的选择,如电冰箱、洗衣机等命名都是遵循了这项原则。

（2）便于记忆

商标的名称尽量做到简洁明了；用词要通俗易懂，不要采用艰深冷僻、古奥晦涩的词；用字要力求笔画简单，易于书写印刷，不要用笔画繁杂、难以辨认或已被淘汰了的古字、废字；读音要响亮顺口有音乐美感，要避免平仄不分；此外名称的文字也不能太长。心理学研究表明，人的注意力、记忆力难以容纳5个以上的要素，超过5个字，阅读就会绕口，因而，商品名称使用的字数最好控制在5个字以内。

（3）引人注意

商品命名要对商品有恰当的形象描述，应根据商品目标群体的年龄、职业、性别、知识水平等要求进行商品的命名，使消费者形成良好的印象和兴趣。比如，女性商品名称应突出商品的柔和洁丽，高雅大方；男性商品名称应突出刚柔相济，浑厚朴实；青年用品名称应体现年轻人的青春气息；老年用品名称则应以朴素庄重为宜。但是，商品命名不必拘泥于固定的格式，只要突出了商品特征，考虑了消费者的心理和行为特点，就可以做到为商品起一个引人注意、独具特色的商品名称。

（4）激发联想

激发联想是商品命名的一项潜在功能。通过名称的文字和发音引发消费者恰当、良好的联想，使其产生良好的心理感受，激发其购买行为。

（5）避免禁忌

不同国家、民族的社会文化传统不同，消费者的习惯、偏好、禁忌也有所不同，要注意避免禁忌。

此外，语言文字的差异也会造成对商品理解的差异，这在商品命名中应多加注意。

3. 商品命名的方法

商品命名牵涉到心理学、美学、语言学、民俗学、宗教等诸多因素。商品命名要给消费者心理活动以某种刺激，促使其对商品产生积极的情感。

（1）根据商品的主要效用命名

这种命名方法是指用直接反映商品的主要性能和用途的文字作为商品名称。其意义在于：能突出商品的性能和功效，便于消费者望文生义，快速了解商品，并迎合消费者对商品求实用、实效的心理要求。在日用工业品和医药品等商品的命名时多采用此种方法，比如，治疗感冒的药品"感康"、牙膏品牌"康齿灵"等均属此类。

（2）根据商品的主要成分命名

这种命名方法是将商品所含的主要成分体现在商品名称里，通常多用于食品、药品的命名上。比如，板蓝根冲剂，从名称上就可以知道该药品的主要成分是中草药板蓝根。根据商品的主要成分进行命名的意义在于：商品的名称可以直接或间接反映商品的主要成分，为消费者了解商品的价值、功效等提供信息，使商品在消费者心目中有信任感和名贵感，从而使消费者产生购买行为。一些化妆品如"人参胎盘膏""银耳珍珠霜"等名称，都是突出商品所使用的名贵材料，以此来刺激消费者产生购买欲望。

（3）根据商品的产地命名

产地命名方法是指用商品出产地或传统商品生产所在地作为商品名称，比如，贵州茅台酒、青岛啤酒、西湖龙井茶等。根据产地命名商品的意义在于：商品名称反映了商品的历史渊源和天时地利之禀赋，通过人们对于地域的信任、进而衍生为对商品和商业品牌的信任感，给消费者以货真质优、独具地方特色、历史悠久、工艺精湛的印象，从而激发消费者的信任感和名贵感，促使其产生购买欲望。

（4）根据人名命名

人名命名方法是指用历史或现代名人、民间传说人物、产品首创人的名字作为商品名称。人名命名法的意义在于：借助于消费者对名人的崇拜和创始人的崇敬心理，以语言文字为媒介，将特定人物和特定商品相联系，诱发消费者的名人遐想和购买欲望。此种命名又分两种情况：第一种是以历史人物的名字命名，比如"东坡肘子""中山装"等；第二种是以商品首创人的名字命名，如"张小泉剪刀""麻婆豆腐"等。

（5）根据商品的外形命名

这种命名方法是指用商品独特的外形和色彩作为商品名称。这种商品命名方法的意义在于：能突出商品的优美造型，引起消费者兴趣和注意，便于消费者辨别或满足消费者的审美，同时还因其形象独特，给消费者留下深刻印象和记忆。比如，月饼、动物饼干、三角板、鸭舌帽等。采取这种命名方法，做到了名称和形象相统一，使人产生强烈的形象记忆，从而加深对商品的印象和记忆。尤其是小食品、儿童食品，以商品的外形命名，名称和实物相统一，加快了儿童认识事物的速度，可以迅速激起儿童的购买欲望。

（6）根据商品的制作方法命名

这种方法是指以商品独特的加工过程或传统工艺作为商品的名称。这种商品命名方法的意义在于：能使消费者了解商品制作方法或不寻常的研制过程，提高商品的威望，容易使消费者产生货真价实、质量可靠的感觉。比如，220红药水，俗称"二百二"，就是因为经过220次实验出来的结果，才以此命名。

（7）根据外文译音命名

这种命名方法是指用商品的外文直译为中文的谐音作为商品的名称。这种商品命名方法的意义在于：能够激发消费者的好奇心理，满足其求新、求变、求异的需要，同时也克服了某些外来语翻译上的困难。比如，"沙发""咖啡""凡士林"等，都是以外文译音命名的。

（8）根据动植物命名

这种命名方法是指以人们喜爱的动物和花草树木来命名，比如"熊猫"彩色电视机、"飞鸽"自行车、"大白兔"奶糖、"水仙"洗衣机、"菊花"电风扇等。

思考与讨论

联系实际想一想，除了以上方法外，还有哪些商品的命名方法。

二、品牌创立与消费行为

1. 品牌的概念

品牌是一个复合概念，品牌由外部标记（包括名称、术语、图像）、品牌形象、品牌识别、品牌联想等内容构成。菲利普·科特勒对品牌的定义是：品牌是一种名称、术语、标记、符号或图案，或是它们的相互组合，用以识别企业的商品或服务，并使之与竞争对手的商品或服务相区别。

在品牌的构成中，通常把可用语言称呼的部分，如单词、字母和数字叫作品牌名称，如麦当劳、海尔、长虹等；品牌中可被认识，但不能用语言称呼的部分叫作品牌标志，品牌标志往往是某种符号、设计、图案等。其中，品牌名称是品牌的核心要素，它是品牌在人际进行传播的基础。比如，汉语"麦当劳"、英语" McDonald's"、金黄色的大拱门"M"，以及它们的组合与麦当劳快餐厅里的"麦当劳大叔"人物形象等，都是麦当劳快餐店的"品牌"或品牌构成部分；汉语"阿里巴巴"、拼音字母" Alibaba"及图案一张微笑的人头侧面，变体的字母 A 是阿里巴巴品牌构成要件。汉字"微软"及英文字母"Microsoft"和飘动的窗口图案则是美国著名软件制造商微软公司的品牌。

2. 商标的概念

商标，即生产者、经营者为使自己的商品或服务与他人的商品或服务相区别，而使用在商品及其包装上或服务标记上的标志。这种标志一般由文字、图形、字母、数字、三维标志和颜色，以及上述要素的组合所构成。

商标是一个法律术语。一个品牌，经过必要的法律注册后，才能够成为"商标"。商标具有专有权，并受法律保护。

3. 品牌与商标的关系

品牌和商标，这两个概念有着不同的内涵。品牌是一个市场的概念，而商标是一个法律的概念。品牌可以直接使用而无须注册，品牌一经注册即成为商标；商标只有注册后方可受法律保护并享有商标专用权，仅注册不使用的商标不是品牌，一个企业品牌和商标可以一致，也可以不同，品牌比商标的概念有更宽泛的外延。

商标和品牌实际上是一个问题的两个方面。

①从市场的角度来说，品牌积累的是市场利益。

②从法律的角度来说，通过商标来保护品牌积累的市场利益。因此，品牌只有转化为商标，其积累的市场利益才能得到合法的保护。但是品牌要转化为商标，必须要支付一定的费用，有些企业不愿意支付这笔费用，所以，其品牌就得不到法律的保护。

③从数量的角度来说，品牌和商标的数量是不等的；商标是品牌的一部分，是品牌当中获得了商标专用权的那一部分。品牌要想做大、做活、做长、做久、做远，就必须转化成商标，只有获得合法的保护才能够使品牌延续下去。

4. 品牌的功能

当今社会，绝大多数企业的商品都有自己的品牌。那么，企业、商品的品牌究竟有什么作用呢？只有弄清楚这个问题才能充分认识品牌的价值。

（1）识别功能

消费者通过品牌可以知道商品是哪一家企业生产的，是在哪个国家设计的，产地在哪里。比如，许多消费者都知道，飘柔洗发水、舒肤佳香皂是保洁公司的商品；奥妙洗衣粉、力士香皂则是联合利华的商品；茅台酒产地在贵州，五粮液产地在四川。

（2）导购功能

市场上的商品琳琅满目，在挑选商品时，消费者只要按照品牌，就可以很容易找到所需要的商品，从而减少消费者在搜寻过程中花费的时间和精力。

消费者在购买商品时，一般要对各种同类商品的性能、用途、质量、价格等各个方面加以分析、比较，然后做出判断、进行选择。在这个过程中，消费者需要大量的信息。信息的来源主要有两种：一种是外部来源，如广告；另一种是内部来源，如消费者自己的记忆。搜寻外部信息费时费力，最简便的方法就是直接从记忆中提取。品牌是记忆中有关商品的提取线索，一个品牌，往往与很多有关商品的信息相联系。所以，消费者只要知道是什么品牌，就可以直接由品牌提取出大量有关信息，而无须再去搜寻。

比如，当你想购买家电产品时，其中一个选择是"海尔"，不需过多调查就可以知道，海尔是知名品牌，有完善的售后服务。当消费者所要选择的品牌都是知名品牌时，其信息搜寻就简单多了。

（3）降低购买风险功能

消费者都希望买到自己称心如意的商品，同时还希望能得到周围人的认同。选择信誉好的品牌则可以帮助降低精神风险和金钱风险。消费者在购物的过程中，购买风险总是存在的。购买风险有时是商品的功能是否满足需要，有时是会不会花冤枉钱，有时是购买的商品会不会得到别人的认同，更大的担心可能是会不会对身体、生命造成危害。所以，在购买之前消费者会想方设法避免买到不好或不满意的商品，将购买可能遇到的风险降到最低程度。降低购买风险的方法有很多，其中选择信誉良好的品牌或重复购买同一种品牌是消费者常用的策略。

（4）契约功能

品牌从最初建立到被大众熟悉，需要生产者付出巨大的努力。品牌是为消费者提供稳定优质商品和服务的保障。消费者凭借对品牌的信任，选择购买商品，用长期忠诚的购买回报企业，双方最终通过品牌形成一种相互信任的契约关系，使消费者和企业之间保持长期的合作关系。

（5）个性展现功能

进行品牌消费，不仅可以满足消费者的物质需要，而且可以极大地满足消费者的社会心理需要。品牌经过多年的发展，积累了独特的个性和丰富的内涵，消费者可以通过购买与自己相适应的品牌来展现自己的个性、身份、地位，以及个人所在的群体等，满足其社会心理的需要。

比如，有些人喜欢购买高端品牌，来显示自己的经济实力和社会地位，明星通过使用各种名牌商品或服务包装自己来体现自己的身价。相应的，商品品牌也会利用明星、政客来凸显自己的定位、档次，表达品牌适合的消费群体。每个消费者在进行品牌选择时，心里往往会考虑，这个品牌是不是适合自己。

5. 品牌在市场营销中的作用

在现实生活中，品牌与消费的活动密切相关，对消费者的购买心理和行为产生重要的影响。在消费者购买过程中，商品是最具直接意义的外部刺激物，而品牌作为商品特征的综合、抽象体现，能以其鲜明的标志或口号、匠心独具的设计，通过对商品外观及内在功用的阐释加强对消费者的刺激，激发消费者的购买欲望。当消费需求发生时，品牌的提示作用促使消费者做出相应的反应，引发消费者根据需要选取品牌商品的购买行为。

品牌对于消费行为具有强化的心理功能。一个形象鲜明、富于想象力、声誉卓著的品牌能够吸引消费者对商品的消费指向，促使消费者产生购买冲动，并坚定购买行为；相反，一个与消费者心理不相符，甚至相悖或使消费者产生厌恶的品牌，会导致消费者在选购时对其商品的拒绝行为。成功品牌的一个重要特征，就是始终如一地将品牌的功能与消费者心理上的欲求结合起来，通过这种形式，将品牌信息传递给消费者，并在心理上产生效应。

6. 商标运用的心理策略

巧妙运用商标是商标发挥其心理效应不可缺少的重要环节。为此，在使用商标时，应针对消费者的心理特点采取不同的心理策略。

①是否使用商标。

优秀的商标不仅仅起着区别不同企业或商家的作用，而且能起到诱导消费心理、促进销售的作用。但是，并非所有的商品都需要商标，比如，无差别商品、差别小的商品、临时性或一次性生产的商品可以不使用商标。但随着人们生活水平的提高，消费者对一些无差别的商品也开始认商标购买。

②使用生产企业商标还是销售者商标。

一般情况下，商标是商品生产企业的标志，商品的质量特性是由生产企业负责的。我国驰名商标中大都为生产企业的商标，比如"海尔""娃哈哈"等。而一些大型的零售商和批发商都拥有自己的商标品牌，比如，世界著名的零售商沃尔玛、家乐福等。在生产企业具有良好的市场声誉，拥有较大市场份额的条件下，应多使用生产企业商标；相反，当经销商商标在某一市场领域中拥有良好的信誉和庞大的、完善的销售体系时，也可以使用经销商的商标。

③使用统一商标还是独立商标。

统一商标，即企业生产的若干类商品都使用同一种商标。独立商标是企业对不同商品采用不同的商标。对于那些享有良好声誉的著名企业，全部商品采用统一商标可以充分利用其名牌效应，减少企业宣传介绍新商品的费用开支。但是，使用统一商标时，低档劣质商品会给高档优质商品带来不良的影响，尤其是当该企业的各种商品质量有明显差别时，这种策略会影响企业整体的声誉，此时应考虑使用独立商标。

思考与讨论

宝洁公司的洗发水、洗衣粉采用的是统一商标还是独立商标？为什么？

三、商品包装与消费行为

1. 包装的概念

包装有狭义和广义之分。狭义的包装，即为在流通过程中保护商品、方便储运、促进销售，按一定的技术方法所用的容器、材料和辅助物等的总体名称；即为达到上述目的在采用容器、材料和辅助物的过程中施加一定技术方法等的操作活动。广义的包装，即一切事物的外部形式。

包装有两重含义：一是关于盛装商品的容器、材料及辅助的物品，即包装物；二是关于实施盛装和封缄、包扎等的技术活动。

2. 包装的作用

①保护被包装的商品，防止风险和损坏，如渗漏、浪费、偷盗、损耗、散落、掺杂、收缩和变色等。商品从生产出来到使用之前的保护措施很重要。如果不能保护好里面的商品，则这种包装是失败的。

②为商品转移提供方便，使制造者、营销者及消费者便于把商品从一个地方搬到另一个地方。

③便于辨别商品，包装上注明商品型号、数量、品牌以及制造企业或零售企业的名称，方便库房管理人员准确地找到商品，也可帮助消费者找到他想要买的商品。

④促进某种品牌的销售，在自选商店里尤其如此。在商店里，包装吸引着消费者的注意，并能把消费者的注意转化为兴趣。有人认为，"每个包装箱都是一个广告牌"。良好的包装能够提高商品的吸引力，包装本身的价值也能引起消费者购买某种商品的动机。此外，提高包装的吸引力要比提高商品单位售价的代价要低。

3. 包装与消费行为

商品包装最初的功能是承载和保护商品，随着人们生活水平和审美情趣的提高，消费者对商品包装的要求也越来越高，他们不仅要求包装能妥善保护商品，而且还要能美化商品，有效展示其特征，增加商品的附加值或心理功效，实现包装的实用化、艺术化和个性化。包装对消费者心理不但有较大的影响，有时甚至还可能左右他们对商品的认识和感受。

在设计商品包装时应考虑以下几个要求：

（1）符合商品性能

许多商品由于其物理、化学性质不同，存在状态和保存方法也不同。根据商品的形态和性能设计商品包装，是设计者必须遵守的原则之一。只有符合商品性能，科学、安全的包装才能给消费者以安全感。

（2）方便消费者

商品的包装要为消费者观察、挑选、购买、携带和使用提供方便，比如，在食品包装中采用开窗式、透明式包装可以给消费者直观、真实的心理感受，有利于消费者挑选和购买商品。

（3）色彩搭配协调

消费者在接触商品时，首先进入眼帘的是商品包装的色彩，在保证商品质量良好的前提下，消费者会对商品的色彩做出喜好或厌恶的判断，因此，会影响消费者的购买决策。所以，包装的色彩设计既要与商品的特征及其使用环境相协调，又要与消费者的心理习惯相符合。

(4) 具有时代气息

商品的包装设计是一种典型的现代艺术工作，应符合和体现时代发展的最新潮流，具有时代感。包装材料的选用、款式造型、工艺制作、图案装潢、色彩调配等方面都应当充分运用现代科学技术，给消费者新颖独特、简洁明快、性能优良的美好印象。

(5) 具有针对性

消费者由于收入水平、生活方式、消费习惯和购买目的不同，对商品的包装要求也不尽相同。有人追求廉价实用，有人喜欢美观大方，有人喜欢高档豪华，所以，包装设计应根据消费者的不同而具有针对性。

模块二　商品价格与消费行为

案例导入

小和尚卖石头

一天，一个小和尚跑过来，请教禅师："师父，我人生最大的价值是什么呢？"禅师说："你到后花园搬一块大石头，拿到菜市场上去卖。假如有人问价，你不要讲话，只伸出两个指头；假如他跟你还价，你不要卖，抱回来，师父告诉你，你人生最大的价值是什么。"

第二天一大早，小和尚抱块大石头，到菜市场上去卖。菜市场上人来人往，人们对小和尚的石头很好奇。一家庭主妇走了过来，问："石头多少钱卖呀？"和尚伸出了两个指头，主妇说："两元钱？"和尚摇摇头，家庭主妇说："那么是20元？好吧，好吧！我刚好拿回去压酸菜。"小和尚听到："我的妈呀，一文不值的石头居然有人出20元钱来买！我们山上有的是呢！"

于是，小和尚没有卖，乐呵呵地去见师父："师父，今天有一个家庭主妇愿意出20元钱，买我的石头。师父，您现在可以告诉我，我人生最大的价值是什么了吗？"禅师说："嗯，不急，你明天一早，再把这块石头拿到博物馆去，假如有人问价，你依然伸出两个指头；如果他还价，你不要卖，再抱回来，我们再谈。"

第二天早上，在博物馆里，一群好奇的人围观小和尚的石头，窃窃私语："一块普通的石头，有什么价值摆在博物馆里呢？""既然这块石头摆在博物馆里，那一定有它的价值，只是我们还不知道而已。"这时，有一个人从人群中窜出来，冲着小和尚大声说："小和尚，你这块石头多少钱卖啊？"小和尚没出声，伸出两个指头，那个人说："200元？"小和尚摇了摇头，那个人说："2 000元就2 000元吧，刚好我要用它雕刻一尊神像。"小和尚听到这里，倒退了一步，非常惊讶！

他依然遵照师傅的嘱托，把这块石头抱回了山上，去见师傅："师傅，今天有人要出2 000元买我这块石头，这回您总要告诉我，我人生最大的价值是什么了吧？"禅师哈哈大笑说:"你明天再把这块石头拿到古董店去卖,照例有人还价,你就把它抱回来。这一次,师傅一定告诉你,你人生最大的价值是什么。"

第三天一早,小和尚又抱着那块大石头来到了古董店,依然有一些人围观,有一些人谈论:"这是什么石头啊?在哪儿出土的呢?是哪个朝代的呀?是做什么用的呢?"终于有一个人过来问价:"小和尚,你这块石头多少钱卖啊?"小和尚依然不声不语,伸出了两个指头。"20 000元?"小和尚睁大眼睛,张大嘴巴,惊讶地大叫一声:"啊?!"那位客人以为自己出价太低,气坏了小和尚,立刻纠正说:"不!不!不!我说错了,我是要给你200 000元!""200 000元!"小和尚听到这里,立刻抱起石头,飞奔回山上去见师父,气喘吁吁地说:"师父,师父,这下我们可发达了,今天的施主出价200 000元买我们的石头!现在您总可以告诉我,我人生最大的价值是什么了吧?"

禅师摸摸小和尚的头,慈爱地说:"孩子啊,你人生最大的价值就好像这块石头,如果你把自己摆在菜市场上,你就只值20元钱;如果你把自己摆在博物馆里,你就值2 000元;如果你把自己摆在古董店里,你值200 000元!平台不同,定位不同,人生的价值就会截然不同!"

[资料来源:臧良运. 消费心理学[M]. 2版. 北京:北京大学出版社,2015. (引文有修改和删减)]

案例解析

这个故事启发了我们对自己人生的思考。只有自己能够定义自己的人生,人生的目标决定自己的高度,决定自己走怎样的道路。但是通过这个有趣的故事,我们也可以感知到商品的定价受很多复杂因素的影响,商品的价格与消费者心理息息相关,会影响消费者的行为表现。商品的合理定价,一直是企业生产者和经营者思考和讨论的永恒主题,也是消费者非常敏感的因素,直接影响市场营销的效果。商品的价格策略是企业营销组合的重要组成部分。制定合适的价格是商品成功走向市场、满足顾客需求的重要手段。

一、商品价格的概念

商品价格是商品价值的表现形式。在现实中,也存在着商品价格和商品价值不一致的情况。在简单商品经济条件下,商品价格随市场供求关系的变动,直接围绕其价值上下波动;在发达商品经济条件下,由于部门之间的竞争和利润的平均化,商品价值转化为商品价格,商品价值随市场供求关系的变动,围绕商品价格上下波动。

二、商品价格对消费行为的影响

商品价格作为一个客观因素,影响消费者的购买心理,并在一定程度上影响消费者的购买行为,这种影响作用就是价格的心理功能。消费者对商品价格的心理反应是影响消费者购买行为的重要因素。

1. 价格是消费者衡量商品价值和品质的直接标准

在对商品品质、性能知之甚少的情况下，价格是消费者判断商品品质的主要途径。许多人认为价格高表示商品质量好，价格低就表明商品品质差。在这种心理认识的作用下，便宜的商品价格不一定能起到促进消费者购买的作用，反而可能会使消费者产生对商品品质、性能的怀疑。适中的价格，可以使消费者对商品品质、性能有放心感。比如，同样的两件衬衣，一件包装精美，标价280元；一件包装简单，标价120元。在不告知消费者衬衣为同品质的情况下，大部分消费者都会认为包装精美的衬衣品质好，所以价格也要高一些。

2. 价格是消费者社会地位和经济收入的象征

一些消费者往往把某些高档商品同一定的社会地位、经济收入、生活观念、文化修养、生活情趣等联系在一起。他们认为购买高价格的商品，可以显示自己优越的社会地位、丰厚的经济收入和高雅的文化修养，博得其他人的尊敬，并以此为满足；相反，使用价格便宜的商品，则感到与自己的身份地位不相符合。

3. 价格直接影响消费者的需要

在经济学理论中，价格上升会引起消费者需求下降，抑制消费；而价格下降则会增加需求，刺激消费。但在实际生活中有时情况则恰恰相反，各种商品价格普遍上升时，会使消费者产生紧张心理，预期未来价格将继续上升，从而增加即期需求，最终刺激了购买行为；反之，则预期未来价格将继续下降，减少即期的需求，产生"买涨不买落"的心理现象，最终抑制了购买行为。然而，这种调节功能还取决于商品的种类和消费者对此商品的需求程度。比如目前，我国的房地产市场上经常会出现房价上涨时排队买房、出现下降的预期时持币观望的现象。

思考与讨论

"梯子价格"销售策略

美国有一名叫爱德华·华宁的商人，在波士顿中心开了一家商店，采用"梯子价格"降价销售商品。其做法是：前12天按原价销售；从第13天到第24天降价25%；第25天到第30天降价75%；第31天到第36天，如仍未售出，则送慈善机构。之所以采用此方法，是因为他掌握了消费者的心理："我今天不买，明天就会被他人买走，还是先下手为强。"事实上，许多商品往往未经降价就被消费者买走了。

[资料来源：高博：消费者行为分析与实务［M］．北京：北京邮电大学出版社，2015．（引文有修改和删减）]

问题：价格是不是销售的决定性因素？

三、定价策略与消费行为

定价策略，即企业在定价时，考虑消费者购买时的心理因素，有意将商品价格定得高些或低些，以诱导消费者购买来扩大市场销售量的一种策略，定价策略是企业营销组合的重要组成部分。制定合适的价格是商品成功走向市场、满足顾客需求的重要手段。

企业在制定商品价格时，必须考虑消费者的心理，深入探求消费者的价格心理表现，采取适当的心理定价策略，制定出让企业满意、消费者易于接受的合理价格。心理定价策略主要有以下几种方法：

1. 撇脂定价法

撇脂定价法犹如在鲜牛奶里撇取奶油，先取其精华，即在新产品进入市场初期，利用消费者求新、猎奇的心理，高价投放市场，尽量在短时间内获取丰厚利润、迅速收回成本的方法。当竞争者纷纷出现时，企业可根据市场销售状况再进行合理的降价。

思考与讨论

原子笔高价策略

美国有一位名叫米尔顿·雷诺兹的企业家，在1946年6月到阿根廷谈生意时发现了圆珠笔。其实，圆珠笔的原始设计早在1888年就已问世，只是没有形成批量生产，不为世人所知罢了。

雷诺兹认为圆珠笔具有广阔的市场前景，立即赶回国内，与人合作，不分昼夜地研究改进，只用了一个多月的时间，就拿出了自己的样品，并巧妙地利用了当时人们原子热的情绪，取名为"原子笔"。之后，他立即拿着仅有的一个样品来到纽约的金贝尔百货公司，向公司主管们展示这种原子时代的奇妙笔的不凡之处："可以在水中写字，也可以在高海拔地区写字。"这些都是雷诺兹根据圆珠笔的特点和美国人追新求异的性格，精心制定的促销策略。公司老板被这支奇妙的笔打动了，拍板订购了2 500支，并同意采用雷诺兹的促销口号作为广告。

当时，这种圆珠笔的生产成本仅0.50美元，但雷诺兹认为，这种产品在美国是第一次出现，奇货可居，尚无竞争者，就果断地将价格定在了12.50美元，零售商又以每支二十多美元的价格卖给消费者。雷诺兹认为，只有这样的价格才能显出这种笔的非凡之处，配得上"原子笔"的名称。尽管价格如此高昂，圆珠笔却在一段时间以其新颖、奇特和高贵的形象而风靡美国，在市场上十分畅销。金贝尔百货公司每次销售这种笔时，竟出现了几千人争购"奇妙笔"的壮观场面。订单像雪片般飞向雷诺兹的公司。短短半年，不仅收回了生产圆珠笔所投入的2.6万美元资本，还获得了155万美元的税后利润。后来，其他厂家蜂拥而上，产品成本下降到0.10美元一支，零售价也卖到0.70美元，但雷诺兹已经是大大地捞了一把。

[资料来源：高博. 消费者行为分析与实务 [M]. 北京：北京邮电大学出版社，2015.（引文有修改和删减）]

问题：

1."原子笔"采用这种定价方式是否可取？

2."原子笔"以大大高于生产成本的定价是否侵犯了消费者的利益？

2. 渗透定价法

这种方法与撇脂定价法相反，是指低价投放新产品，使商品在市场上广泛渗透，以提高市场份额，然后再随着市场份额的提高调整价格，以实现企业盈利的方法。这种定价策略符合消费者追求物美价廉的心理，以低价刺激消费者的购买欲望，待商品打开销路、占领市场后，再逐步提高价格。

3. 尾数定价法

尾数定价法是指保留尾数价格，采用零头标价。在一定程度上，消费者更乐于接受尾数价格，他们认为整数是一个大概的价格，不准确，而尾数价格会给人以精确感和信任感。此外，尾数可以使消费者感觉价格保留在较低一级的档次，使消费者产生便宜的感觉。比如，标价299元比标价300元给人的感觉要便宜一个档次，虽然只少了1元。但是，当企业欲树立其商品高价位的形象时，切忌使用这种定价方法。

4. 整数定价法

与尾数定价法不同，整数定价法是采用去零凑整的方法，制定整数价格。这种方法适用于某些价格特别高或特别低的商品。对于一些款式新颖、风格独特、价格较贵的商品，取消尾数，采用整数定价，能够满足消费者追求高消费的心理。而对于一些价值很小的日用品，采取整数定价法更方便消费者进行付款。

5. 声望定价法

这是利用消费者求名的心理制定高价的策略。价格通常被看成商品质量的最直观的反映，特别是购买名优商品时，这种心理尤为强烈。所以，对那些在消费者心目中享有名望、具有较高声誉的商品制定高价，可以扩大销售，满足部分消费者借高价以显示自己的社会地位、表明自己经济实力的心理。如茅台酒的定价、高档汽车的定价等。

6. 习惯定价法

这是按照消费者的习惯心理制定价格的方法。消费者在长期的购买实践中，对某些经常购买的商品，如生活用品、食品等，在心目中已经形成了习惯性的价格标准，不符合其标准价格的商品将引起消费者的顾虑，从而影响其购买，对此维持习惯性价格是明智之举。企业如果想要变动这类商品的价格，应首先做好宣传工作，让消费者有充分的心理准备后再调整价格。

7. 理解价值定价法

理解价值定价法是指根据消费者对商品价值的感受及其理解程度进行定价的方法，它多用于服务商品。由于服务商品的特质及组成服务的元素很多都是无形的，消费者在购买服务商品时，不能像购买一般商品那样直接比较和衡量服务质量，从而也就无法直接判断服务商品的价格，只能靠消费者自身感受及理解衡量服务商品的价格。这种定价方法关键在于正确判断消费者的理解价值。如果商品价值远高于其理解价值，消费者会难以接受，反之会影响商品的形象。

8. 分级定价法

这种定价法是把不同品牌、规格及型号的同类商品划分为若干个等级，对每个等级的商品制定一种价格。这种方法能满足不同层次消费者的需求，便于消费者挑选，大大简化了消费者购买过程，经营者也可以从分级定价中获利。但不足之处在于等级间的价格不好掌握，若差价过小，消费者会对分级的可信度产生怀疑；差价过大，一部分期望中间价格的消费者会感到不满意。

9. 折让价格定价法

折让价格定价法是指在特定的条件下，为了鼓励消费者大量购买或淡季购买，企业酌情调整商品价格，以低于原价的优惠价格出售商品。此方法的基础是利用消费者求实、求廉、求新的心理。主要折让形式有：根据消费者一次或累计购买的商品数量或金额给予折扣；为了打开新产品的销路，鼓励消费者购买新产品而制定的优惠价格；为了鼓励消费者在淡季购买季节性商品而给予价格优惠。

10. 处理价格定价法

由于经营不善、决策失误、国家法规限制或技术方向转移等原因，企业可能会出现商品质量下降或积压滞销的状况。针对这种情况，可采取处理价格策略。在制定处理价格时，要考虑消费者对廉价处理商品的心理反应，降价幅度要适宜，同时价格应保持相对稳定，切忌连续波动。

思考与讨论

1. 新产品定价策略主要有哪些？以下商品刚上市时适合采用哪种定价策略？为什么？这些商品是：口香糖、稀有水果、电动汽车、折叠自行车、手机。

2. 某大超市的货架上有两种品牌知名度相当的牙膏：A 品牌 120 克装，标价 4.98 元；B 品牌 135 克装，标价 5.10 元。你认为哪种好销？为什么？

3. 结合你周围出现的 2 元店或 10 元店，分析商家统一定价的原因。

四、调价策略与消费行为

企业在经营过程中，经常会出现商品价格的变动与调整。企业调价的原因有很多，比如，商品价值的变动、市场供求关系的改变、竞争对手的价格策略、消费趋势的变化等。商品价格的调整必然会影响消费者的切身利益，所以，企业在调整价格时要充分考虑消费者对商品价格调整的心理反应。

1. 降价的心理反应与策略

造成商品降价的原因有很多，比如，商品成本降低、商品升级换代、商品保管不当造成品质下降，为了周转资金而低价甩卖等。调低商品价格通常可以激发消费者的购买欲望，促使消费者大量购买。但是在现实生活中，消费者也有可能做出与之相反的各种心理和行为反应，常见的有以下几种情况：

①由于受到"便宜没好货，好货不便宜"的心理影响，消费者对降价商品的品质产生怀疑。

②消费者认为自己不属于一般低收入阶层，购买降价商品有损于购买者的自尊心和满

足感。

③商品降价可能是有新产品要问世了，旧商品即将遭到淘汰，买了很快就会落伍。

④商品已降价，可能还有进一步降价的空间，消费者可能在等待新一轮降价以便买到更便宜的商品。

商品降价能否促进销售，关键在于企业能否及时准确地把握降价的时机和幅度，以及是否能够正确地运用相关技巧。降价时机选择得好，会大大促进消费者的购买欲望；时机选择得不当，则会无人问津。降价幅度也要适宜，幅度过小，激发不起消费者的购买欲望；同样，降幅过大，企业可能会亏本经营，或造成消费者对商品品质的怀疑。

2. 提价的心理反应与策略

在营销实践中，企业经常迫于各种原因不得不进行提价，如商品成本增加、市场供不应求、经营环节增多等。调高商品价格往往会对消费者不利，会影响商品销售。但在实际生活中，消费者对提价也可能产生以下几种心理反应：

①商品涨价可能是因为其具有某些特殊使用价值或更优越的性能，所以值得买。

②商品已经涨价，说明还会继续上涨，应尽快购买，以防将来购买价格更高。

③商品涨价可能是因为出现了断货，为避免急用应预先购买。

消费者通常对于涨价会持消极的心理反应，这样势必会影响商品在市场上的销售，所以对于企业来说，提价具有较大的困难和阻力。当企业迫于某种原因不得不提价时，应充分考虑消费者的购买力和心理承受能力，认真分析和预测提价后消费者可能产生的心理变化，并采取相应的提价策略。首先，应做好宣传工作，向消费者解释清楚涨价的原因，力争淡化或消除消费者的不满情绪，并辅之以热情的服务，尽量减少消费者的损失，以取得消费者的信任和谅解。其次，要尽量控制提价的幅度和速度，要循序渐进，不能急于求成，让消费者有一个接受和适应的过程。

模块三　商品广告与消费行为

中国商业史上十大经典广告案例解析

如何评判品牌的商业模式是否成功？总结起来就是六个字：产品好，营销好。无论是传统商业巨擘可口可乐、麦当劳，还是新兴的苹果、特斯拉，都是在做好产品的同时也在营销上获得了很大的成功。

那么，如何做好商业营销？让我们来回顾一下中国商业史上的那些经典营销案例，温故知新。

一、白加黑——治疗感冒，黑白分明

1995 年，"白加黑"上市仅 180 天销售额就突破 1.6 亿元，在拥挤的感冒药市场上分割了 15% 的份额，登上了行业第二品牌的地位，在中国大陆营销传播史上，堪称奇迹。这一现象被称为"白加黑"震撼,在营销界产生了强烈的冲击。

一般而言,在同质化市场中,很难发掘出"独特的销售主张"(USP)。感冒药市场同类药品甚多,市场已呈高度同质化状态,而且无论中、西成药,都难于做出实质性的突破。康泰克、丽珠、三九等"大腕"凭借着强大的广告攻势,才各自占领一块地盘,而盖天力这家实力并不十分雄厚的药厂,竟在短短半年里就后来者居上,其关键在于崭新的产品概念。

"白加黑"是个了不起的创意。它看似简单,只是把感冒药分成白片和黑片,并把感冒药中的镇静剂"扑尔敏"放在黑片中,其他什么也没做;实则不简单,它不仅在品牌的外观上与竞争品牌形成很大的差别,更重要的是它与消费者的生活形态相符合,达到了引发联想的强烈传播效果。

在广告公司的协助下,"白加黑"确定了干脆简练的广告口号"治疗感冒,黑白分明",所有的广告传播的核心信息是"白天服白片,不瞌睡;晚上服黑片,睡得香"。产品名称和广告信息都在清晰地传达产品概念。

二、乐百氏,27层净化

经过一轮又一轮的"水战",饮用水市场形成了三足鼎立的格局:娃哈哈、乐百氏、农夫山泉,就连实力强大的康师傅也曾一度被挤出了饮用水市场。综观各水成败,乐百氏纯净水的成功相当程度上得益于其"27层净化"的营销传播概念。

乐百氏纯净水上市之初,就认识到以理性诉求打头阵来建立深厚的品牌认同的重要性,于是就有了"27层净化"这一理性诉求经典广告的诞生。

当年纯净水刚开始盛行时,所有纯净水品牌的广告都说自己的纯净水纯净。消费者不知道哪个品牌的水是真的纯净,或者更纯净的时候,乐百氏纯净水在各种媒介推出卖点统一的广告,突出乐百氏纯净水经过27层净化,对其纯净水的纯净提出了一个有力的支持点。这个系列广告在众多同类产品的广告中迅速脱颖而出,乐百氏纯净水的纯净给受众留下了深刻印象,"乐百氏纯净水经过27层净化"很快家喻户晓。"27层净化"给消费者一种"很纯净,可以信赖"的印象。

27层净化是什么概念?是其他纯净水厂家达不到的工艺吗?非也。USP,一说而已,营销传播概念而已。

三、农夫山泉,甜并快乐着

1998年,娃哈哈、乐百氏以及其他众多的饮用水品牌大战已是硝烟四起,而且在娃哈哈和乐百氏面前,刚刚问世的农夫山泉显得势单力薄,另外,农夫山泉只从千岛湖取水,运输成本高昂。

农夫山泉在这个时候切入市场,并在短短几年内抵抗住了众多国内外品牌的冲击,稳居行业三甲,成功要素之一在于其差异化营销之策。而差异化的直接表现来自"有点甜"的概念创意——"农夫山泉有点甜"。

"农夫山泉"真的有点甜吗?也不尽然,营销传播概念而已。农夫山泉的水来自千岛湖,是从很多大山中汇总的泉水,经过千岛湖的自净、净化,完全可以说是甜美的泉水。但怎样才能让消费者直观形象地认识到农夫山泉的"出身",怎样形成美好的"甘泉"印象?这就需要一个简单而形象的营销传播概念。

"农夫山泉有点甜"并不要求水一定得有点甜,甜水是好水的代名词,正如咖啡味道本来很苦,但雀巢咖啡却说味道好极了,说明雀巢咖啡是好咖啡一样。中文有"甘泉"一词,解释就是甜美的水。"甜"不仅传递了良好的产品品质信息,还直接让人联想到了甘甜爽口的泉水,喝起来自然感觉"有点甜"。

四、舒肤佳——后来者居上称雄香皂市场

1992年3月,"舒肤佳"进入中国市场,而早在1986年就进入中国市场的"力士"已经牢牢占住香皂市场。后生"舒肤佳"却在短短几年时间里,硬生生地把"力士"从香皂霸主的宝座上拉了下来。根据2001年的数据,舒肤佳市场占有率达41.95%,比位居第二的力士高出14个百分点。

舒肤佳的成功自然有很多因素,但关键的一点在于它找到了一个新颖而准确的"除菌"概念。

在中国人刚开始用香皂洗手的时候,舒肤佳就开始了它长达十几年的"教育工作",要中国人把手真正洗干净——看得见的污渍洗掉了,看不见的细菌你洗掉了吗?

在舒肤佳的营销传播中,以"除菌"为轴心概念,诉求"有效除菌护全家",并在广告中通过踢球、挤车、扛煤气罐等场景告诉大家,生活中会感染很多细菌,用放大镜下的细菌"吓你一跳"。然后,舒肤佳再通过"内含抗菌成分'迪保肤'"之理性诉求和实验来证明舒肤佳可以让你把手洗"干净",另外,还通过"中华医学会验证"增强了品牌信任度。

五、脑白金——吆喝起中国礼品市场

在中国,如果谁提到"今年过节不收礼",随便一个人都能跟你说"收礼只收脑白金"。脑白金已经成为中国礼品市场的第一代表。睡眠问题一直是困扰中老年人的难题,因失眠而睡眠不足的人比比皆是。有资料统计,国内至少有70%的妇女存在睡眠不足现象,90%的老年人经常睡不好觉。"睡眠"市场如此之大,然而,在红桃K携"补血"、三株口服液携"调理肠胃"概念创造中国保健品市场高峰之后,在保健品行业信誉跌入谷底之时,脑白金单靠一个"睡眠"概念不可能迅速崛起。

作为单一品种的保健品,脑白金以极短的时间迅速启动市场,并登上中国保健品行业"盟主"的宝座,引领我国保健品行业长达5年之久。其成功的最主要因素在于找到了"送礼"的轴心概念。

中国,礼仪之邦。有年节送礼,看望亲友、病人送礼,公关送礼,结婚送礼,下级对上级送礼,年轻人对长辈送礼等种种送礼行为,礼品市场何其浩大。脑白金的成功,关键在于定位于庞大的礼品市场,而且先入为主地得益于"定位第一"法则,第一个把自己明确定位为"礼品"——以礼品定位引领消费潮流。

六、农夫果园,一"摇"三"鸟"

两个身着沙滩装的胖父子在一家饮料店前购买饮料,看见农夫果园的宣传画上写着一句"农夫果园,喝前摇一摇",于是父子举起双手滑稽而又可爱地扭动着身体,美丽的售货小姐满脸狐疑地看着他俩;(镜头一转)口播:农夫果园由三种水果调制而成,喝前摇

一摇;(远景)两个继续扭动屁股的父子走远。第一次看到这支广告时,先是一乐,接着是很兴奋——中国营销界又多了一个伟大的经典概念!

又是养生堂,又是在一个竞争已经十分激烈的行业,又是一个经典营销传播概念,将创造又一个营销奇迹!不能不对养生堂的同志们心生敬佩!

统一主打女性消费市场,喊出"多喝多漂亮"的口号,康师傅、健力宝、汇源等也纷纷采用美女路线。康师傅签约梁咏琪为"每日C果汁"摇旗呐喊,健力宝聘请亚洲流行天后滨崎步作为"第五季"的形象代言人,汇源在宣传了一阵子冷灌装以后,邀请时下最红的韩国影星全智贤出任"真鲜橙"的代言人。PET包装的果汁市场,一下子美女如云。

而后来的农夫果园"不为女色所惑",出手不凡,又一次运用了差异化策略,以一个动作作为其独特的品牌识别——"摇一摇"。

三种水果调制而成,喝前摇一摇。"摇一摇"最形象直观地暗示消费者它是由三种水果调制而成,摇一摇可以使口味统一;另外,更绝妙的是无声胜有声地传达了果汁含量高——因为我的果汁含量高,摇一摇可以将较浓稠的物质摇匀这样一个概念。"摇一摇"的背后就是"我有货"的潜台词。

在农夫果园打出这句广告词之前,许多果汁饮料甚至口服液的产品包装上均会有这样一排小字——"如有沉淀,为果肉(有效成分)沉淀,摇匀后请放心饮用"。这排小字看似是要消除一种误会——就是有了沉淀并不是我的产品坏了,摇匀后喝就行了。其实是一个很好的卖点——它证明产品的果汁含量高,但这样的语言在各种包装上已经有很多年了,从来没有人关注过角落里的"丑小鸭"。农夫果园发现了这只白天鹅,并把她打扮一新包装成了明星,一句绝妙的广告语"喝前摇一摇",变成了一个独特的卖点。

同时,在感性认同上,"摇一摇"使得宣传诉求与同类果汁产品迥然不同,以其独有的趣味性、娱乐性增添消费者的记忆度。

七、1:1:1,金龙鱼比出新天地

在中国,嘉里粮油(隶属马来西亚华裔创办的郭氏兄弟集团香港分公司)旗下的"金龙鱼"食用油,10年来一直以绝对优势稳居小包装食用油行业第一品牌地位。

调和油这种产品是"金龙鱼"创造出来的。当初,金龙鱼在引进国外已经很普及的色拉油时,发现虽然有市场,但不完全被国人接受。原因是色拉油虽然精炼程度很高,但没有太多的油香,不符合中国人的饮食习惯。后来,金龙鱼研制出将花生油、菜籽油与色拉油混合的产品,使色拉油的纯净卫生与中国人的需求相结合,使得产品创新终于赢得中国市场。

为了将"金龙鱼"打造成为强势品牌,"金龙鱼"在品牌方面不断创新,由最初的"温暖亲情·金龙鱼大家庭"提升为"健康生活金龙鱼",然而,在多年的营销传播中,这些"模糊"的品牌概念除了让消费者记住了"金龙鱼"这个品牌名称外,并没有引发更多联想,而且,大家似乎还没有清楚地认识到调和油到底是什么,有什么好。

2002年,"金龙鱼"又一次跳跃龙门,获得了新的突破,关键在于其新的营销传播概念"1:1:1"。看似简单的"1:1:1"概念,配合"1:1:1"最佳营养配方的理性诉求,既形象地传达出金龙鱼由三种油调和而成的特点,又让消费者"误以为"只有"1:1:1"的金龙鱼才是最好的食用油。

十年磨一剑。金龙鱼在2002年才让中国的消费者真正认识了调和油,关键在于找到了一个简单的营销传播概念。

八、采乐去屑,挖掘药品新卖点

在漫漫10年的时间里,以营养、柔顺、去屑为代表的宝洁三剑客潘婷、飘柔、海飞丝几乎垄断了中国洗发水市场的大部分份额。想在洗发水领域有所发展的企业无不被这三座大山压得喘不过气来,无不生存在宝洁的阴影里难见天日。后来的"舒蕾""风影""夏士莲""力士""花香"等更让诸多的洗发水品牌难以突破。采乐"出山"之际,国内去屑洗发水市场已相当成熟,从产品的诉求点看,似乎已无缝隙可钻。而西安杨森生产的"采乐"去头屑特效药,上市之初便顺利切入市场,销售量节节上升,一枝独秀。

"采乐"的突破口便是治病。它的成功主要来自产品创意,把洗发水当药来卖,同时,基于此的别出心裁的营销渠道"各大药店有售"也是功不可没。

去头屑特效药,在药品行业里找不到强大的竞争对手,在洗发水的领域里更如入无人之境!采乐找到了一个极好的市场空白地带,并以独特产品品质,成功地占领了市场。

"头屑是由头皮上的真菌过度繁殖引起的,清除头屑应杀灭真菌;普通洗发只能洗掉头发上头屑,我们的方法,杀灭头发上的真菌,使用八次,针对根本。"

以上独特的产品功能性诉求,有力地抓住了目标消费者的心理需求,使消费者要解决头屑根本时,忘记了去屑洗发水,想起了"采乐"。

九、海尔氧吧空调,有氧运动有活力

提起空调行业,大家想到的往往是"价格战",正当大家在猜测2003年谁将是第一个打响价格战枪声的企业,并比去年提前多长时间开枪的时候,市场上出现了一种令消费者的眼睛为之闪亮,并为之惊叹的产品:氧吧空调。

在遭受"非典"、"凉夏"、原材料涨价等多重"压迫"的2003年,海尔空调仍有不俗表现,最主要的因素来自产品(概念)创新——氧吧空调。

与其说是产品设计的成功,不如说是概念创新的成功,是对消费者生活密切关注而诞生的满足需求方式的成功。氧吧空调的创意很简单——根据室内因封闭而导致氧气不足(虽然这种相对的氧气不足对人并没有多大影响),通过空调增加氧气含量;而原理也很简单——据设计这种空调的海尔空调专家介绍,只是在空调上加上一种特殊的富氧膜,使通过这层膜的氧气浓度提高到30%,然后用气泵将含有30%氧气的空气导入室内,从而保证室内空气氧气充足,既保证了人们的活力,又避免了空调病的发生。

海尔氧吧空调,通过产品(概念)的差异化设计,实现了又一次超越。在其他各空调品牌高举价格屠刀腥风血雨地残杀时,海尔又一次通过一个简单而伟大的创新产品(概念)独享高利润。

十、汇源果汁——"冷"热市场

2003年6月3日,在果汁市场一片热战声中,汇源集团在北京正式启动"冷"计划,国内9位著名食品专家在一份名为"汇源PET无菌冷灌装技术鉴定书"上签下自己的名字。

包括中国轻工业联合会副会长潘蓓蕾在内的专家认为,汇源在国内果汁行业率先应用

PET无菌冷灌装技术将使中国果汁市场进入一个"技术决定市场"的新阶段。所谓"冷"计划,即汇源的PET无菌冷灌装生产技术。在汇源"PET冷灌装"广告中,一只橙子"唰"地撕掉了一只代表"传统热灌装"的橙子。

无菌冷灌装技术,采用瞬时灭菌,然后在25摄氏度常温下灌装,可以最大限度减少果汁受热时间,使热敏成分的损失大幅减少,从而确保果汁的口感更新鲜更自然。有一个问题引起了许多人的不解,汇源早在2001年年初就引进了三条无菌PET生产线,可为什么到了2003年6月才大加宣扬?营销传播概念而已。

汇源在2003年才找到了有价值的概念。消费者能否分辨出热灌装的果汁与冷灌装的果汁哪个好喝呢?否也。但消费者都能很明显地感觉到"冷"的才好喝,"冷"的才不会使营养成分受损。我们没必要去研究所谓的"热灌装"到底对营养和口感有多大影响,但只要大家普遍认为"冷"的就比"热"的好就足够了。

营销,把产品铺到消费者面前,更要把价值概念铺进消费者心里。

[资料来源:https://wenku.baidu.com/view/a251473a65ce050876321360. (引文内容有修改和删减)]

上述企业的成功,除了商品符合消费者的需要外,广告起到了重要的作用。随着经济发展、商品的丰富和人们物质文化需求的日益增长,广告在市场营销中扮演了重要的角色。广告与生活密不可分,消费者通过广告可以迅速获取商品的相关消息;企业和商品也通过广告宣传自己,以获得良好的经济效益。在广告的传播过程中,宣传媒体是影响广告效果的重要因素之一。再完善、杰出的广告创意,如果媒体选择不理想,也会大大影响广告的传播效果。

一、商业广告的概念

1. 广告的概念

广告有广义和狭义两种定义方式。广义的广告,即社会公众传递信息的手段,目的在于唤起并引导人们对某些特定事物的注意,并使人们能够按信息发布者的希望和要求行动。

广义的广告信息的内容和发布对象都比较广泛,包括经济广告和非经济广告。

狭义的广告只指经济广告,又称商业广告,如报刊、电台和电视台的广告节目,以及招贴画、橱窗布置、幻灯和商品陈列等。狭义的广告是指企业以付费的方式,通过公共媒介对其商品或服务进行宣传,借以向消费者有计划地传递信息,影响人们对所广告的商品或服务的态度,进而诱发其购买行动而使企业得到利益的活动。

2. 广告的功能

(1) 认识功能

认识功能,即广告具有帮助消费者了解新商品,重新或加深认识原有商品以及了解和认识服务消费的功能。认识功能主要表现在广告对商品品牌、商标、性能、用途、规格、使用保养、售后服务，以及对服务内容、地点、方式等方面的介绍，由此给消费者留下了深刻的印象。认识功能是广告的基本功能。

（2）诱导功能

诱导功能，即广告可以促成和激发消费者对新商品或不熟悉的商品产生购买兴趣，或者改变对某些商品或企业的原有态度，并激发其购买欲望的功能。当一则介绍新设计、新构思、新观念的商品广告推出后，可能会引发消费者新的购买兴趣，并树立商品和企业在消费者心目中的良好形象。广告信息的传递与诱导还可以改变消费者对企业和商品的某些偏见和消极态度，激发新的购买欲望和产生新的消费习惯。

（3）教育功能

教育功能，即就广告的形式和内容而言的，良好的广告采用文明道德、健康向上的表现形式和内容，对于扩大消费者的知识领域，丰富消费者的精神生活，指导消费者的生活消费，促进两个文明的发展有着潜移默化的影响。所以在我国，广告不仅要传递商品信息，还要传播社会主义精神文明，使广告更具有科学性和知识性。

（4）艺术功能

艺术功能，即广告媒体通过艺术与美的形式来传递商品信息，用美来吸引消费者以达到促进销售的目的。一幅普通的商品广告，如果有较高的艺术性和美感，不仅可以起到很好的促进销售作用，给消费者以美的享受，还可使广告本身成为一件绝好的艺术品。比如"可口可乐"的广告标志，是世界上公认的一个最为成功的广告设计。它构图单纯优美，色彩鲜明和谐，线条舒展流畅，修辞生动准确，不仅是一个深受消费者欢迎的广告标志，也是一幅上乘的艺术佳作。

（5）便利功能

便利功能，即广告通过各种媒体，及时、反复地传递商品信息，使消费者在众多的商品中能够用较少的时间搜集或选择到适合自己需要的商品信息。为消费者提供信息选择的便利是广告的重要功能之一，在市场需求千变万化、新产品层出不穷的今天，如果没有广告的指引，消费者想要从众多的商品和密密麻麻的商业网点中寻找到自己所需的商品或服务，或者想对那些不曾相识的新商品有所了解是非常困难的，而广告所具有的便利功能，成为解决这一困难的有力手段。

（6）促销功能

促销功能，即广告通过媒体的传播，把商品信息和企业信誉渗透到各目标区域和消费者群体中，使消费者通过比较和选择，引起兴趣和注意，形成购买信念，从而促进销售。促销是企业对广告的最直接要求，也是广告的最基本功能之一。

二、广告设计与消费行为

1. 广告定位与消费行为

（1）广告定位的概念

定位理论，即在潜在消费者的心目中为企业的商品设置一个特定的位置，这个位置只为企业的商品所独占而其他同类商品则不可能拥有。广告定位，即企业通过广告活动，使企业或品牌在消费者心目中确定位置的一种方法。

广告定位通常是指如何使一个商品以正确合适的形象深入人心。它并不是围绕商品进行的，而是围绕潜在消费者的心理和行为进行的。也就是将商品定位于潜在消费者的心中，比如，当人们想喝饮料时，头脑中首先出现的总是可口可乐；想吃快餐时，总是首先想到肯德基；想喝牛奶时，总是首先想到蒙牛、伊利、特仑苏。一则成功的广告，能够让企业的商品或品牌在消费者的心中找到一个位置。

（2）广告定位策略

根据商品的特性与特点、在市场上的占有率、竞争的激烈程度等情况，商品的定位也有所不同。目前，市场上商品种类琳琅满目、种类繁多，企业可以从以下几种情况考虑，准确地进行广告定位。

①功能定位。

功能定位是指在广告活动中突出商品独特的功能，使其明显有别于同类商品，以增加其市场竞争力。比如，同样是宝洁公司的商品，飘柔洗发水的定位是"柔顺"、海飞丝的定位是"去屑"、潘婷的定位是"修复"。

②品质定位。

即质量定位，通过强调商品的良好品质而对商品进行定位。质量是衡量商品的重要标准之一，商品质量的高低直接影响着消费者是否会再次购买此商品。品质定位就是通过消费者对商品品质的认识来诱发其需求与购买欲望的，并在消费者的心目中确定商品的位置。就像奔驰这个品牌在人们心目中定位是"尊贵"的，这就反映了一个品牌的品质形象定位。还有，雀巢咖啡"味道好极了"的广告，就直接突出了商品良好的口感。

③品名定位。

品名定位是指任何商品的出现都有一个名称，但并不是随便起一个名称都可以，品名不但要顺口、响亮、大气，还要能突出商品的特点和性能，具有想象力，有特定的意义，与系列商品相照应。如脑白金，能够让人直接联想到该商品是作用于脑部的，而且有珍贵之意，而且三个字记忆度高、识别度高；李宁，用人名作为品名代表体育精神。

④感性定位。

感性定位是一种多用于一些商品性质不易说清楚，或商品附加一种文化观念等的定位方法。这种诉求，能够唤醒消费者产生感情的共鸣，从而引起消费者的兴趣。太太口服液定位于送给妈妈的爱、送给太太的爱，满足消费者的感情诉求，从而博得消费者的好感。

⑤理性定位。

理性定位往往采取摆事实、讲道理的说服方法，使消费者获得理性共识。比如，百事可乐就用"同样的价格、两倍的含量"的诉求，赢得消费者的认识；再如乐百氏27层净化纯净水的广告也是如此。

⑥强势定位。

强势定位的方法能显示企业的强大实力，企业往往采取"高高在上"和"咄咄逼人"的姿态面对市场和竞争者，以显示优势和强势争取消费者信任，以实力得到认同。这种定位适用于规模大、实力雄厚的企业，向消费者呈现一种强大的实力，让消费者感觉到商品的保障，进而使消费者成为其商品和广告的忠实消费者。比如，蒙牛的"每天一斤奶强壮中国人"、施乐"复印机王国"、IBM公司的"无论大一步,还是小一步,总会带动世界的脚步"等。强势定位也可以采取进攻姿态,抓住竞争对手的弱势、缺点,来显示本企业、本商品的实力、特色,削弱竞争对手的影响力,动摇竞争对手的地位,争取市场的主动。

⑦抢先定位。

抢先定位是指商品在市场定位中,抢先于同类竞争商品进入市场和消费者心目中,力争使自己商品品牌第一个进入消费者的心目中,抢占市场第一的位置。实践证明,最先进入人们心目中的品牌,平均比第二个进入的品牌在长期市场占有率方面要高很多。通常来说,第一个进入消费者心中的品牌,都是难以被驱逐出去的。人们总是容易记住第一名,比如,谁都知道世界第一高峰是珠穆朗玛峰,但极少有人能说出第二高峰;人们能很快说出体育比赛的冠军,亚军则不易给人留下印象。再如奢侈品中的LV、可乐中的可口可乐、电器中的通用、计算机中的IBM、快餐中的麦当劳,等等。

⑧强化定位。

强化定位,即企业一旦成为市场领导者后,还应不断地加强商品在消费者心目中的印象,以确保本企业第一的位置。不断加强消费者起初形成的观念。比如,可口可乐公司所用的强化广告词是"只有可口可乐,才是真正可乐"。这个策略可适用于任何领导者。仿佛可口可乐是衡量其他一切可乐的标准,相比之下,其他任何一种可乐类饮料都是在模仿"真正的可乐"。

2. 广告创意与消费行为

(1) 广创意的概念

广告创意,即通过独特的技术手法或巧妙的广告创作脚本,更突出体现商品特性和品牌内涵,并以此来进行商品的促销。

广告创意以广告定位为前提。广告定位所要解决的是"做什么",广告创意所要解决的是"怎么做",只有明确了做什么,才可能发挥好怎么做。一旦广告定位确定下来,怎么表现广告内容和广告风格才能够随后确定。因此,广告定位是广告创意的开始,广告定位是广告创意活动的前提,广告创意是广告定位的表现。

(2) 消费心理对广告创意的影响

广告要广泛调动消费者的心理活动,如感官、知觉、记忆、想象和思维等。首先建立对商品的认知,进而产生情感认同,最后实现购买行为。广告要达到刺激消费的目的,就需要具有让消费者悦纳的创意,这样广告在宣传商品信息的同时,还给大家一个可以触动消费者心理的印象,从而引导消费者的商品选择,实现商品利润的最大化。

优秀的广告创意应根据消费者进行消费活动时从众、求异、同步、求实这四种心理调动创意思维,有的放矢。

①抓住消费者的从众心理进行广告创意。

从众心理是指个人受到外界人群行为的影响,而在自己的知觉、判断、认识上表现出符合于公众舆论或大多数人的行为方式。消费者在购买时,会参照其他人的购买经历来选择商品。对于企业来说,可以借助消费者从众的心理,进行广告促销。还记得一则比较成功的电视广告案例是宝洁的佳洁士系列牙膏广告,其中大量使用与目标消费者相似的人群,如一家三口、四世同堂等。同时,在佳洁士得到全国牙防组认证后,宝洁在每一则牙膏电视广告结尾,总会盖一个"全国牙防组权威认证"的章,这种权威的感觉一次次深深印在消费者的记忆中,使消费者相信其商品的权威性和有效性,达到了宝洁占领牙膏市场的目的。

②抓住消费者的求异心理进行广告创意。

广大青年人和女性是喜欢标新立异的群体,他们总想通过自己独特的个性选择和消费来吸引他人注意,获得更多的关注。针对这种消费习惯,广告创意应以新颖的角度切入,采用平中见奇的创意手段,化腐朽为创意。如雅客的广告,雅客在诉求上强调独立时尚个性的商品风格,在其电视广告的创意上,以年轻人为切入点,紧紧抓住年轻人为主的消费群体。雅客的广告便以青年消费者为创意点,在空寂无人的街巷中,一群活力四射的年轻人在街市张扬地奔跑。雅客以运动时尚的形象出现,就是抓住了年轻人拥有活力、追逐时尚、标新立异,以及在消费活动中情感因素多于理性因素的特点。广告在广大青年消费群体面前树立了雅客时尚前卫、年轻的认知印象,这样在以后的消费中,年轻的消费者就会对雅客商品有情感倾斜,产生情感认同,从而对青年人的消费行为产生影响。

③抓住消费者的同步心理进行广告创意。

根据马斯洛的需求层次理论,人在满足了本身的生理需求基础上,还渴望被尊重等更高的社会需求。同步心理也就是攀比心理,相同的社会阶层会在消费习惯上有相互学习的倾向。这种消费心理往往不是理性的消费,而是基于一种感性的消费冲动。在广告中,可以通过创意性的宣传扩大这种消费心理的作用,引导消费者的购买动机和冲动。例如,中国移动的校园广告中,就紧紧抓住学生群体趋同的消费特点,打出我是 M-ZONE 人这一新鲜又富于个性的创意诉求,以 3 500 万学长的选择来引导新同学加入其消费群体。

④抓住消费者的求实心理进行广告创意。

求实的心理需求是比较理性的一种消费心理,求实消费心理比较注重商品的功能性和实用性,在购买时特别注重商品质量、性能和价格等,让消费者切实地感受到实惠和利益。这在一些刚性需求商品中表现得尤为突出,比如,房地产商品、汽车商品、保险类商品等。针对这部分消费群体,商品的创意就要从实际出发,少些虚张浮夸,切实地推出商品本身的优势。人寿保险有一则姚明做的广告,打出了"要投就投中国人寿"的创意诉求,以篮球明星姚明的影响力暗示给消费者,选择人寿可以给他们带来实实在在的利益和保障。

商品与消费者行为之间要实现有效的契合,只有通过行之有效的广告创意诉求才能够实现。在广告创意中,商家必须要分析不同的消费群体的消费心理,针对不同的消费群体提出不同的广告创意策略,达到有的放矢。

三、广告媒体选择与心理策略

广告媒体是传播广告信息的运载工具,是广告者与广告宣传对象之间起媒介作用的物质手段,也是企业与消费者之间的桥梁。经常使用的广告媒体有电视、广播、报纸、杂志。此外,还有其他形式的广告媒体也很常见,如网络广告、户外广告、直邮广告、路牌广告、霓虹灯广告、空中广告等。

1. 报纸广告

报纸原来的主要功能是传播新闻、政论等内容。但是由于它传播速度快、范围广、权威性高，能传播各种广告，因而受到企业的重视，逐渐成为刊登广告的重要媒体，而广告费也成为报纸出版发行机构的主要经济来源。

（1）报纸广告的特征

①消息性。

报纸以报道最新消息为主，现代计算机、卫星通信技术使报纸编辑、排版、传递速度与效率大大提高，可以迅速、及时地传播各类新闻和企业与商品促销活动的最新消息。通常，报纸出版当天读者就能读到这些最新消息。某些关于商品、企业的新闻报道，还能起到免费广告的作用。

②广泛性。

报纸发行量大、传播范围广泛、覆盖面宽、不仅可以在全国发行，还可到世界其他国家发行。订阅各类报纸的单位、家庭、个人非常多，报纸也是人们重要的信息渠道与精神食粮，人们可以从报纸上了解商品知识、市场行情和销售动态。

③可信性。

许多著名报纸以报道准确、及时的信息而名扬天下。广大读者认为报纸有极高的可信度，权威性强，威望高，所以对其刊登的广告也深信不疑。新的报纸广告可以帮助企业宣传商品，有助于企业树立起较高的威信。

④方便性。

报纸价格低廉，携带方便，在旅行途中、茶余饭后均可阅读，既丰富了生活内容，又能获得大量新闻、知识，不受太多的时空限制。

⑤教育性。

阅读报纸也是人们接受教育的好机会，报纸上常刊登知识性文章，还有关于介绍商品性能、用途、使用方法、注意事项的有关文章，也有介绍消费流行、消费观念变化、生活方式更新等方面的图片、文章，人们可以从中获得大量的资讯。

（2）报纸对消费者心理的影响

报纸所刊图文广告属于视觉广告。报纸广告对人们产生视觉刺激，而人们对报纸广告信息的接受常常表现得较为主动，在翻阅报纸时广告自动进入读者的视觉，会引起人们的心理反应，对有吸引力的广告或某些与自身有较密切关系的广告便会仔细阅读。这样就能给消费者留下较为深刻的印象，形成深刻持久的记忆。广告还可以借助每天不断变化的形式与信息内容等来刺激读者的阅读兴趣，引起消费者的注意。报纸广告的不足之处在于，由于报纸的时效性较短，制作成本低，故印刷要求不高，从而影响商品广告的形象效果。

2. 杂志广告

杂志是仅次于报纸的第二大纸质广告媒体。我国的杂志种类繁多，发行量大，传播面广。杂志广告与报纸广告同属印刷类图文视觉广告，它们有许多相同之处。

（1）杂志广告的特征

①专业性强、读者相对稳定。

许多杂志属专业性杂志，通常拥有一批较为固定的读者群体。这类杂志适合于刊登与专业有关的商品广告，例如，医学杂志刊登医药新书、新药、医疗设备，广告效果就很好。而休闲、消遣类杂志则适合非专业人士、一般社会公众、离退休人员阅读，也拥有较稳定的读者群体，这类杂志内容丰富、涉及面广，能适应不同读者的需求。在上面刊登商业广告，能引起许多读者的注意，激发他们的兴趣与购买热情。

②印刷精美，吸引力较强。

许多杂志中封面、封里、插页用纸质量较好，印刷十分精美，图文并茂，色彩鲜艳，制作讲究，有较强的艺术表现力与感染力，能带给读者美的享受，也易使读者留下深刻的印象。

③持续性长，精读、复读率高。

杂志往往每隔一段时间出版一期，读者不受阅读时间限制，利用空闲时间细读、精读，其中经典内容相隔较长时间后还可以复读。所以可读性强，持续时间长，刊登效果较好。杂志还可以在读者中传阅，相互借阅，产生延伸效果。

（2）杂志广告对消费者心理的影响

杂志广告是通过视觉刺激来引起消费者的注意与兴趣，能起到很好的促销作用。专业杂志权威性高，可信性也很强，所以，广告给消费者带来的影响力也较大。消费者对此类杂志上刊登的专业商品常给予高度的信任。杂志色彩鲜艳，印刷精美，吸引消费者注意，容易使消费者对商品形成良好的印象。杂志广告的不足之处在于制作周期较长，价格较高，灵活性差，消费者的反应迟缓。篇幅不多的杂志则刊登的广告有限，范围没有报纸广泛，这些在一定程度上影响了广告的效率和效果。

3. 广播广告

（1）广播广告的特征

①传播迅速、及时。

广播广告可以在最短的时间内把广告信息传播到千家万户，能灵活地适应市场环境的变化，以便消费者及时做出决策。

②覆盖面广。

广播广告传播的空间大，全国各地，不论城乡、山区均能收听。

③信息传播量大。

广播广告的次数多、容量大、周期短，传播与收听几乎同时进行，易激发受众迅速采取购买行动，因而效果较佳。

④针对性强。

广播常在特定的时间播送专题节目，拥有一批稳定的听众群体。所以，广告内容与宣传内容可以针对某类群体展开，效果显著。

⑤广播内容形象生动，易懂、易记，容易被广大消费者所接受。

有关商品信息也可以通过新闻、小故事、小对话、广告热线、广播短剧、小品、说唱等广大消费者喜闻乐见的文娱节目形式配以优美的音乐，使消费者记忆深刻。有的广告词、广告音乐常成为儿童们玩耍时的传唱内容。

⑥费用低廉。

广播广告费用相对电视、报纸的广告费用较为低廉；同时，随着汽车在我国的普及，很多车主有驾车听广播的习惯,在广播中穿插播送商业广告,能使广大消费者自动接受广告信息。

(2) 广播广告对消费心理的影响

广播广告是一种以语言、声音、音乐为表现形式的听觉广告,及时性、灌输性强,消费者往往处于被动状态,在收音机开着时不论消费者是否愿意听,广告声音会主动传入耳中,给消费者一种刺激。所以,对消费者的心理影响刺激强烈,能激活消费者对某些商品的兴趣,一些听众进而希望得到更多此类商品的信息。广播广告艺术表现力强,权威性高,对消费者的感染力也强。广播广告不足之处是时间短,如果消费者未能及时听清广告内容,要等待下一次重播,若无重播,效果就会比较差。另外,广播广告没有视觉效果,听众不能见到商品的模样很难下定购买的决心。广播广告通常不易保存。

4. 电视广告

电视出现使广告传播的媒体出现革命性的变化。电视可集视觉形象与听觉形象于一体,融合文字、图像、声音、色彩,直观地传播广告信息。

(1) 电视广告的特征

①传播面广,收视率高。

电视传播突破时空限制,可以将信息传送到世界各地,比如,在纽约可看到我国中央电视台的节目。全国收看电视节目的人数空前庞大。由于电视广告能生动直观地将商品形象传递给消费者,即使国家、民族文化有差异,消费者也能看清楚。所以,电视广告是能赢得最多消费者的传播媒体。

②电视广告声、形兼备,诉求力强。

电视常以感人的形象、优美的音乐、独特的语言、艳丽的色彩,设计出情节、情景、气氛,能带给消费者较强的感染力,也使消费者得到美的享受。

③电视广告传播灵活。

电视广告播出时间可以选择在收视黄金时段。比如,在中央电视台每天新闻联播前后时段,常可以获得较高的收视率。

(2) 电视广告对消费者心理的影响

电视广告表现方式、方法灵活多样,多种创意,如故事型、证明型、生活型、联想型等形式,也可以采用戏剧、舞蹈、智力竞赛、歌曲、曲艺、音乐等方式来表现广告的内容,给消费者以娱乐、知识、艺术等多种感受。在电视中可以让某些消费者现身说法,表达对商品使用后效果良好的体会。有的电视广告请专家来讲解商品的原理、使用范围、使用方法和效果,能大大增强商品的可信度。电视画面能生动形象地展示时尚、潮流的动态,推动流行向高潮发展。电视广告的不足之处在于播放速度太快,许多广告播放时间较短,仅有数秒钟,观众反应会跟不上。有的电视广告穿插在许多电视剧的关键情节之处,使得电视剧情节中断,因此引起消费者反感;有的消费者会立刻调换频道不看广告,使广告效果受到影响;有的电视广告播放次数频繁,也使消费者产生逆反心理和厌烦情绪。另外,电视广告制作费用高,制作周期长,对企业实力要求也就相应较高。

思考题

1. 试述商品命名的概念、原则和方法。

2. 什么是品牌？什么是商标？两者是什么关系？
3. 什么是商品价格？商品价格对消费行为有哪些影响？
4. 简述商品的定价策略和调价策略。
5. 什么是广告？广告有哪些功能？
6. 广告媒体有哪些？请分别阐述各自的特征和对消费者心理的影响。

案例分析

蓝瓶的钙，好喝的钙

一提到"三精"，人们自然会想到"蓝瓶的钙，好喝的钙"这句家喻户晓的广告语。在三精制药的电视广告里，女儿说："妈妈，我买了葡萄糖酸钙。"母亲说："是蓝瓶的吗？"女儿说："当然是蓝瓶的。"最后母女同声说："三精葡萄糖酸钙都是蓝瓶装。"

三精葡萄糖酸钙口服液以一个独有的蓝瓶包装确立了自己的品牌风格，这是国内少有的品牌营销策略，引发了很多人对这一传播策略的争议。

哈药集团三精制药公司（以下简称"三精公司"）的前身是哈尔滨制药三厂，创建于1950年。到1998年，三精公司已经拥有水针剂、口服液等7大剂型147个品种206个规格的产品，但欠缺销售过亿元的品牌产品。当三精公司确立主推新产品的营销策略后，开始选中了三种产品。经过分析比较，最终选中了销量最高的葡萄糖酸钙口服液。

采用什么营销模式进行推广，这是营销要解决的关键问题。经过公司高层反复研讨，最终决定以电视广告拉动需求，并且选择强势的央视媒体为载体。在广告高密度传播的同时，三精公司还开展各种形式的促销活动、顾客咨询服务活动等作为补充，丰富营销手段。

三精葡萄糖酸钙口服液以广告加零售终端的方式成功开拓了市场。在其成为补钙市场一个强大影响力的品牌后，市场上很快就出现了一些仿冒产品，分享三精葡萄糖酸钙口服液的市场份额。而且补钙市场竞争激烈，药品、保健品甚至食品都在打补钙的概念，瓜分补钙市场。三精葡萄糖酸钙口服液要实施品牌差异化，显然从产品本身难以重新定位，只有另辟蹊径，创造差异点。因此，从包装入手寻求差异，是三精公司的大胆创新。三精公司主动放弃了其他厂家惯用的白瓶，采用了独创的蓝瓶，并且为蓝瓶申请了国家专利，使蓝色成为三精公司产品独有的品牌标志。通过高密度高频次的广告传播，使"蓝瓶的钙，好喝的钙；蓝瓶的钙，充足的钙"这一诉求得到了淋漓尽致的体现。

葡萄糖酸钙口服液迅速成为补钙市场的主流品牌后，三精公司又成功推出了葡萄糖酸锌口服液，实现了产品线的延伸。经过多年的大踏步发展，如今，三精公司已成为中国医药行业的领军企业之一。

[资料来源：高博. 消费者行为分析与实务 [M]. 北京：北京邮电大学出版社，2015.（引文有修改和删减）]

问题：三精公司是如何进行广告定位和实现广告创意的？这样做的目的是什么？对企业有什么好处？

 **实训设计**

1. 实训目的

运用所学习的商品命名、商标、包装、广告等相关的理论和知识,为下文背景资料中太白酒业的婚宴酒制定有针对性的营销策略。

2. 实训内容

①请为西安太白婚宴用酒进行命名。
②请帮助太白婚宴用酒打造理想的品牌和商标。
③请帮助太白婚宴用酒设计良好的包装。
④请帮助太白婚宴用酒设计广告词,打开市场,赢得消费者的喜爱。
⑤资料整理汇总。将小组分析的结果整理汇总。
⑥成果展示和评价。

3. 实训要求

①分组。每组4~6名同学。
②讨论。各小组根据背景资料和本项目学习的知识进行充分的讨论。
③整理。将小组讨论的结果进行整理汇总。
④展示。每小组派1名成员,将小组的汇总结果进行说明,与班级同学和老师一起分享。
⑤评价。组间互评+教师点评。

 **背景资料**

太白婚宴酒的品牌名称和包装突破

每逢"双节"尤其是春节前后,结婚的新人扎堆,酒楼喜宴排不完。很多酒水企业已经把婚宴市场作为重点运作的对象,被业内人士戏称为"甜蜜金矿"。

西凤爱情海酒是西凤酒厂推出的一款婚宴专用酒,价格控制在30元,西凤爱情海酒鸳鸯配图包装是中国古代表达婚宴爱情的图腾,白色代表清白,成为婚宴用酒的首选品牌。西凤爱情海酒活泼的华体字透着青春及动感,蓝色代表羁绊,红色代表爱情滚热,依赖当代的包装和准确的品牌定位,一上市,西凤爱情海酒便受到结婚人士的欢迎。西凤友缘酒也是一款不错的选择,其销量在2008年至今稳居西凤酒类产品的前三名。

目前,西安婚宴用酒市场存在很多问题。

(1) 品牌产品的命名同质化

大部分婚宴用酒的命名都始终徘徊在××福酒、××缘酒,更有甚者干脆就给酒的名字叫"婚庆专供酒",好像用这种名字就能将目标群体锁定于该产品一样,严重缺乏创新,导致品牌个性化突出不明显,昙花一现后就无声无息。一些传统品牌,如"西凤喜酒",还是在市场上占据着很大的份额。

(2) 西安婚宴用酒产品的形象包装同质化

各类婚庆用酒的包装几乎都是千篇一律的大红底子,加上一个大大的双喜字,有的还在喜字旁边点缀几串鞭炮,再加厂家名称,单调而无新意,缺乏时尚与潮流意识。

(3) 西安婚宴用酒品牌情感诉求同质化

众多的婚庆用酒产品感性诉求比较肤浅，只是着眼于"红双喜""好日子""缘"等观点诉求的延伸和消费群体的延伸。

另一个白酒企业太白酒也应运推出婚宴用酒——诗仙太白，但销量却不如西凤酒，总给人一种廉价的感觉。

如果你是太白酒业的营销策划人员，请你根据西安婚宴用酒市场的现状，根据自己的观点和知识为太白婚宴酒策划品牌和包装，让太白婚宴酒能够在市场中赢得竞争，并把你的策划方案呈交给企业决策层。

[资料来源：张之峰，张学琴. 消费心理学［M］. 北京：北京理工大学出版社，2010. （引文有修改和删减）]

 道德观察

就这 4 个字，罚款 1 250 万

"创办一年，成交量就已遥遥领先。"这句广告词曾频繁出现在电视、网络，甚至地铁站的广告牌上，打响了瓜子二手车的名气，也引来不少争议，而如今，瓜子二手车则要对这句"自吹自擂"承担责任。

据国家企业信用信息公示系统显示，北京市工商行政管理局海淀分局于日前发布对金瓜子科技发展（北京）有限公司（下文简称"瓜子二手车"）的行政处罚决定书，罚款共计 1 250 万元。

行政处罚决定书显示，2016 年 9 月 7 日至 12 月 28 日期间，金瓜子根据与乐视网信息技术（北京）股份有限公司签订的《乐视网广告交易平台网络广告发布协议》，花费 1 250 万元发布了一条 15 秒钟的视频广告，其中广告词为"创办一年，成交量就已遥遥领先"。

针对该宣传语，瓜子向工商局提供了三份证明材料，用以支持上述广告宣传语。

经瓜子二手车确认上述广告中"创办一年"的起止时间为：2015 年 8 月至 2016 年 7 月，同时，承诺此时间段内瓜子二手车成交量为 85 874 辆。但工商局执法人员于 2018 年 11 月 5 日、11 月 6 日分别调取了北京市旧机动车交易市场有限公司和北京人人车旧机动车经纪有限公司（人人车）的二手车成交数据。

数据显示：北京市旧机动车交易市场有限公司 2015 年 7 月 1 日至 2016 年 7 月 31 日的成交量为 442 878 辆车；北京人人车旧机动车经纪有限公司 2015 年 8 月 1 日至 2016 年 7 月 31 日的成交量为 92 375 辆车。

两者的二手车成交数量均超过瓜子二手车的成交数量，85 874 辆的销量并非业界领先。因此，工商部门"对于当事人提供的三份证明材料不予采信"。

瓜子二手车在广告宣传中使用的"创办一年、成交量就已遥遥领先"宣传语缺乏事实依据，与实际情况不符。工商局责令瓜子二手车停止发布违法广告，并在相应范围内消除影响，罚款 1 250 万元。

此前，瓜子二手车就已不止一次受到工商部门处罚。

2017 年 6 月，瓜子二手车在西安的分公司就因为存在"以虚假的商品说明、商品标

准、实物样品等方式销售商品的行为",侵害了消费者的权益,被西安市工商行政管理局双生分局处以责令改正并罚款1万元。

2017年11月,瓜子二手车的竞争对手人人车因不满其广告语,以不正当竞争关系为由,将瓜子二手车告上法庭,向瓜子二手车索赔1亿元人民币。最终,北京市海淀区人民法院发布诉前禁令裁定,认为瓜子二手车"遥遥领先"等相关广告,尚无充分事实依据,涉嫌构成引人误解的虚假宣传的不正当竞争行为,责令瓜子二手车立即停止使用"遥遥领先""全国领先"等虚假宣传用语。

2018年6月25日,瓜子二手车又因为广告违法,被石家庄市工商行政管理局处以罚款20万元的行政处罚。

虽然现今打开瓜子二手车官网,"遥遥领先"已然不见,取而代之的是更为模糊的"二手车行业领军者"。但瓜子二手车还是要为自己曾斥资1 250万买下的广告,再支付同等代价的罚款。

针对本次1 250万元的罚款,瓜子二手车于11月30日发布声明称,针对该决定瓜子二手车深感遗憾,对该决定的定性存有异议,已根据法律程序申请行政复议。

[资料来源:http://www.sohu.com/a/279179599_100229444.]

问题:
1. 你如何看待瓜子二手车的这类广告?
2. 企业这样做对社会将产生什么样的影响?

项目九
探索新消费理念指引消费行为的发展

 知识目标

- 掌握网络营销的定义和特点。
- 掌握消费者网上购物行为的特点及制约因素。
- 理解绿色消费的内涵。
- 掌握实施绿色消费的策略。

能力目标

- 能够结合实际分析消费者网上购买的动机和购买过程。
- 能够根据网络消费行为的特点制定营销策略。
- 掌握绿色消费者的心理特征与行为特征。
- 具备绿色消费、低碳观念。

道德目标

- 网络消费中提高自我的法律意识。
- 具有正确的是非观念。
- 具有当代大学生的高尚的道德情操。

模块一　互联网与消费行为

 案例导入

网络消费促进消费升级转型

2017 年"双 11"呈现出相较往年更为火爆的行情。据星图数据统计,2017 年"双 11"全网总销售额达 2 539.7 亿元,产生包裹 13.8 亿个。对此,有市场人士提出,是不是

消费者行为分析实务

因为消费从线下转到了线上？

国家发改委新闻发言人孟玮在11月15日召开的新闻发布会上回应称，不能简单地说网络消费的扩张是线下消费的转移。国家统计局发布的报告显示，近年来，网络交易额中是有不小的比例是由互联网销售方式刺激产生的新增消费。可以说，网络消费的发展对推动消费和促进消费升级起到了重要作用，而不仅是线下消费转移。

随着我国居民收入持续增长、消费结构不断优化以及政府推动的扩大消费行动等一系列政策措施的落地实施，今年消费市场发展较快，呈现出总量扩张、结构升级的态势。

据孟玮介绍，网络消费实际上也是扩大消费行动的重要组成部分。去年以来，国家发改委会同有关部门通过完善城乡网络基础设施，推进电子商务进社区、进农村，鼓励大型电商企业积极搭建特色农产品产销平台等一系列措施，大力促进网络消费发展。目前，我国已成为全球最大的网上零售市场。

1月至10月份，我国网上零售额为5.54万亿元，同比增长34.0%，增速比上年同期提高8.3个百分点；其中，全国实物商品网上零售额同比增长28.8%，增速提高3.9个百分点，高于同期社会消费品零售总额增速18.5个百分点。

对于下一步的消费政策取向，孟玮认为，关键还是要把握好市场消费转型的新趋势，围绕提升消费品质，着力在完善体制机制、推动新的增长点、优化消费环境上下功夫。

[资料来源：https://finance.jrj.com.cn/2017/11/16072023393695.shtml.（引文有修改和删除）]

案例解析

随着互联网的普及和移动终端技术的发展，网络购物的规模越来越大，B2C企业呈现平台化、网络购物社交化、线下线上一体化，移动端网络购物得到了迅速的发展。消费者的购买方式发生了改变，消费习惯、观念也将随之发生改变。面对网络购物这样的发展趋势，传统的企业和商业应跟上时代的发展步伐，及时实施相应的网络营销策略，例如，商品定制化、营销互动化、配送社会化、服务人性化、交易安全化。

一、认识网络消费

随着全球网络技术的发展和应用，以及消费者消费水平的提高、购买方式的改变和个性化的需求，越来越多的企业意识到运用互联网进行营销是必行之路，网络市场蕴藏着无限商机，于是一种全新的企业营销模式——网络营销应运而生。网络营销通过便利的连接，将无限商机带入一个全新的计算机网络时代。

1. 网络营销的定义

随着信息时代的到来，人们的生产方式与生活方式将以开放型和网络型为导向，这是社会发展的必然趋势。在这个全新的、无直接接触的、网络化的市场时代，网络营销将是每一个企业的必然选择，网络营销虽然与传统市场营销一样，以实现企业营销战略为目的，但网络营销又不同于传统的市场营销，它具有独特的内涵与特点。"网络营销"来源于意译的英文词组"Internet Marketing",基本含义是通过互联网进行市场推广活动。

网络营销目前并没有统一的定义,与许多新型学科一样,由于研究人员对网络营销研究的角度不同,对网络营销的理解和认识也有很大差异。因此,目前大多数人赞同的定义是,网络营销是以互联网技术为基础,利用数字化的信息和网络媒体的交互性来辅助企业营销目标实现的一种新型的市场营销模式。

网络营销的实质是利用互联网对商品的售前、售中、售后各环节进行跟踪服务,包括寻找新顾客、服务老顾客。网络营销是企业以现代营销理论为基础,利用互联网技术和功能,最大限度地满足顾客需求,以达到开拓市场、增加盈利目标的经营过程。

2. 网络营销的特点

互联网已经将全球变成了一个真正意义上的"地球村"。世界上任何人网的企业和个人,正在通过网络进行资源共享、信息交流、电子邮件的互发等各种以前从来没有过的活动。网络已经改变了人们的生活方式和思维方式,并且将继续改变下去。

网络营销的特点包括以下几点:

(1)互动性

在网络环境下,企业可以以极低的成本通过网络销售平台、社交网络平台、直播平台等方式,在营销全过程中对消费者进行即时的信息搜集。消费者则有机会对从商品设计到定价和服务等一系列问题发表意见。这种双向互动的沟通方式提高了消费者的参与性和积极性,更重要的是通过大数据分析企业能对未来的生产和营销决策有的放矢,从根本上提高消费者的满意度。

(2)整合性

企业可以借助网络将不同的传播营销活动进行统一设计、规划、实施,以统一的传播资讯向消费者传达信息,避免传播不一致性造成的消极影响。

(3)全球性

通过网络可以超越时间和空间限制进行信息交换,企业能有更多时间和更大空间进行营销,可24小时在全球范围内搜集数据、进行市场调研和分析,对消费者行为和偏好进行全面跟踪并及时反馈,并随时随地提供全球性营销服务,实现企业营销的全球性。

二、网络消费的心理特征

网络消费者是一种新兴的消费群体,这支队伍呈现出逐步扩大的趋势。网络消费者在消费观念、消费心理和行为方式等方面都表现出了与传统消费者的不同之处。互联网的发展促进了消费者主权地位的提高;网络营销系统强大的信息处理能力,为消费者挑选商品提供了前所未有的选择空间,使消费者的购买行为更加理性化。要搞好网络市场营销工作,就必须对网络消费者的群体特征进行分析以便采取相应的营销策略。

1. 消费更主动

消费者的需求是积极主动的,一般进行网购时的目的非常明确。网络商品信息获取的方便性使得网络消费者可以通过各种途径获取商品相关信息,同时进行分析比较。也许这种分析、比较并不是充分、合理的，但网络消费者能从中得到心理的平衡，以降低风险感或减少购买后产生的后悔感，增加了其对商品的信任程度和心理上的满足感。消费主动性的增强来源于现代社会不确定性的增加和人类需求心理稳定和平衡的欲望。

2. 注重自我，追求个性

很长一段时期，工业化和标准化的生产方式以大量低成本、单一化的商品淹没了消费者的个性化需求。此外，在短缺经济或近乎垄断的市场中，提供给消费者可供选择的商品很少。

在市场经济条件下，可选择的同类商品很多，网络购物平台为消费者提供了更多选择的方案。有的网络消费者不满足现有的商品，希望能根据自己的需求定制自己个性化的商品，网络也为其需求的实现提供了便利条件。

3. 头脑冷静，理性消费

由于电子商务的特殊环境，消费者只需要面对屏幕，没有任何外界的嘈杂和各种环境的诱惑，并且可以在网络上收集大量的商品信息，商品的选择范围也没有地域限制，网络消费者可以理性地进行选择和消费。还有，由于网络消费者是以大城市、高学历的年轻人为主，他们不会轻易受舆论左右，对各种商品的宣传有较强的分析判断能力。

4. 追求购物过程的便捷和乐趣

信息社会的高效、现代生活的快节奏，让城市的白领们工作压力增大、购物时间紧张，他们购物时会以购物的方便性为目标。网络购物只要点击确认、网上支付就完成了交易，还能享受送货上门的服务，节省了大量购物的时间。同时，网络消费者在购买商品的同时，还能得到很多信息，能获得在传统的商店购物所没有的乐趣。

5. 关注价格

在国内，低价对老百姓来说有很大的吸引力，从近几年团购网的火爆，以及节假日商城活动打折时排队疯抢的人群就可以看得出来。虽然，网络营销策划者总是通过各种营销手段来减弱消费者对价格的敏感度，但价格对消费者心理有重要影响始终没有改变，当价格的降幅超过了消费者的心理预期时，消费者会改变当初的购物原则。

6. 品牌忠实度低

因为网络充斥着太多的信息，竞争对手的促销和广告随时都在诱惑着网络消费者。同时，网络消费者之间通过网络可以实行良好的互动，所以，很容易受到其他消费者的影响；此外，由于这些消费者以年轻人为主，比较缺乏耐心，如果搜索信息时链接、传输的速度比较慢的话，他们会选择马上离开这个站点。

三、网络消费的行为方式

1. 消费者网上购物行为的特点

消费者网上购物的消费动机与传统购物的消费动机并没有太大区别，只是网络环境下消费动机的产生具有更多的影响因素。网上购物作为一种新兴的商业模式，在信集收集、商品比较、购买行动和购后反应等消费行为方面与传统购物模式相比较还是有较大差异的。正因为网上购物有着与传统购物不可比拟的优势，网上购物的消费行为也发生了很大的变化，并形成了其独有的特征。

（1）购买方式个性化

有关调查表明，由于网上购物以年轻化、知识化的消费者群体为主，他们在购物消费的同时还追求较高层次的心理需求满足，更加重视商品的象征意义，更加注重通过消费来获取个性的和精神的愉悦、舒适及优越感。这种消费个性趋势的出现，标志着感性与理性结合的信息时代新消费主义的到来。信息时代新消费主义者所注重的不仅是消费的数量和质量，而且也注重消费与自身形象和个性关系的密切程度，购买的往往是有理性判断和心理认同的个性化商品，甚至是要求完全个性化的定制服务。

（2）消费方式便捷化

互联网的兴起改变了人们的工作和生活方式，也造就了一批新消费主义群体。这一群体的消费者可以利用互联网了解世界各地任何一种商品和服务的信息，要求生产者和供应商以最便捷的方式满足他们的各种需求。他们不用离开自己的办公室或住所就可以在互联网上找到有关企业、商品、价格、竞争者等方面的信息；他们不必排队等候，而无论身处何地都可以24小时订购商品；支付方式也更加便捷，他们通常采用支付宝、微信等方式进行支付，选择物流企业将其所购货物派送给他们，整个购物方式非常的高效和方便。

（3）互动性极大提高

随着QQ、微信、直播等交互方式的崛起以及交互技术的迅猛发展，网络营销的互动性已经大大增强。网上购物的互动性，一方面让供应商更加充分地了解以及更好地满足消费者的个性化需求，另一方面也让品牌和商品信息传播有了更加多样化的途径。近几年兴起的商品消费点评网也是以互动信息为主体的，消费者可将自己的消费感受（不管是正面的还是负面的）与感兴趣者进行分享，而且逐渐形成了一些消费偏好群体，也包括品牌粉丝（忠实消费者）群体。他们可在群体中随意地与共同爱好者交流消费心得，并且乐于满足个人的角色扮演欲望，成为别人认可或接受的某一消费群体的意见领袖。上述这些消费者特征对商家来说，营销意义变成如何吸引与维系消费者，并通过网上购物不断地满足消费者的需求与价值理念，这些都是影响消费者满意度与忠诚度的重要策略。

（4）智能消费成为增长点

阿里巴巴平台提供的数据显示，近几年智能消费占比大幅度提升，主要包括智能家居、虚拟现实与各式新型智能设备。

2. 制约消费者网上购物的心理因素分析

（1）网上购物的优劣势分析

不管是传统的逛街，到超市买东西，还是电视、电话购物，抑或是邮购、直销，从结果来看无非是通过一种方式，建立企业与消费者之间的联系，通过信息的沟通、互信关系的建立，实现商品的交换。从这种角度来看，这几种购物方式是相互竞争、相互替代的关系。就目前而言，消费者的购买方式在走线上线下融合的道路。那网上购物与其他购物方式相比较，有着什么样的优劣势，面临的机遇和挑战又是什么呢？网上购物SWOT分析见表9-1。

表 9-1 网上购物 SWOT 分析

优势	劣势
• 空间的突破 • 时间上的自由 • 渠道短，无须实体店面 • 销售成本的低廉可能性 • 一种时尚消费方式	• 无法预先实际体验 • 规模化欠缺 • 商业信用欠缺 • 消费文化的障碍 • 供应链和配送体系不够完善
机遇	威胁
• 网民数量的快速增长 • 网络带宽提升和上网费用的下降 • 商业信用环境的优化 • 消费者消费意识的转变 • 产业链的进一步完善 • 技术的革新	• 直销、邮购等业务的发展 • 电视、电话购物的发展 • 传统店面销售服务模式的改善 • 传统经销力量的介入

(2) 制约消费者网上购物的心理因素

虽然网上购物具有方便快捷、节省时间等诸多优势，但是目前一部分消费者对网上消费仍然有一定程度的担忧，这让他们对这种新的购物方式敬而远之，从而制约了网上购物的发展。这些心理因素主要表现在以下几个方面：

①传统购物观念受到束缚。

长期以来消费者形成的"眼看、手摸、耳听"的传统购物习惯在网上受到束缚，网上消费不能满足消费者的某些特定心理，网上购物很难满足消费者的个人社交动机。

②价格预期心理得不到满足。

据统计，消费者对网上商品价格的预期心理比商场便宜20%～30%，而目前网上商品仅比商场便宜4%～10%，加上配送费用，消费者所享受到的价格优惠是有限的。

③个人隐私权受到威胁。

随着电子商务的发展，商家不仅要留住已有的客户，还要挖掘潜在的客户，而现在技术不能保障网上购物的安全性、保密性。隐私权不能得到保障，导致一些消费者不愿意参与网上购物。

④对网上支付机制缺乏信任感。

在现阶段，电子商务的网上支付手段和信用体系还不是非常健全，在支付过程中消费者的个人资料和信用卡密码可能会被窃取盗用，有时还会遇到虚假订单，没有订货却被要求支付货款，使消费者对网上支付方式存有顾虑。

⑤对虚拟的购物环境缺乏安全感。

在电子商务环境下，所有的企业在网上均表现为网站和虚拟环境，网络商店很容易建立，也很容易作假，使消费者心存疑虑。另外，互联网是一个开放和自由的系统，目前仍缺乏适当的法律和其他规范的手段，一旦发生网上纠纷，消费者的权益得不到足够的保障和维护。

3. 网络购物的发展趋势

随着网上购物平台的发展和完善，越来越多的人加入网购行列当中。网络购物的发展趋势主要表现在以下几个方面：

（1）网络购物的规模将逐渐扩大

电子商务的快速发展，为网络购物的发展提供了便捷的条件。城市网络购物已不再新鲜，农村网络购物正在快速加入其中。随着社会消费水平的提升，消费者网络购物的热情将越来越高。我国社会蕴含着巨大的消费增长潜力，中国网络购物的发展水平正在向世界看齐，按发展势头看，未来几年我国很有可能在网络消费总额上超过美国，成为世界上最大的网购市场。

（2）B2C 企业呈现平台化

网络购物的兴起冲击了实体店的发展，导致 B2C 企业呈现平台化，越来越多的传统企业加入网络销售中。一方面，平台化可以降低企业的运营成本，节省大量的商铺费和人工费，只需支付必要的仓储费和运营费等，大大提高了营业利润；另一方面，平台化可以使企业扩展产品线，使消费者得到更多的商品选择。一些 B2C 企业选择直接进驻淘宝商城、京东商城、苏宁易购等平台，这些企业可以利用网络平台的庞大浏览量增加自己的客流量，此外，二者也可以互利合作，达到双赢的效果。

（3）网络购物社交化

随着互联网的发展和分享理念的广泛传播，越来越多的消费者喜欢将自己的购物体验分享到网络，而消费者的网络购物活动也越来越多地受到其所看到的其他消费者的分享体验的影响，网络购物正在向着社交化的趋势发展。和国外的一些社交购物网站相类似，蘑菇街、美丽说等国内的社交购物网站在这一趋势下获得了迅猛发展。而大型购物网站也开始建立自己的博客、社区、论坛等以活跃新消费者，进行社交化购物分享体验，如淘宝淘江湖、草莓派、麦包包口碑中心等。

（4）线下线上一体化

由于受到了互联网的影响，消费者的需求发生了转变与升级——消费者习惯了网络约车的模式，习惯了使用互联网资源，习惯了社群分享，习惯了网络购物的丰富与便捷。此时的实体店对他们来说是非常传统、刻板、缺少创新的场所，但是，受限于互联网的环境，很多消费行为又不得不在线下实体店完成，这时，线上的不足与线下的不足，以及消费者的更高、更多需求相互碰撞后出现了一个新的市场机会——线上线下互补融合，以解决这个时代消费者的更高需求。

在 2016 云栖大会上，阿里巴巴集团董事局主席马云也指出："纯电商时代很快会结束，线上、线下、物流必须结合在一起。线上的企业必须走到线下去，线下的企业必须走到线上来。"其实，马云和阿里巴巴的目标从来都不是电子商务，而是整个商业体系，或者说是商业模式的整体演进。

（5）移动端网络购物将迅速发展

近几年，智能手机、平板电脑等高科技商品不断涌现和更新换代，同时移动支付的便捷化，为消费者使用移动设备进行网络购物提供了便捷。现代的生活节奏较快，在闲暇时拿出移动设备浏览自己喜欢的商品并进行购买已经成为众多消费者的习惯。有分析认为，未来几年，中国移动网购仍将保持较快增长。移动端的便利性、碎片化、高互动等特点，让移动端成为纽带，助推网购市场向"线上+线下""社交+消费""PC+手机+TV""娱乐+消费"等方向发展，从而实现了整合营销、多屏互动等模式。

总之，从未来发展的趋势来看，我国互联网渗透逐步加深的势头不可逆转，网络购物供需面将进一步持续积极向好，加之我国新型城镇化正加速进行中，居民消费仍有大幅升级空间。鉴于巨大人口基数确定的庞大消费市场，无论是百货超市，还是作为新兴业态的网购，都将有非常广阔的市场空间。伴随着居民收入和购买力的提升，网络购物的消费潜力还将持续释放；电商企业的发展势头旺盛，网络购物供给能力将逐步增长，服务水平将持续提高，这些因素的叠加效应都将有力地拓展进一步增长的空间，推动网络购物在未来较长时间的快速增长。

模块二　绿色消费与消费行为

案例导入

过度消费带来"幸福的烦恼"，绿色生活方式成为新时尚

新买的衣服没来得及穿就已过季，日用品从未打开包装就已过期，家里的东西有时竟多到放不下……随着消费不断升级，不少人最苦恼的不是消费"太少"，而是"太多"，"不买难受，买了后悔"。当物品不断囤积，甚至超出生活的承载能力时，"无处安放"的就不仅仅是物品本身，更是被过度消费捆绑的生活方式和大量闲置、浪费的资源。

钱包越来越鼓，花钱越来越爽，东西越买越多，但过度消费也催生了一些烦恼。

对于家住深圳南山区的刘莉来说，给孩子购买玩具是一笔不小的开销。小孩子对玩具总是"喜新厌旧"，眼看着家里的玩具越积越多，刘莉很发愁。

"喜新厌旧"的不只是孩子。刘莉说，网络上纷至沓来的商业促销经常让她应接不暇，购买行为也不再基于需要。衣橱已经满满当当，她还是会持续买下新衣。"换季的速度越来越快，潮流的周期越来越短。"刘莉表示，自己每天要花两个小时逛网店，周末甚至更长，远远超过逛街购物的时间。

除了便利的网购，支付方式的变化也让人们对心仪的商品"触手可及"。在北京读大学的冯添，身边就有不少同学使用分期消费——"花明天的钱，享受今天的资源"，申请容易、手续便捷、无须抵押，凭借这些特点，分期消费获得了不少年轻人的青睐。冯添也发现，同学们更换手机等电子产品的频率比过去高了许多，但是更新换代后的"淘汰品"处理起来却很伤脑筋：留着没用，卖掉又担心泄露个人隐私……

同样不可忽视的还有一些新的消费形式。辽宁大连中山区的张欣经常在社交平台参与亲戚朋友间的"拼单"，以更低的价格购买商品。比如，4.9元六包的原木抽纸、29.9元的凉席三件套、68元的多层储物柜组合……虽然"拼单"能买到不少价廉物美的商品，但张欣也承认，自己经常会感觉东西"买多了"，囤积下来的商品占据了家里不小的空间。

"随着我国经济快速发展和人民生活水平日益提升，人们的消费意愿增强，消费能力充分释放，这无可厚非。关键在于树立正确的消费观，反对奢侈浪费和不合理消费。"清华大学循环经济产业研究中心主任温宗国认为，过去大量的环保政策都是从生产端入手，而很少从消费端介入。但是研究表明，消费端的节能减排具有明显的"放大效应"：最下游每减少一个单位的产品消耗，可以在产业链上游减少数十倍甚至数百倍的资源投入或污染排放。"因此，消费端对整个社会系统的资源环境影响有着非常大的调控力度，倡导简约适度、绿色低碳的消费方式，非常必要。"

循环型消费方式正在兴起，旧物回收利用越来越有市场。

眼下，一些推崇"简约适度"生活方式的群体不断涌现，从居家、出游到餐饮，"极简主义""断舍离"等概念逐渐从"小众"追求变为大众潮流。

"我从家里清理出十几个大垃圾袋的物品。很多衣物、书籍、小家电多年不穿、不用，还要占空间。有时候为了打扫除尘、翻找物品，耗去大量时间和精力。现在清理掉这些无用的东西，觉得生活一下子清爽了，平时买东西也更谨慎，绝不再冲动消费。"北京通州区格兰晴天小区居民孙雪认为，新的消费理念对自己影响很大，"不仅是物质生活简约适度，精神世界也要懂得做'减法'，追求健康人生品质。"

倡导新的生活方式，除了做"减法"，还可以做"乘法"——循环型消费方式正在兴起。"新租赁"、二手交易、回收再利用等，不仅能"花小钱办大事"，而且更加环保可持续，既拓展了新的消费领域，也让"简约适度、绿色低碳"的生活方式走进寻常百姓家。

比如，为家里玩具太多而苦恼的刘莉最近就发现，可以在某支付平台上租用玩具，一套原价229元的乐高"特技摩托车"组合，租赁价格是1.6元/天，租赁时段从14天到42天不等，有五种不同的时段可供选择，利用自己在该平台上的信用积分，还能免押金。付款完成两天后，刘莉就收到了这套玩具组合，孩子玩了14天，算上快递费用，总共才40多元。"比自己买划算多了，而且也挺方便。听说有的平台还能办年卡，我也准备办一张。"她说。

15.5元/天租一部水下运动相机，50元/天租一套女士晚礼服，11.8元/天租一台空气净化器……"租赁"正在成为很多消费者的新选择，从数码产品到箱包配饰，从婴童玩具到家具家电，"万物皆可租"也让越来越多人抛开了"买不起才租"的旧观念，过上"低成本高品质"的生活。

北京海淀区的陈阳是两个孩子的妈妈，她在儿童玩具和图书方面投入不少。"家里有两个孩子，玩具和书都可以用两遍，所以觉得给孩子的投资是很值得的。"不过，她还是会把孩子们看过的图书放在二手平台上出售，希望旧书能够"发挥余热"。她说，自己不太在意旧书能卖多少钱，基本上相当于半卖半送，"能把旧书利用起来，将知识传递给他人，我觉得很有意义"。

冯添经常关注校园二手交易的微信群。"同学们一般会将闲置物品信息发布到群里，像三脚架、正版光盘一类的新产品很贵，买二手货又不会影响功能的发挥。"冯添认为，二手交易是一种环保的生活方式，还能带来更多乐趣。"二手书上的笔记能加深理解，二手交易过程中同学之间还能找到共同兴趣，建立新的联系。"

另一方面，对旧物的回收再利用也开始为更多人所接受。今年3月，阿里巴巴旗下的闲置交易平台闲鱼就推出旧衣回收环保行动，联合专业回收机构上门取旧衣，并将回收来的衣服进行科学分拣，分成不可穿戴和可穿戴部分：不可穿戴的部分经过处理工艺再生成纺织原料；可穿戴的会经过消毒清洗用于爱心捐赠。三个月的时间里，这项行动让500吨旧衣服得到回收和科学利用，减少了1 800吨碳排放。

闲鱼发起的一项调查显示，在愿意参与回收的人群中，有24%的人希望旧衣服能够得到环保处置，20%的人希望解决空间占用问题，33%的人希望旧衣服能给到需要帮助的人，80%的人支持回收不求回报。

闲鱼业务负责人谌伟业表示，实际上旧纺织品的用途极其广泛，尤其在产业用纺织品领域优势明显，如经过开松、加工的废旧纺织品纤维，纤度达到一定数值的，可以重纺面料；达不到要求的短纤，可向汽车材料、建筑材料等方向延伸，制成墙体材料、水泥增强材料、消防水带等产业用纺织品。"闲置衣物的回收再利用有深远的环保意义，更多人参与到旧物回收利用中，显示出我国消费者的环保意识也在不断提升。"

[资料来源：https：//baijiahao.baidu.com/s? id=16060171 76924872443. （引文有修改和删减）]

案例解析

加强宣介和引导，让"简约适度、绿色低碳"成为更多人喜爱的生活方式。"社会公众参与，对于生态文明建设有非常重要的意义。"目前，我国在绿色低碳生活方式的宣介、引导方面还存在短板。20世纪60年代，日本以环境公害事件为契机，开展全民环境教育。从中小学阶段，人们就开始接触生态环境相关知识。而在垃圾分类等方面，环境教育还会进行具体的指导。"比如，居民搬家到了新地方，当地的居民手册里，就会告诉他应该怎么做垃圾分类。"

"环境教育的模式创新很重要。"通过模式创新，可以让更多人在环保行为中找到乐趣，有利于提高承担环境责任的积极性和主动性。比如，国外就有DIY（自己动手制作）的环保产品展览，教参观者如何把废塑料做成新的包装物、怎样通过艺术的创造实现废弃物的再利用等。"这种新的教育模式除了能普及环保知识，还能教授环保技能，并通过分享交流等形式，促进环保理念的有效传播。"

在生产端，生产商应该把生态设计纳入考虑范围内，让产品有利于后续处理或循环利用。以PET塑料瓶生产为例，外部标签应采用物理热塑封工艺，改变传统的黏胶型封装，瓶底也尽量不用非PET材质，从而大大降低塑料瓶的材料混杂程度，这种单质化设计可使回收后的再利用性能得到显著改善。"在消费端，则要鼓励商家也参与到绿色消费的行动中。"应该出台相应的鼓励措施，使商家在推动绿色消费的同时，竞争力不会因此受到明显影响。

"绿色生活方式的普及，不是一次展览、一场活动就能解决的。"要久久为功，建立长效机制，让简约适度、绿色低碳的生活方式深入社区、延伸至家庭，推进资源全面节约和循环利用，在全社会形成保护环境、崇尚节约的良好氛围。

随着人们对环境认识的不断深化，各种世界性环保组织纷纷崛起，对人口、资源、社会经济发展与自然生态环境的关注，已成为全人类共同关心的重大问题。于是，在衣、食、住、行、用等各方面，绿色消费之风蔚然兴起，绿色产品、清洁营销应运而生。一个以保护环境、节约资源为核心的"绿色革命"在全球范围内开展起来。

一、认识绿色消费

1. 绿色营销的内涵

从广义上讲，绿色消费，即消费者对绿色商品的需求、购买和消费活动，是一种具有生态意识的、高层次的理性消费行为。绿色消费是从满足生态需要出发，以有益健康和保护生态环境为基本内涵，符合人的健康和环境保护标准的各种消费行为和消费方式的统称。绿色消费包括的内容比较多，不仅包括绿色商品，还包括物资的回收利用、能源的有效使用、对生存环境和物种的保护等，总的说涵盖了生产行为、消费行为的方方面面。

从狭义上讲，绿色消费是一种可持续的消费，即以适度节制消费，避免或减少对环境的破坏，崇尚自然和保护生态等为特征的新型消费行为和过程。一般来说，绿色消费有以下三层含义：

①倡导消费时选择未被污染或有助于公众健康的绿色商品。

②消费者转变消费观念，在崇尚自然、追求健康和生活舒适的同时，注重环保，节约资源和能源，从而实现可持续消费。

③在消费过程中注重对垃圾的处置，避免造成环境污染。

2. 消费绿色与绿色消费

消费者走进任何一家商场，绿色家电、绿色蔬菜、绿色涂料、绿色地板，这些最吸引眼球的字眼就会"飞扑"而来。绿色消费切切实实地走进了人们的生活。

绿色消费无疑是人们最良好的愿望，但一些人破坏环境和资源的倾向又不得不让人痛心。有的人一方面高喊非绿色食品不吃，但又贪婪地品尝着珍稀动物；有些人一方面高喊非绿色商品不用，但又随手丢弃废的塑料袋；有些人一方面高喊非绿色建材不用，但家居装修时却又奢侈无度。由此可见，一些人所谓的绿色消费不过是从自身利益出发，而并不去考察对自然与环境的保护，而把对绿色消费的追求变成了对消费绿色的追求。这种行为无疑是对绿色消费的曲解。

那么，什么是真正的绿色消费呢？对此，很多人的共识告诉我们，真正的绿色消费，即在全部消费活动中，不仅要保证一代人消费需求的安全、健康，更要满足子孙后代的消费需求和安全。绿色消费的基本要求是在消费过程中节约资源、实现可持续消费。因此，我们真诚地希望那些高喊绿色消费的生产者、经营者、消费者，千万莫做那些仅仅满足自身绿色消费，而置大多数消费者利益于不顾的"消费绿色"之事。只有每个人都这样去做了，绿色消费才真正有了意义，绿色消费才真正起到了应有的作用。

思考与讨论

一位长沙老人的绿色消费观

长沙市民廖文伟对绿色消费的概念可能还有些模糊，但他对绿色环保身体力行。他和老伴去超市，每次都会提上一个老式的帆布背包；去农贸市场买菜用的是竹篮子；在家中招待客人，用的是瓷杯。

廖文伟与老伴要买新房时，儿子帮他们找了一套商品房，并交了订金。但在回家的路上，廖文伟看到了另一个项目的楼盘。"工地上显得特别干净，与其他的工地有点不一样。"廖文伟说，该项目的楼盘广告上写着湖南首家节能环保示范性项目。通过咨询，廖文伟了解到，该项目是在长沙兴建的首个国家住宅产业化示范项目纯住宅小区。

该项目的楼盘并不是传统的红砖建筑，而是运用住宅工业化集成技术建造的成品房，建房子就像搭积木，并且是整体卫浴，可以有效解决房屋漏水问题。廖文伟被深深地吸引了，经过与老伴商定，购买了该项目的房子。

有了新房子以后，很多朋友劝廖文伟买辆小车。"其实，我也有想过买辆车，但最后还是考虑不买。"廖文伟说，"现在全球都在倡导绿色环保，汽车会排出尾气污染环境，所以我打消了买车的念头。"

[资料来源：高博. 消费者行为分析与实务［M］. 北京：北京邮电大学出版社，2015．（引文有修改和删减）]

问题：

1. 湖南长沙的这位老人为什么热衷绿色消费？
2. 绿色消费是如何深入老人心里的？

3. 国际绿色消费

随着环保和可持续发展的观念日益深入人心，环保意识和环保消费带来了新的市场需求，环保商品及服务迅速成长起来。绿色消费也随着经济全球化而国际化，一些国际型环保公约也相继出台，例如，国际环境公约、WTO协定中的环境条款、国际环境管理体系系列标准（ISO 14000）、绿色标志制度等。以下就其中几项做一下简单的介绍。

（1）国际环境公约

20世纪50年代以前，涉及环境与环保问题的国际公约只有6项，20世纪70年代增加到16项，20世纪80年代增加到100项左右，目前增加到180项，例如《保护臭氧层维也纳公约》（1985年）、《关于消耗臭氧层的蒙特利尔协定书》（1987年）及其修正（1990年）、《生物多样性公约》（1992年）等。这些国际环境公约对世界经济的可持续发展具有重要作用。

（2）WTO协定中的环境条款

WTO中有关协定的环境条款无疑对于促进环境保护有重要的作用。《关税及贸易总协定》第二十条规定，不得阻止缔约国采用或实施为保护人类、动植物的生命或健康所必需的措施和为有效保护可能耗竭的自然资源的有关措施;《世界贸易组织协定》中规定,在符合可承受的发展速度的前提下,允许缔约国合理地利用世界资源,以符合各国为经济发展水平所决定的各自需求与利害关系的方式寻求环境保护,并提高这种保护的手段;《技术性贸易壁垒协定》中规定,不应妨碍任何国家采取必要措施保护人类、动植物的生命和健康以及环境;《实施卫生与动植物检疫措施协定》和《服务贸易总协定》中也有类似的规定。

(3) 国际环境管理体系系列标准(ISO 14000 系列标准)

国际标准化组织(ISO)在 1993 年 6 月组建了环境管理技术委员会(TC207),负责制定环境管理体系系列标准。ISO 14000 系列标准是在欧盟环境管理和审计计划(EMAS)与英国环境管理体系标准(BS 7750)的基础上,吸收各国环境经验制定的,包括环境方针、计划、实施与运行、检查与纠正、管理审评等内容。ISO 14000 系列标准是减少和消除环境污染的管理办法,也是解决经济与环境协调发展的有效途径。

(4) 绿色标志制度

绿色标志制度,又称为环境标志制度或生态标志制度,即由政府部门或公共、私人团体依据一定环境标准向有关企业颁发的,证明其商品符合环境标准的一种特定标志。标志获得者可把标志印刷或粘贴在商品或其包装上。这个标志向消费者表明,该商品从研究开发、生产、消费、使用,到回收利用和处置的整个过程都是符合环境保护要求的,对环境无害或损害极少。绿色标志制度发展很快,许多国家和地区推出了绿色标志制度,比较典型的有德国的蓝色天使标志、日本的生态标志、美国的绿标签和绿十字标志、加拿大的 ECP 标志等。绿色标志制度的确立和实施,超越了以往的末端治理模式,强调商品在整个生产周期的无害化或低害化,备受公众欢迎。

绿色标志

1. 中国环境标志

中国环境标志(俗称"十环"),如图 9 - 1 所示,图形由中心的青山、绿水、太阳及周围的十个环组成。图形的中心结构表示人类赖以生存的环境,外围的十个环紧密结合,环环紧扣,表示公众参与,共同保护环境;同时十个环的"环"字与环境的"环"同字,其寓意为"全民联系起来,共同保护人类赖以生存的环境"。

2. 中国绿色食品标志

绿色食品标志是由绿色食品发展中心在国家市场监督管理总局商标局正式注册的质量证明标志,如图 9 - 2 所示。它由三部分构成,即上方的太阳、下方的叶片和中心的蓓蕾,象征自然生态;颜色为绿色,象征着生命、农业、环保;图形为正圆形,意为保护。AA 级绿色食品标志与字体为绿色,底色为白色,A 级绿色食品标志与字体为白色,底色为绿色。整个图形描绘了一幅明媚阳光照耀下的和谐生机,告诉人们绿色食品是出自纯净、良好生态环境的安全、无污染食品,能给人们带来蓬勃的生命力。

3. 德国蓝色天使标志

Blue Angel 蓝色天使是世界范围内有关环境和消费者保护的第一个标志体系,1978 年由联合国内政部提出,如图9-3所示。1986年蓝色天使体系转交给了德国联邦环保部。蓝色天使的LOGO来自联合国环境规划署的LOGO,所以是一个蓝色的标志。它是一个自愿性的工具,用以推动产品创新,同时也为绿色政府采购提供指南。它是产品性能和环境绩效等方面的标准,包括在环境保护、健康保护、工作场所安全、产品安全,以及使用效率方面等都设定了标准。它也是一个公共品牌,有了这个品牌,人们就会有极大的信心。同时,它也得到了德国政府的支持,有极高的透明度和认知度。它采取了与多个利益相关者合作的方法,是推动可持续消费的里程碑。

4. 欧盟环境标志

欧盟环境标志计划的主要职能是促进对环境影响较少的产品的生产和需求。在生产方面,欧盟环境标志计划的目标很清楚——鼓励工业销售绿色产品。在需求方面,该计划为消费者在购物过程中提供了环境选择的方法。欧盟环境标志计划是促进持续生产和消费的战略的一部分。它可以达到使"与产品策略相关的整个生命周期框架"衔接的目的,为消费者提供指导,在经济效益上有极其重要的意义。事实上,该计划能够通过减少获得和提供信息所需的时间和努力,从而为消费者和零售商减少费用。欧盟环境标志如图9-4所示。

图 9-1 中国环境标志

图 9-2 中国绿色食品标志

图 9-3 德国蓝色天使标志

图 9-4 欧盟环境标志

[资料来源:高博. 消费者行为分析与实务 [M]. 北京:北京邮电大学出版社,2015.(引文有修改和删减)]

二、绿色消费的心理特征

1. 绿色消费产生的原因

在绿色消费领域，消费者的心理除了具有一般消费者的特征外，更有一些独特的消费心理。只有充分研究和了解绿色消费者的心理特征及行为的影响因素，才能科学预测绿色消费行为，切实为绿色市场和绿色产业的发展提供帮助。

从广义上讲，绿色消费是人类为了健康和可持续发展而产生的需要。这种需要的满足有利于人类的生活和发展。从狭义上讲，绿色是生态的代名词。所以，绿色消费是人类的生态需要，是指由于人类生理机制中内在的一种对自然环境和生态的依赖性与不可分割性而产生的需要，也就是人们为了满足生理和社会的需要而对符合环境保护标准的商品和服务的消费意愿。

消费者的绿色消费是一种超越自我的高层次的消费需要。绿色消费不仅仅考虑自身的短期利益，更注重人类社会的长远发展。

消费者绿色消费产生的原因，主要有以下几点：

（1）生产环境的日益恶化，损害了人们的正常生活

严重的环境问题引起人类的密切关注。绿色消费产生的因素是多方面的，但生态环境的恶化是其产生的主要原因。恶劣的环境对人类的威胁不仅是身体方面的，更是精神方面的。所以，为了自身能够安全和健康地生活，人们的绿色消费随之产生。

（2）环境保护的宣传教育、科学知识的普及以及媒体对环境保护运动的推动，都帮助消费者提高了绿色消费意识

比如，国际上把 6 月 5 日定为"世界环境日"，每年都开展声势浩大的环保宣传活动；北京市还建立了地球村环境文化中心，向参观者免费介绍中国环境保护的迫切性和重要性，同时，借此把消费者的绿色意识需要从无意识向有意识转化。所以，人们绿色消费意识的提高，是绿色消费产生的又一因素。

（3）绿色消费成为时尚，促进绿色消费进一步发展

人类的心理活动是微妙的，很容易受外来环境的影响。如果说绿色消费的最初诞生只是由少数站在保护环境最前沿的人们竭力推动而形成的话，那么，绿色消费的成熟发展在很大程度上是由于追赶这一绿色潮流的群体而产生的。现代社会，绿色消费逐渐成为一种时尚，利用可再生资源、节约能源、反对浪费、保护生态环境、主动承担社会责任等逐渐成为个人素质、修养、身份和地位的重要标志。而当绿色消费成为时尚的时候，进一步促进了绿色消费的发展。

2. 绿色消费者的分类

绿色消费者追求的是商品的诚实无欺和可信赖性，要求所购商品能够满足情感上的需要，同时考虑该商品有没有涉及环境或质量问题。事实上，不同的消费选择代表了不同程度的"绿色化"。比如，对洗涤剂消费品的选择，有人选择可回收包装的洗涤剂，有人选择本身包含较少有害物质的洗涤剂，尽管两者都有绿色成分，但程度是不同的。所以，根

据人们消费选择中所体现的环境关注的程度，可将绿色消费者分成以下几类：

(1) 积极型绿色消费者

积极型绿色消费者，即在绿色消费中走在最前面的消费者。他们的绿色意识已深深扎根在头脑里，绿色消费行为比较自觉积极。积极型消费者对绿色消费有着更加全面和深刻的认识，绿色消费已经成为他们的生活方式。他们大多数受过良好教育，在社会上比一般人活跃，他们的观念和行为也更容易影响其他消费者。

(2) 实利型绿色消费者

实利型绿色消费者，即在绿色消费市场上不是特别活跃、忠诚度也不是很稳定的绿色消费者。这类消费者虽然有一定的环保和绿色消费意识，但只是在部分他认为有价值的消费行为中实践绿色消费。比如，有的实利型绿色消费者只认识到可循环使用一方面，没有认识到所购商品中绿色成分的多寡。实利型消费者通常比较年轻，多数是大城市中的白领。只有引导他们加深对绿色消费的全面认识，才能够培养他们对绿色消费的忠诚度。

(3) 萌芽型绿色消费者

萌芽型绿色消费者虽然关心绿色消费，但不太愿意支付额外的费用。他们对环境决定论的接受比较慢，反映出了一般公众的思维模式。

(4) 抱怨型绿色消费者

抱怨型绿色消费者把环境保护看作是他人的事情，在一定程度上关心环境，但却不足以让他们尽自己的努力去做些有利于环境保护的事情。抱怨型消费者表示他们太忙而无法进行绿色消费。这类人群所受教育程度一般较低，思维也比较保守。

(5) 厌倦型绿色消费者

厌倦型绿色消费者是消费群体中最穷困和受教育最少的群体。对他们来说，价格是一个重要问题。绿色商品相对一般商品价格较高，由于收入的原因，他们绿色消费的意识薄弱，所以一般不会进行绿色消费。

三、绿色消费的影响因素

由于外在因素的影响和消费者自身因素的原因，每个消费者的绿色意识程度存在很大的差异。对绿色消费心理影响较大的几个因素如下：

1. 社会文化因素

和其他消费心理一样，社会因素和文化因素对绿色消费心理影响也很大。例如，崇尚自然的文化氛围或有着强烈环保意识的家庭会对绿色消费心理产生正面影响。一个社会及其文化的绿色程度，会直接影响该文化中群体的环保意识和绿色思想，进而影响消费者的绿色消费行为模式。一个社会的绿色文化和环保意识越强烈，该社会中群体的绿色消费心理就会越成熟，绿色消费的行为就越积极。

2. 绿色教育因素

绿色教育，即对公众进行的生态环境意识教育，包括通过公共关系、广告、商品包装说明等方式对消费者进行环保观念的教育。

绿色商品大多采用较为高新的技术和材料制成,成本和生产工艺及市场开拓费用相对较高,所以绿色商品的售价也较高。对一般消费者来说,初接触时可能感到难以接受。所以,必须通过一定的教育手段,使消费者对绿色商品的实质有所了解。比如,说明该商品为什么是绿色商品,它的特点和优势是什么,会给消费者带来哪些利益等。对于社会而言,绿色教育有利于提高人们的环保意识,促进社会自然环境的改善;对于企业而言,绿色教育积极引导了绿色消费,为企业绿色营销创造了更好的环境。

3. 消费者自身因素

绿色消费者的购买决策主要受其个体因素的影响,如年龄、家庭、生命周期、职业、经济环境、生活方式、个性及自我定位等因素。其中,收入水平和受教育程度因素是最重要的两个因素。

(1) 收入水平

收入水平在一定程度上代表了消费者的购买能力。由于绿色商品和绿色服务的价格相对比较高,对于那些"价格因素权数"大于"绿色因素权数"的消费者而言,其收入水平在消费方面对于绿色消费而言是一种限制。实用主义对大多数理性消费者来说是第一位的,特别是在整体收入水平还不算很高的国家,价格和效用仍然是消费者购买商品的主要考虑因素。

(2) 受教育程度

全社会的绿色教育对绿色消费会有很大的促进作用。由于对于消费者自身而言,一个人的观念、行为等大多受后天因素的影响,而教育则是其中非常重要的因素。受过良好教育的人,一方面对各方面知识有深入了解和正确认识(包括环境和地球生态);另一方面又具有较高的素质,倾向于理智的行为。因此,教育在很大程度上影响个人的绿色消费观念和行为。比如,中国的食品消费,从受教育程度看,受教育程度较高者占整个绿色食品消费群体的比例,高达64.3%。

四、绿色商品开发

1. 绿色商品

(1) 绿色商品的定义和特征

绿色商品,即商品生产过程和商品自身对环境没有或很少污染的商品,以及比传统商品更符合生态环境保护或社会环境要求的商品。绿色商品又可分为两大类:一是绝对绿色商品,指具有改进环境条件的商品,如清除家居污染的植物,具有吸收甲醛作用的植物,如吊兰、芦荟、龙舌兰、虎尾兰等。二是相对绿色商品,即那些有助于对社会和环境损害有所减少的商品,如再生纸等。

绿色商品能有效利用材料资源和能源,有利于保护生态环境,不产生环境污染或使污染最小化。这一特征贯穿于商品生命周期的全过程,比如,商品的设计过程、原料的获取过程、生产制造过程、销售运输过程和使用过程,以及商品废弃后的回收、重用及处理过程等。

绿色商品与传统商品一样具有以下三个特征：
①核心商品符合消费者的主要需求，对消费者有用。
②技术和质量合格，商品满足各种技术及质量标准。
③商品有市场竞争力，并且有利于企业实现盈利目标。

但是，绿色商品与传统商品相比，还多一个最重要的基本标准，即符合环境保护要求，可以通过对商品是否有利于维护环境的可持续发展和企业是否承担了应尽的社会责任这两方面来评价绿色商品的"绿色表现"如何。可以说，绿色商品与传统商品的根本区别在于其改善环境和社会生活品质的功能。

（2）绿色商品的分类

按照比一般同类商品更加符合人类生态环境保护和社会环境保护的要求，绿色商品主要分为以下七种类型：

①可回收利用型绿色商品。比如，中国古旧家具，特别是具有中国传统风格的古旧实木家具（尤其是古旧红木家具），稍做整形、加固和涂饰处理，便可获得较高的观赏价值和使用价值。

②低毒低害型绿色商品。低残农药的推广使用，降低了农产品消费对人体的危害程度。

③低排放型绿色商品。比如，2008年北京市汽车尾气排放强制实施欧洲Ⅳ号标准，改善大气环境质量。

④低噪声型绿色商品。目前，部分实力强大的厂家推出"静音"空调，打"绿色家电"牌，收到很好效果。

⑤节水型绿色商品。目前，我国在农业生产方面，推广使用渠道防渗、管道输水、喷微灌等节水灌溉技术和商品设备。

⑥节能型绿色商品。清华同方台式计算机（PC）家用系列和商用系列的全部机型已获得中国环境标志认证中心的节能认证证书，标志清华同方的主流商品在节能环保方面达到国内领先水平。

⑦可生物降解型绿色商品。生物降解即生物分解，是用生物方法分解产品中的有害物质。比如，使用玉米制造的聚乳酸为原料制成的可生物降解塑料，在废弃后能被土壤里的微生物所分解，化作无害于自然环境和人体的物质。

2. 绿色商品的开发

绿色商品的开发包括以下三个环节：

（1）设计

绿色商品要求产品质量优、环境行为优。双优不同于单优，比如，日用陶瓷要达到绿色标准，就必须增加对铅的控制设计；日用燃气灶要达到绿色标准，就需增加对二氧化氮的控制设计。

（2）生产

绿色商品的生产过程要求实现无废少废、综合利用和采用清洁生产工艺。在此过程中，建立ISO 14001环境管理体系是国际通行的做法，采用高科技技术是有效的技术手段。

(3) 废弃物的处置

各企业对自己生产商品的回收、利用及有效处置都应建立标准系统，一次性餐具、各类包装、报废汽车及计算机零件的回收及处理则应有考核指标。

3. 绿色商品的消费

(1) 绿色食品

绿色食品，即无公害、无污染、安全、优质、营养、经过专门机构认定许可、使用绿色食品标志的食品。绿色食品必须具备以下几个条件：

①商品或商品原料的产地必须符合农业部制定的绿色食品生态环境标准。

②农作物种植、畜禽饲养、水产养殖及食品加工必须符合农业部制定的绿色生产操作规程。

③商品必须符合农业部制定的绿色食品质量和卫生标准，符合绿色食品特定的包装和标签规定。

(2) 绿色服装

绿色服装又称生态服装、环保服装。绿色服装是用以保护人类身体健康使其免受伤害，具有无毒、安全的优点，在使用和穿着时给人舒服、松弛、心情舒畅、回归自然、消除疲劳的感觉。

①生产生态学，也称为生产上的环保。对天然纤维来说，在种植过程中，所用的肥料、饲料、生长剂、除草剂、消毒剂等对人类应是无毒无害的；在布料生产加工过程中，不释放有害气体，排水符合卫生要求。

②用户生态学，也称为使用者环保。要求对用户不带来任何毒害。

③处理生态学，是指织物或服装使用后能回收。绿色服装代表当代国际服装的流行趋势，现代消费者在追求美观的同时，更加注重舒适和健康。绿色消费者倾向于选择耐穿、式样纯朴、易清洗保管的服装。

(3) 绿色家居建材

①绿色家居。是指室内布局合理，冬暖夏凉，温度宜人，湿度合适，杜绝粉尘，自然光充足。建筑专家们认为可用八个字来形容绿色家居：健康、宜人、自然、亲和。

②绿色建材。是指质量优异，使用性能和环境协调性好的建筑材料。绿色建材最基本的条件是该商品质量必须符合该商品的国家标准。同时，该商品在生产过程中必须采用国家规定允许使用的原材料。排出的废气、废液、废渣、烟尘、粉尘等的数量、成分达到国家允许的排放标准。商品在使用过程中能达到国家规定的无毒、无害标准。废弃物对人体、大气、水、土壤等污染较小，并能在一定程度上可再生资源化和重复使用。

(4) 绿色家电

绿色家电，是指在质量合格的前提下，高效节能，且在使用过程中不对人体和周围环境造成伤害、在报废后可回收利用的家电商品。比如，绿色冰箱除采用无氟制冷外，还采用杀菌保鲜、健康卫生、抗菌保质的材料，从而在确保食品新鲜的同时能有效抑制箱内有害气体的产生，高效节能，净化空气。绿色洗衣机则将清洁衣物与消毒灭菌结合在一起，操作简便，安全卫生。

五、绿色消费的心理策略

1. 绿色营销的定义

绿色营销,即社会和企业在充分意识到消费者日益提高的环保意识和由此产生的在清洁性无公害商品需要的基础上,发现、创造并选择市场机会,通过一系列理性化的营销手段来满足消费者及社会生态环境发展的需要,从而实现可持续发展。

绿色商品在成本构成方面与一般商品有所不同,除了包括生产经营过程中发生的一般成本之外,还包括与保护环境及改善环境有关成本的支出,比如,引进对环保有利的原材料所付出的代价,用有利于环保的设备替换污染环境的设备所需的资金投入等。所以,绿色商品的生产成本高于常规商品。目前,价格因素仍是影响消费者购买绿色商品的重要因素之一,因而降低经营成本,制定合理的绿色商品价格是企业绿色商品管理成功与否的关键。企业应该通过扩大生产规模、强化绿色管理和降低原材料消耗来降低商品成本与价格,使绿色商品的价格逐步让广大消费者接受。

2. 绿色营销的特点

绿色营销跟传统营销相比较,具有综合性、统一性、无差别性、双向性的特点。

(1) 综合性

绿色营销综合了市场营销、社会营销、生态营销和大市场营销观念的内容。市场营销观念的重点是满足消费的需求;社会营销要求企业不仅根据自身资源条件满足消费者需求,还要符合消费者及整个社会目前需要及长远需要;生态营销观念要求企业把市场要求和自身资源条件有机结合,发展也要与周围自然的、社会的、经济的环境相协调;大市场营销能使企业成功地进入特定市场,在策略上必须协调地使用经济、心理、政治和公共关系等手段,以取得外国或地方有关方面的合作和支持。绿色营销观念是多种营销观念的综合,要求企业在满足消费者需要和保护生态环境的前提下取得利润,需要把三方利益协调起来,实现可持续发展。

(2) 统一性

绿色营销强调社会效益与企业经济效益相统一。企业在制定商品战略的实施策略时,不仅要考虑到商品的经济效益,还必须考虑到社会公众的长远利益与身心健康,只有这样,商品才能在大市场中站住脚。

(3) 无差别性

绿色标准及标志呈现出世界各国的无差别性。绿色商品的标准尽管世界各国不尽相同,但都是要求商品质量、商品生产及其使用消费与处置等方面符合环境保护的要求,对生态环境和人体健康无损害。

(4) 双向性

绿色营销不仅要求企业树立绿色观念、生产绿色商品、开发绿色产业,同时也要求广大消费者购买绿色商品,对有害商品进行自觉抵制。绿色营销也是降低资源消费,提高经济效益的重要途径。绿色营销的兴起与发展,进一步培育了消费者的环保观念。

3. 树立企业绿色形象

树立企业绿色形象，可以帮助企业更加直接、广泛地将绿色信誉传送到促销无法达到的细分市场，从而给企业带来竞争优势。根据美国于1994年的调查表明，企业的绿色形象包括员工的态度、企业环保意识和与社区的关系等已经成为继价格、服务和质量之后消费者购买商品时考虑最多的一项重要因素。企业在树立绿色形象的过程中应遵循以下几个原则：

（1）争取在本行业中率先实施绿色营销计划

消费者的信任是企业树立绿色形象的关键因素，而消费者往往比较容易相信某行业中居于领先地位的生产者。

（2）避免过分夸大企业的绿色程序

适当地暴露自己的些许不足，将有利于企业在消费者中建立信任感，同时可以表现企业正在尽力弥补与绿色营销观念不符的缺憾。

（3）借助第三方力量树立绿色形象

在环境保护方面有良好声誉和一定发言权的各种政府组织、非营利性机构或新闻媒体都可以成为企业借助的对象。

（4）从社区绿化活动做起

若企业存在经费暂时不足的问题，可以首先把树立绿色形象的目标放在企业所在社区内部。比如，加强对职工的绿色文化教育，建立与学校和社区绿色组织的联系。

（5）充分利用各种宣传企业绿色形象的机会

宣传企业绿色形象的方式有很多，既可以通过一定的大众媒体开展，如演讲、报刊、环境保护资料、信息服务中心等，也可通过赞助和慈善活动等开展与环保有关的绿色公关活动，来宣传和提升企业的绿色形象。同时，企业也应当结合自身的特点积极创造机会，向社会公众传达绿色形象的信息。

思考题

1. 什么是网络营销？网络营销的特点有哪些？
2. 试述消费者网络消费的心理特征。
3. 试述消费者网上购物行为的特点。
4. 分析制约消费者网上购物的心理因素有哪些。
5. 什么是绿色消费？绿色消费产生的原因有哪些？
6. 简述绿色营销的含义和特点。
7. 影响消费者绿色消费的因素有哪些？
8. 简述绿色消费的营销策略。

案例分析

绿色消费，你行动了吗

很多消费者虽然都赞成绿色消费，但真正要自己身体力行起来却并不那么容易。环保专家指出，绿色消费并非只是购买使用绿色天然商品，而是在购物时注意节约能源、循环利用以达到保护环境的目的，才是绿色消费的真正含义。

在人们的日常生活中，不起眼的浪费随处可见，这恰恰与绿色消费观念是背道而驰的。有些消费者认为自己很有绿色消费意识，但事实上他们很可能经常忽视身边这样那样的细小浪费。

比如，有学者估算，仅餐饮业一项，我国每年就要倒掉约两亿人一年的口粮。

再比如，据测算，生产10万张贺卡要砍掉近3 000棵树，如果全国有一亿人每人寄一张贺卡，就要砍掉近300万棵树。我们在向亲友寄贺卡时，是否想到了这一点呢？其实，现在通信如此发达，可以用更节约环保的方式送上祝福。

杭州市环保局一位专家表示，真正要提倡和实现绿色消费，对于消费者来说是会带来很多的束缚。绿色消费要推广到全社会，需要有制度的保障。如何做到节能、节约？他建议市民，首先，不要为了一次使用而购买，这样的商品付出的社会成本太大。其次，不要因为过度装饰而购买，可以选择可循环再利用材质的商品，或是用家中现有材料自行设计。最后，还有很重要的一条，许多人会仅仅因为商品促销打折、价格便宜而购买，最后这些东西都成了家里的"垃圾"，这是花了钱却浪费了社会资源。

[资料来源：高博. 消费者行为分析与实务 [M]. 北京：北京邮电大学出版社，2015.（引文有修改和删减）]

问题：

1. 结合本项目所学知识，总结什么是绿色消费，如何进行绿色消费。
2. 关于绿色消费，我们可以做些什么？

 实训设计

大学生网络购物行为调查

1. 实训目的

运用所学习的消费者网络购物的心理和行为的理论知识，制作一份大学生网络购物行为的调查问卷，并根据调查结果制定有针对性的网络营销策略。

2. 实训内容

①制作调查问卷。
②选择大学生群体进行调查。
③资料整理汇总。将小组分析的结果整理汇总。
④制定相应的网络营销策略。
⑤成果展示和评价。

3. 实训要求

①分组。每组4~6名同学。
②分工。各小组根据下文的背景资料，结合自身情况，进行科学合理的分工。
③整理。将小组调查的情况进行整理分析。
④展示。每小组派1名成员，将小组的汇总结果进行说明，与班级同学和老师一起

分享。

⑤评价。组间互评+教师点评。

背景资料

假设你是一家知名网站的营销人员,想了解大学生的网络购物行为的现状及影响因素。你打算怎样调查?

业务分析:

了解大学生的网络购物行为,最好的办法之一就是通过调查问卷的方式。问卷题的设计请围绕这两大方面:网络购物行为的现状,影响网络购物行为的因素。

业务程序:

首先,设计问卷的指导语,交代本调查的目的,并对被调查者表示感谢。

其次,根据上述业务分析设计问卷题项。

最后,根据调查问卷的结果制定相应的网络营销策略。

道德观察

魏则西事件:百度作为搜索引擎可以免责吗?

2016年五一假期,"魏则西事件"成为舆论焦点。一名21岁大学生的死亡让人扼腕叹息,引发了公众对于搜索引擎、涉事医院、治疗方法等相关内容的关注和讨论。"百度,当时根本不知道有多么邪恶,医学信息的竞价排名,还有之前'血友病吧'的事情,应该都明白它是怎么一个东西。"魏则西在生命的最后,提出了对百度竞价排名的质疑。竞价排名究竟是不是广告?搜索引擎是否应当对搜索结果负责?互联网企业应当承担怎样的社会责任?本报记者就此采访了专家。

据媒体报道,魏则西患有滑膜肉瘤。在百度搜索治疗信息后,发现"排名"第一位的是武警北京总队第二医院的生物免疫治疗。这种治疗方法后来被证实临床效果不明显。百度的这种行为是不是广告?应不应当承担广告发布者的相应法律责任?

记者登录国家工商行政管理总局官网看到,该局在《互联网广告监督管理暂行办法(征求意见稿)》第三条写道:"本办法所称互联网广告,是指通过各类互联网网站、电子邮箱,以及自媒体、论坛、即时通信工具、软件等互联网媒介资源,以文字、图片、音频、视频及其他形式发布的各种商业性展示、链接、邮件、付费搜索结果等广告。"这份征求意见稿中明确将"各种商业性展示、链接、邮件、付费搜索结果"列入互联网广告的范畴内。

对此,中国人民大学商法研究所所长刘俊海接受本报记者采访时表示:"搜索引擎竞价排名就是广告行为。一是因为它宣传商品服务,生产商和服务商的行为符合广告的特点。二是搜索引擎作为有偿的收费服务,覆盖面和宣传范围相对更广,随时随地都能搜索到。"

这个观点得到中国政法大学传播法研究中心副主任朱巍的认同,他认为,竞价排名应当纳入广告法的范畴,应当在《互联网广告监督管理暂行办法》中加以规范。"但竞价排名与传统广告不同,应当在立法中做出特别规定。"

百度的免责声明真能免责吗?

在百度推广的官网上,记者发现,百度公司对自己的推广行为做出了免责声明。《使用百度前必读》声明:"任何通过使用百度而搜索链接到的第三方网页均系他人制作或提供,您可能从该第三方网页上获得资讯及享用服务,百度对其合法性概不负责,亦不承担任何法律责任。"对此,朱巍认为:"百度作为发布平台,一旦出现问题就应当严格按照广告法的相关规定处理,自己发布免责声明是没有意义的。"

据一名百度公司公关部负责人介绍,百度在推广过程中,特别是针对医疗类、航天类等类别,前置审查非常严格。此次事件中,百度在前期审查时并没有发现武警北京总队第二医院的资质存在问题。其实,百度的审查只是一种形式审查,并不会对内容进行实质性审查。

"目前由百度进行实质审查有一定难度,作为商业公司只能做到形式要件审核。"朱巍解释说,"百度是利用一套大数据雷达系统对95%左右的抓取信息进行监控,未被监控的5%数量也很巨大。"但他同时强调,应当将百度的形式审查与相关部门的实质审查相结合,如果竞价排名、有偿推广出了问题就要严格按照广告法的规定承担作为发布者的责任。

刘俊海认为:"互联网不是法外之地,更不是广告法的法外之地,搜索引擎行业应当主动按照广告活动规范自己,确保广告内容的真实合法,要对广告的内容进行实质性审查。"

中国政法大学民商经济法学院教授郑俊果在接受本报记者采访时表示,在目前各商业主体自律诚信义务没有完全建立的前提下,对推广广告进行实质性审查很有必要性。"应当由推广者承担举证责任,由行业协会对推广内容进行实质审查并且要承担连带责任,审查结果应当在行政监管部门进行备案。"

互联网企业应不应当承担更多的社会责任

据记者调查,有事问"度娘"已经成为很多国人的生活方式。被诊断患有疾病后,很多人会上网搜索治疗方案。而临床医生对此也有明显的感觉:"很多病患就诊时会跟医生求证他们在网上获得的信息。"作为中国最大的搜索引擎,百度广泛而深刻地影响着国人的日常生活。这样一家互联网企业,应不应当承担更多的社会责任呢?

郑俊果表示:像百度这样的互联网企业有义务保证被推广产品或企业的真实性,提醒消费者或用户审慎注意,帮助他们识别虚假广告。刘俊海认为:"互联网企业要想在未来的市场竞争中站得住脚,就必须学会自我净化、自我约束,要承担更多的社会责任。"朱巍建议,"百度应当承担高于法律的伦理责任。特别是对于食品药品安全等特殊领域,的确不应该进行这种商业推介。"

"市场失灵时,政府必须挺身而出,恢复市场秩序,提升市场信心,维护消费者权益。"刘俊海认为,针对目前互联网搜索竞价排名、有偿推广的现象,政府应当运用市场准入、行政指导等手段,维护互联网市场的法律秩序。而互联网企业应当旗帜鲜明地与消费者站在一起,把精力放在提供和创新质优价廉的产品与服务上,摒弃一味追求暴利的陈规陋习和利用不公平格式条款牟取不正当利益的潜规则。朱巍对此表示赞同,"当前互联网企业发展迅速,许多问题逐渐暴露,谷歌公司也曾因为类似事件受到过严厉处罚。'魏则西事件'对很多企业都是一个提醒。任何线上问题一定是线下的体现,线上治理很重要,线下治理同样很重要。"

据媒体报道,5月2日,网信办牵头成立调查组进驻百度公司,对此事件及互联网企业依法经营事项进行调查并依法处理。5月3日晚,360搜索发表公开信,表示将放弃一切消费者医疗商业推广业务,承诺向广大网民提供安全、干净、可信赖的搜索服务。

一系列的举措让公众看到了政府和民间两种力量的共同努力,我们有理由期待,通过对"魏则西事件"的反思,会推动广大互联网企业坚持经济效益和社会效益的统一,"在自身发展的同时,饮水思源,回报社会,造福民众"。

[资料来源:https://finance.sina.com.cn/china/gncj/2016-05-05/doc-ifxryhhh1604084.shtml.(引文有修改和删减)]

问题:
1. 谈谈你对魏则西事件的看法。
2. 百度作为搜索引擎可以免责吗?为什么?
3. 国家对网络营销应采取怎样的监管办法?
4. 网络消费中,如何维护消费者权益?

参考文献

[1] 高博. 消费者行为分析与实务 [M]. 北京：北京邮电大学出版社，2015.
[2] 荣晓华. 消费者行为学 [M]. 大连：东北财经大学出版社，2019.
[3] 臧良运. 消费心理学 [M]. 2版. 北京：北京大学出版社，2015.
[4] 陈俊. 消费者行为分析与实务 [M]. 北京：教育科学出版社，2017.
[5] 张之峰，张学琴. 消费心理学 [M]. 北京：北京理工大学出版社，2010.
[6] 毛帅. 消费者心理学 [M]. 北京：清华大学出版社，2013.